문예신서
307

디알로그

질 들뢰즈/클레르 파르네

허희정 · 전승화 옮김

東文選

디알로그

차 례

일러두기

1. 본문에서 [ ]로 묶인 부분은 역자의 개입이며, ( )로 묶인 부분은 원저자들의 것이다. 문맥상 의미를 분명하게 하기 위한 경우에는 〈 〉로 표시한 부분도 간혹 있다.

2. 본문 아래 각주에서 원주의 경우는 번호로만 표시하고, 역주의 경우는 〔역주〕라고 표시했다.

3. 원문에서 《 》는 강조일 경우에는 작은따옴표(' ')로, 직접 인용일 경우에는 큰따옴표(" ")로 표시했다.

4. 저자들의 강조를 위해 원문의 이탤릭체나 대문자로 표기한 단어들은 진한 글자체로 표기했다.

5. 책 제목은 일반적인 출판 표기법을 따라 《 》로, 논문이나 책 안의 특별한 부분의 제목은 〈 〉로 표시했다.

6. 의미가 여럿이거나 정확성을 기하고 싶을 때에는 '생성/되기'와 같이 표기했다.

제1장

대담이란 무엇인가, 무슨 쓸모가 있는가?

I

'자신을 설명하는' 일은——가령 인터뷰나 대화·대담을 통해——아주 어렵습니다. 대개 질문을 받을 때 설혹 그 질문이 나와 관련된 것이라 해도, 내가 할 말은 엄밀하게는 하나도 없다고 생각합니다. 질문이란 다른 것과 마찬가지로 꾸며지는 것입니다. 만약 당신이 여기저기 아무 데서나 수집한 자료로 질문을 꾸며낼 수 없다면, 혹은 역으로 당신이 사람들로부터 그런 꾸며진 '질문을 받는다'면, 실제로 당신은 별로 할 말이 없을 것입니다. 문제를 구성하는 기술——이것이 아주 중요합니다. 해답이 구해지기 전에 문제, 문제 설정이 고안되니까요. 인터뷰·대화·토론에는 이런 것이 없습니다. 한두 가지 혹은 그 이상에 대해 성찰하는 일도 충분하지 않습니다. 성찰로는 불충분해요. 반론——이것은 더 나쁩니다. 누군가 내게 반론을 제기할 때마다, 나는 이렇게 말하고 싶어요. "그래요, 그래, 자, 다른 것으로 넘어갑시다"라고요. 반론으로는 이제껏 아무 소득도 없었답니다. 일반적인 질문을 받을 때에도 마찬가지입니다. 이때 목적은 질문에 대답하는 것이 아니고 벗어나는 것, 그 질문에서 벗어나는 것이죠. 많은 사람들이, 오직 질문을 지겹게 되풀이함으로써만 그 질문에서 벗어날 수 있다고 생각합니다. "철학은 지금 어떤 상태입니까? 철학은 죽었습니까? 우리가 철학을 넘어서게 될까요?" 정말 골치 아픈 질문입니다. 사람들은 질문에서 벗어나기 위해 끊임없이 질문으로 되돌아올 것입니다. 하지만 그런 식으로는 결코 벗어날 수 없습니다. 움직임은 항상 사유하는 이의 등 뒤에서 눈 깜짝할 사이에 일어납니다. '벗어나기' ──이것은 벌써 이루어졌거나, 아니면 결코 이룰 수 없는 것입니다. 질문은 일반적으로 미래(혹은 과거)를 향해 있습니다. 여성의 미래, 혁명의 미래, 철학의 미래 등등. 하지만 그러는 동안, 즉 사람들이 이 질문 속에서 쳇바퀴를 도는 동안, 여기에는 이미 소리 없이 작동하는, 거의 지각할 수 없는 생성/되기들이 존재합니다. 우리는 지나치게 역사를 매개로 생각합니다. 그 역사가 개인적인 것이거나 보편적인 것이거나 상관 없이 말이죠. 생성이란 [역사학이 아니라] 지리학에 속하며, 길찾기·방향·출입구에 속합니다. 가령 여자들, 그리고 그들의 과거나 미래와 혼동하지 말아야 할 여성─되기가 있습니다. 여자들은 자신들의 과거와 미래, 자신들의 역사에서 벗어나기 위해 반드시 이 여성─되기라는 생성 속으로 들어가야 합니다. 혁명적으로─되기도 있습니다. 이것은 혁명의 미래와는 다른 것이며, 투사(鬪士)라고 해서 반드시 혁명적으로 된다고 할 수는 없습니다. 또 철학자─되기도 있습니다. 이것은 철학사와는 하등 상관이 없으며, 오히려 철학사가 분류하지 않은 것들을 다룹니다.

생성이란 결코 모방하는 것이 아니며, ……인 양 처신하는 것도,

모델에 자신을 부합시키는 것도 아닙니다. 비록 그 모델이 정의나 진리에 속하는 것이라 할지라도 말입니다. 출발하고 도착하는 혹은 도달해야 하는 지점이란 없습니다.[1] 상호 교환되는 두 항도 역시 없습니다. "너는 무엇이 될 거니?"라는 질문은 특히 어리석은 것입니다. 왜냐하면 누군가가 무언가로 되는 한, 그가 되는 바는 그 자신만큼이나 변하기 때문입니다. 생성은 모방의 현상도 동화의 현상도 아니고, 이중 포획, 비평행적 진화, 두 계(界) 사이의 결혼과 같은 현상입니다. 결혼은 항상 자연을 거스르는 것으로 짝짓기와는 반대되지요. 여기에서 질문-대답, 남성적인 것-여성적인 것, 인간-동물과 같은 이항 기계는 더 이상 없습니다. 생성의 윤곽이랄 수 있는 대담[2]도 마찬가지일 것입니다. 말벌과 난초가 그 예입니다. 난초가 말벌의 이미지를 이루는 것 같지만, 사실 여기에는 난초의 말벌-되기와 말벌의 난초-되기라는 이중 포획이 있습니다. 왜냐하면 각각이 되는 '바(ce que)'[보어에 해당하는 것]는 되는 '것(celui qui)'[주어에 해당하는 것] 못지않게 변하기 때문입니다. 말벌은 난초를 재생산하는 도구의 일부가 되고, 동시에 난초는 말벌의 생식 기관이 되는 것입니다. 단 하나의 동일한 생성, 생성의 단 하나의 블록, 혹은 레

---

1) 프랑스어 원어에서는 지점·항에 해당하는 용어로 다의적인 terme만을 사용하고 있는데, 이를 영어 번역본에서는 각각 'terminus(출발하고 도착하는 종점)'와 'terme(상호 교환되는 항)'로 나누어 의미를 분명하게 한정짓고 있다. 프랑스어 'terme'가 어느쪽 의미를 취하든 이는 들뢰즈가 얘기하는 생성에는 대립된다. 왜냐하면 생성이란 어디에서 시작해 어디로 도착하는 성질의 것이 아니며, 상호 교환되는 두 항이 아니라 그 사이에서 생겨나는 것이기 때문이다.

2) 프랑스어 원어 'entretien'에는 '보수, 유지, 대담' 등의 뜻이 있고, 여기에서는 이 다의적인 의미가 골고루 담겨 있는 것으로 보인다. 영어판 번역에선 이 중 하나인 'conversation'을 택하고 있기에, 우리도 이에 준하여 'entretien'을 '대담'으로 옮겼다. [역주]

미 쇼뱅[3]이 말한 것과 같은 "서로 전혀 관련이 없는 두 존재의 비평행적 진화"가 있습니다. 개나 고양이인 체하는 것과는 다른 사람의 '동물-되기'가 있습니다. 왜냐하면 동물과 사람은 오직 비대칭적이면서도 공통된 탈영토화의 여정 속에서만 서로 만나기 때문입니다. 이는 모차르트[4]의 새들과도 같습니다. 이 음악에는 '새-되기'가 있으나, 그것은 새의 '음악-되기' 속에서 일어나며, 이 둘은 단 하나의 생성, 단 하나의 블록, 절대 교환되지 않는 비평행적인 진화를 형성합니다. 이 음악에는, 모차르트 비평가가 지적하듯 "말할 대상도 없이 털어놓는 속내 이야기," 한마디로 말해 대담이 있는 것이죠.

생성이란 가장 지각하기 힘든 것이며, 오직 삶으로만 아우를 수 있고, 스타일로만 표현할 수 있는 작용들입니다. 삶의 양태가 구성이 아니듯, 스타일도 구성이 아닙니다. 스타일 속에서 중요한 것은 단어도, 문장도, 리듬도, 문채(文彩)도 아닙니다. 삶에서 중요한 것은 역사도, 근원도, 결과도 아닙니다. 한 단어는 항상 다른 한 단어로 대체될 수 있습니다. 만약 그것도 마음에 안 들거나 당신에게 맞

---

3) 레미 쇼뱅(1913-)은 프랑스의 생물학자·박물학자·곤충학자.〔역주〕
4) 모차르트(1756-1791)는 하이든과 더불어 18세기 빈 고전주의 악파의 대표적인 인물이다. 오페라·실내악·교향곡·피아노 협주곡 등 여러 양식에 걸쳐 방대한 작품을 남겨 전 시대를 통틀어 음악의 천재 중 한 사람으로 알려졌다. 들뢰즈에 따르면 위대한 음악가들이 리토르넬로를 구성하는 방식에는 두 가지가 있는데, 하나는 현대 프랑스 음악가인 메시앙(1908-1992)의 방식이고 다른 하나는 모차르트의 방식이다. 들뢰즈는 메시앙이 새소리를 채보하는 방식으로 리토르넬로의 콜라주를 만들었다고 평가하는 반면, 모차르트는 음악이 새가 되는 동시에 새가 음악이 되는 음 블록을 만들었다고 평가한다. 모차르트 음악의 동물-되기, 새-되기를 음악-되기, 음악의 동물-되기라는 전반적인 맥락에서 이해하기 위해서는 들뢰즈의 다른 저작《천개의 고원》(1980) 10장〈1730년—강렬하게-되기, 동물-되기, 지각 불가능하게-되기〉를 참조하자.〔역주〕

지 않으면, 또 다른 것을 취해서 그 자리에 대신 놓으십시오. 만약 저마다 이런 노력을 기울이면 모든 사람은 서로를 이해할 수 있고, 더 이상 질문을 할 이유도 이의를 제기할 이유도 없어질 것입니다. 깨끗한/고유한 말(mot propre)이란 없고, 은유도 없습니다——모든 은유는 부정한 말(mot sale)이거나, 혹은 그런 말들을 만들어 내는 것이죠. 무엇인가를 정확하게 가리키기 위한 부정확한 말들만이 있을 뿐입니다. 비일상적인 말들을 창조합시다. 단 이 비일상적인 말들을 가장 일상적으로 사용하는 한에서, 그런 말들이 가리키는 본체(entité)가 가장 흔한 사물이 존재하는 것처럼 존재하도록 하는 한에서 말입니다. 오늘날 우리는 새로운 읽기 방식, 그리고 어쩌면 새로운 글쓰기 방식을 멋대로 사용하고 있습니다. 거기에는 나쁘고 부정한 측면들이 있습니다. 가령 어떤 책들은 기자가 쓸 거라고 여겨지는 서평을 염두에 두고 씌어지고, 그 결과 서평은 더 이상 필요도 없는데, 책을 다 읽고 내용을 종합하는 수고를 덜기 위한 공허한 말만은 필요하다는 인상을 받게 됩니다("이것을 읽어야 합니다! 유명한 거예요! 자, 읽어봐요! 그럼 알게 될 겁니다!"). 하지만 오늘날 책을 읽는 양식 있는 태도는 음반을 듣듯이, 영화나 텔레비전 방송을 보듯이, 가요를 듣듯이 책을 다루는 것입니다. 다시 말해 특별한 경의와 유별난 관심을 갖고 책을 다루라고 요구하는 것은 구시대적인 것이고, 명백히 책을 모독하는 행위인 것이죠. 여기에는 난해할 것도 없고, 이해하고 말고 할 것도 없습니다. 즉 개념이란 정확히 소리·색·이미지와 같은 것으로, 당신과 궁합이 맞기도 하고 맞지 않기도 하며, 통과되기도 하고 통과되지 않기도 하는 강도(強度)들입니다. 대중철학, 여기에는 이해할 것도 해석할 것도 전혀 없습니다. 나는 이런 것이 바로 스타일이라고 말하고 싶어요. 이것이 바로 "그런 것들에는 스타일이 없어……"라고 습관적으로 얘기되는 것들의 속성인 것이죠. 스타일은 시니피앙 작용을 하는 구조가 아니며, 곰곰이 성찰해 본 조직도 아니고, 저절로 생겨나는 영감도, 오케스트라 편성도, 저속한 음악도 아닙니다. 그것은 하나의 배치, 즉 발화 행위의 배치입니다. 스타일은 자신의 고유한 언어로 더듬거리는 것입니다. 어려운 일이죠. 왜냐하면 그렇게 말을 더듬을 필연성이 꼭 있어야 하니까요. 자신의 구체적인 말인 파롤을 더듬는 것이 아니라 언어 활동 자체를 더듬거리기. 모국어를 쓰면서 이방인으로 있기. 도주선을 만들기. 나에게 가장 인상적이었던 예는 카프카·베케트[5]·게라쟁 루카[6]와 고다르[7]입니다. 게라쟁 루카는 위대한 작가들 중에서도 특히 빼어난 시인입니다. 천재적인 말더듬기라는 자신만의 것을 고안했으니까요. 한번은 그가 자신의 시에 대해 대중 강연을 할

5) 여기에 언급된 사람들은 모두 들뢰즈가 즐겨 인용하는 예술가들이다. 특히 들뢰즈는 유대계 독일 작가인 카프카(1883-1924)를 위해서는 《카프카—소수적인 문학을 위하여》(1975)라는 책을, 아일랜드 출신으로 영어와 프랑스어로 작품 활동을 했던 베케트(1906-1989)를 위해서는 〈소진〉(1992), 〈아일랜드의 가장 위대한 영화〉라는 비평글을 따로 쓰기도 했다. [역주]

6) 루마니아 출신으로 이후 파리에 정착했던 유대계 혈통의 게라쟁 루카(1913-1994)는 20세기초 초현실주의 운동에 관심을 보이기도 했으며, 루마니아어와 프랑스어로 작품 활동을 하고 그림을 그리기도 했다. 말년에 고독하게 연금술에서 애기하는 '현인의 돌'을 찾아 헤매던 루카는 당시 부상되던 인종주의와 반유대주의에 동요하며 1994년 자살을 하기에 이른다. 들뢰즈는 특히 루카 작품의 독특한 눌변 방식을 높이 평가하며 당대 최고의 프랑스 시인이라고 칭송하곤 했다. [역주]

7) 1960년대 프랑스를 휩쓸었던 '누벨 바그'라는 이름의 영화 운동으로 잘 알려진 고다르(1930-)는 영화 만들기에서 작가의 역할이 얼마나 중요한가를 주창하는 '작가주의'와, 장르의 인용과 파괴, 브레히트 이론의 적용, 전통적 몽타주와 미장센에 대한 거부 및 새로운 콜라주 형식의 사용 등과 같은 다양한 영화적 실험 정신으로 유명하다. [역주]

일이 있었습니다. 2백 명의 청중이 모였는데, 그것은 하나의 사건이었지요. 어떤 학파나 동향에도 속하지 않는 사건, 이 2백 명의 청중을 거쳐 갈 하나의 사건 말입니다. 결코 사람들이 생각한 곳에서, 혹은 사람들이 생각한 길을 따라 사태가 흘러가는 것은 아닙니다.

우리가 유리한 예만 든다고, 즉 독일어로 글을 쓴 체코계 유대인 카프카나, 영어와 프랑스어로 글을 쓴 아일랜드인 베케트, 루마니아 출신의 루카, 심지어 스위스인인 고다르를 예로 든다고 언제든지 이의를 제기해도 좋습니다. 그런데 그래서요? 이들 누구에게도 그것은 문제가 되지 않습니다. 우리는 단 하나의 언어 속에서도 2개 언어 사용자가 되어야 하며, 우리 언어의 내부에서 마이너 언어를 가져야 하고, 우리의 모국어를 마이너 용법으로 사용해야 합니다. 단지 각각의 언어가 그 자체로는 동질적인 복수의 시스템을 갖는 것, 이런 것은 다언어주의가 아닙니다. 다언어주의란 무엇보다도 도주선 혹은 변이의 선이죠. 이 도주선 혹은 변이의 선이 각각의 시스템에 영향을 미치며, 그것들이 서로 동질하게 되는 것을 막아 줍니다. 아일랜드인이나 루마니아인처럼 자기 나라 말이 아닌 다른 언어로 말하는 것이 아니라, 오히려 이와는 반대로 **자기 나라 말**을 쓰면서 이방인처럼 말하는 것. 프루스트[8]는 이렇게 말했습니다. "위대한 문학은 일종의 외국어로 씌어진다. 우리는 매 단어에 어떤 의

---

8) 프루스트(1871-1922)는 프랑스의 소설가로 자신의 삶을 의식의 흐름 기법을 통해 그린 대작 《잃어버린 시간을 찾아서》로 널리 알려졌다. 들뢰즈의 《프루스트와 기호들》(1964)은 어떻게 들뢰즈의 철학적 사유가 프루스트의 문학 작품과 조우하며 이후 어떻게 들뢰즈 특유의 철학적 논의를 발전시키는지 보여준다. [역주]

미나 혹은 최소한 어떤 이미지를 부여하는데, 이는 종종 반대의 의미를 갖는 오역이다. 하지만 위대한 문학에서는 우리가 만드는 모든 오역이 아름다움으로 귀결된다." 이것이 책을 읽는 좋은 방법입니다. 어떤 오역이든 다 좋습니다. 단, 그 오역들이 해석으로 이루어지는 것이 아니라 책의 용법에 관련되고, 그 용법을 증가시키고, 자기네 언어 내부에서 여전히 다른 언어 하나를 만들어 낸다는 조건에서 말입니다. "좋은 책들은 일종의 외국어로 씌어진다……"[9] 이것이 스타일의 정의입니다. 여기에서도 역시 생성이 문제인 것입니다. 사람들은 항상 메이저리티의 미래를 생각합니다("내가 위대한 사람이 된다면, 내가 권력을 갖게 된다면……"). 하지만 문제는 〈마이너리티-되기〉입니다. 즉 문제는 어린이·미치광이·여자·동물·말더듬이·이방인인 척하거나, 흉내내거나, 그들의 역할을 하는 것이 아니라 이 모든 것들로 생성되는 것입니다. 새로운 힘, 새로운 무기를 발명하기 위해서 말이죠.

삶에 대해서도 마찬가지입니다. 삶에는 일종의 서툶, 병약함, 허약한 체질, 치명적인 말더듬 같은 것이 있는데, 이런 것들이 혹자에게는 매력이 됩니다. 스타일이 글쓰기의 원천이듯이, 매력은 삶의 원천입니다. 삶이란 당신의 역사가 아닙니다. 매력이 없는 사람들에게는 삶도 없습니다. 그들은 송장과 같습니다. 그러나 매력은 결코 사람/인격(personne)이 아닙니다. 매력은 사람을 수많은 조합으로 파악하게 하고, 그런 조합을 이끌어 낸 독특한 기회로 파악하게 하는

---

9) Proust, *Contre Sainte-Beuve*, éd. Gallimard, 303쪽.

것을 말합니다. 매력은 필연적으로 이기는 주사위 던지기입니다. 왜냐하면 우연을 없애거나, 우연의 확률을 따져 손상시키는 대신에, 우연을 충분히 긍정하기 때문이죠. 따라서 삶의 역량은 각각의 불안정한 조합을 통해 존재 속에 비할 데 없는 힘, 끈기, 투지를 가지고 자신을 긍정합니다. 위대한 사상가들을 보면 그들의 개인적인 삶이 무척 깨지기 쉽고 건강한지 아닌지에 대해서도 분명히 단정지을 수 없는데도, 그와 동시에 그들이 절대적 역량의 상태 혹은 '위대한 **건강**'의 상태의 삶을 영위하는 것을 알 수 있습니다. 신기한 일이지요. 그들은 어떤 사람들이 아니라, 그들 고유의 조합으로 된 숫자입니다. 매력과 스타일이라는 말은 잘못된 것으로, 다른 말을 찾아서 대체해야 할 것입니다. 매력이 삶에 개체들보다 우월한 비(非)개인적 역량을 부여하고, 스타일이 글쓰기에 씌어진 것을 넘어서는 외적 목적을 부여하는 일은 동시에 일어납니다. 또한 이 둘은 동일한 것입니다. 다시 말해 삶이 개인적이지 않다는 바로 그 이유 때문에, 글쓰기는 제 안에 목적을 갖지 않습니다. 글쓰기의 유일한 목적은 삶입니다. 글쓰기가 이끌어 내는 조합들을 통해 삶을 유일한 목적으로 삼는 것이죠. 이는 '신경증'의 반대인데, 바로 이 신경증에서 삶은 끊임없이 훼손되고, 비굴해지고, 개인화되고, 모욕당하며, 글쓰기는 글쓰기 자체를 목적으로 삼는 것입니다. 신경증 환자의 반대, 즉 병약한 건강 상태로 위대한 삶을 산 낙천가인 니체[10]는 이렇게 썼습니다. "때로 예술가, 특히 철학자는 자신의 시대에 오직 우연으로만 존재하는 것처럼 보인다……. 그가 나타날 때, 이제껏 한번도 도약하지 않은 자연은 단 한번의 유일한 도약을 하는데, 이것은 기쁨의 도약이다. 왜냐하면 비로소 자연은 처음으로 목적지에 도달했다고 느끼기 때문이다. 이 목적지에서 자연은 이제껏 너무 큰 판돈을 걸고 삶과 생성의 게임을 해왔다는 것을 깨닫는다. 이 깨달음으로 인해 자연은 빛나고, 사람들이 매력이라고 부르는 밤의 부드러운 권태는 그 얼굴에 깃든다."[11]

작업을 할 때에는 어쩔 수 없이 절대적인 고독 속에 있게 됩니다. 학파를 만들 수도 없고, 학파의 일원이 될 수도 없습니다. 오직 어둡고 은밀한 작업만이 있습니다. 다만 이것은 지극히 번잡한 고독입니다. 꿈, 환상, 기획들로 북적대는 것이 아니라 우연한 마주침들로 번잡스러운 고독. 하나의 마주침이란 어쩌면 생성이나 결혼과 동일한 것이라고 할 수 있습니다. 우리가 그것이 어떤 것이든지간에 마주침을 만들 수 있는 것은 바로 이러한 고독의 깊이에서 나오지요. 우리는 (때로는 알지도 못하고 본 적도 없는) 사람들과 마주칠 뿐만 아니라 수많은 움직임들, 사상들, 사건들, 본체들과도 마주칩니다. 이 모든 것들은 고유한 이름을 가지는데, 이 고유 명사는 결코 사람이나 주체를 가리키지 않습니다. 그것은 하나의 효과, 지그재그, 잠재력의 차이 아래에서처럼 둘 사이에서 지나가거나 일어나는 어떤 것, 즉 '콤프턴 효과'[12] '켈빈 효과'[13]를 가리킵니다. 우리는 생성들에 대해서도 마찬가지 말을 했습니다. 즉 하나의 항이 다른 하나의

---

10) 니체(1844-1900)는 19세기 독일의 철학자로, 계몽주의라는 세속주의의 승리가 가져온 결과를 반성하였으며, "신은 죽었다"는 그의 주장은 20세기 유럽 지식인의 주요한 구호가 되었다. 민주주의, 반유대주의, 힘의 정치 등에 강력히 반대했지만, 뒷날 그의 이름은 그가 혐오했던 파시스트들에게 이용되었다. 들뢰즈는 이렇게 오해되어 왔던 니체를 현대의 가장 급진적인 철학자로 재발굴하기 위해 《니체와 철학》(1962)이라는 책을 썼다. [역주]

11) Nietzsche, *Schopenhauer éducateur*.

항으로 되는 것이 아니라 각각의 항이 다른 항, 즉 둘 사이에 공통되지 않은 단 하나의 생성과 우연히 마주친다고 말입니다. 왜냐하면 생성들은 서로 아무런 관련이 없지만, 그것들은 두 항들 사이에 있으며, 자신만의 방향, 생성 블록, 비-평행적인 진화를 갖기 때문입니다. 이것이 바로 이중 포획, 말벌, **그리고(ET)** 난초입니다. 즉 비록 무엇인가가 말벌 속에 있는 것도 아니고 난초 속에 있는 것도 아니지만, 비록 그 무언가는 서로 교환되어야 하고 서로 뒤섞여야 하지만, 그럼에도 그것은 둘 사이에 있으면서 둘 바깥에 있고 또 다

---

12) 콤프턴 효과란 전자에 의해 탄성 산란된 X선 및 에너지가 큰 전자기복사의 파장이 증가하는 현상. 이 효과는 복사 에너지가 물질에 흡수되는 주요한 방법이다. 콤프턴 효과는 물질뿐만 아니라 전자기복사의 파동-입자성을 설명하는 양자역학의 기본 법칙 중 하나로 밝혀졌다. 1922년 미국의 물리학자 콤프턴(1892-1962)은 그가 광자라고 명명한 X선이 전자기 에너지의 불연속적인 펄스인 양자로 이루어져 있다고 함으로써 파장의 증가를 설명할 수 있었다. 광자는 물질 입자들처럼 에너지와 운동량을 지니고 있으며, 파장 진동수와 같은 파동성을 지니고 있다. 광자 에너지는 그 진동수에 비례하며 파장에 반비례하기 때문에 낮은 에너지의 광자일수록 진동수는 낮아지고 파장은 길어진다. 콤프턴 효과에서 각 광자는 자유로이 움직이거나 물질의 원자에 아주 약하게 결합하고 있는 단일 전자와 충돌한다. 충돌하는 광자는 그 에너지와 운동량의 일부를 전자에 전달하며, 전자는 이를 받아 튕겨나간다. 충돌 순간에 원래의 광자보다 적은 에너지와 운동량을 가진 새로운 광자가 생성되며, 튕겨나간 전자는 잃어버린 에너지양에 의존하는 각도로 산란된다. 에너지와 파장 간의 관계 때문에 산란되는 광자는 X선의 바뀐 방향의 각도에 따라 더욱 파장이 길어진다.〔역주〕

13) 켈빈(1824-1907)은 영국의 물리학자이며 수학자. 물리학의 여러 분야와 그 응용 부문, 공업 기술 등 다방면에 걸쳐 연구를 했다. 초기 연구는 고체 내의 열전도 및 전기 전도에 관한 것으로 정전기에서의 영상법, M. 패러데이보다 앞선 역선 개념 제시 등이 있고, 유전체의 자기 이력, 커 효과에 대한 연구도 있다. 열역학 분야에서는 J. P. 줄의 열의 일당량에 관한 연구에 주목하여 열과 일의 동등성(열역학 제1법칙)을 강조하였다. S. 카르노의 열기관 이론을 바탕으로 절대온도 눈금(켈빈 온도)을 도입하였고, 열역학 제2법칙을 클라우지우스와 독립적으로 정식화하였다. 열역학을 확립한 공헌자이며, 열전기 연구(톰슨 효과)와 줄과 함께 행한 세공마개의 실험(줄-톰슨 효과)도 있다.〔역주〕

른 방향으로 흘러가는 어떤 것이지요. 마주침이란 찾기, 포획하기, 훔치기이지만 거기에는 찾아내기 위한 방법이 없고 오직 긴 준비 과정만이 있습니다. 훔치기는 표절하기, 복사하기, 모방하기 혹은 ……인 체하기의 반대입니다. 포획은 항상 이중-포획이며, 도둑질은 항상 이중-도둑질입니다. 이것이 만들어 내는 것은 상호적인 어떤 것이 아니라 비대칭적인 블록, 비-평행적 진화, 결혼, 항상 '바깥'과 '사이'입니다. 그러므로 이는 하나의 대담일 것입니다.

그래, 나는 생각을 훔치는 도둑이라오
바라건대, 영혼의 매수꾼은 아니기를
나는 기다리는 것 위에
세우고 또 세웠다오
왜냐하면 해변의 모래가
열린 것 위로 쏴아아
수많은 성을 쓸어 가기 때문이지
나의 시절 이전에
가사, 곡조, 이야기, 오선
바람 속의 건반들은 내 마음의 자물쇠를 열고
내 골방 속 생각들에 뒤뜰의 바람 한 줌을 건네 준다오
가만히 앉아 생각에 잠기고
이런저런 궁리를 하며 시간을 보내고
해본 적 없는 생각들에 대해 생각하고
꿔본 적 없는 꿈들에 대해 생각하고
아직 씌어지지 않은 새로운 착상들이나

운율을 맞추기 위한 새로운 단어들……을 생각하는 일일랑

나는 모르오

새로운 규칙을 걱정할 일도 나는 없다오

그것들은 아직 만들어지지 않았으니

그저 노래하는 내 마음을 외쳐 부르지

그것들의 규칙을 만들 이는……

바로 나이며 내 부류임을 알고 있으니

만일 내일의 사람들에게

정말로 오늘의 규칙들이 필요하다면

자, 모든 검사들을 불러모으시길

세상은 단지 법정일 뿐

그래요 그래

하지만 나는 당신보다는 나은 피고들을 알고 있다오

그리고 당신이 고소하느라 바쁜 동안

우리는 휘파람을 불면서

법정을 청소하고

쓸고 또 쓸고

듣고 또 듣고

서로 윙크를 하느라 바쁘다오

조심

조심

곧 당신 차례라오[14]

---

14) Bob Dylon, *Ecrits et dessins*, éd. Seghers.

밥 딜런[15]의 이 시는 도도하고 경이롭지만 또한 겸손하기도 합니다. 이 시는 모든 것을 말합니다. 딜런은 노래를 지을 때 작사가보다는 오히려 제작자를 놀라게 하는데, 교수인 나도 딜런처럼 강의를 하게 되면 좋겠습니다. 그리고 딜런처럼 갑자기 광대의 가면을 쓰고, 각 세부가 조율되어 있으면서도 즉흥적인 연주를 하는 기법으로 강의를 시작할 수 있기를 바랍니다. 표절자의 반대는 [원곡의] 주인 혹은 모델의 반대이기도 합니다. 아주 긴 준비 과정은 방법도, 규칙도, 비결도 아닙니다. 짝짓기도, 결혼 생활도 없는 결혼이지요. 내가 우연히 마주치는 모든 것을 넣어두는 가방을 갖는 것이고요. 단, 그 가방 안에 나 역시 넣어진다는 조건하에서 말입니다. 조정하고, 재인식하고, 판단하는 대신 찾고, 만나고, 훔치기. 왜냐하면 재인식하기란 마주침의 반대이니까요. 판단하는 일은 많은 사람들이 갖는 직무일 뿐 아니라――좋은 직무는 아니지요――, 많은 사람들이 글쓰기에 이용하는 수법이기도 합니다. 심판자보다는 거리의 청소부가 되기. 살면서 착각을 많이 한 [즉 자기 자신을 많이 속인] 사람일수록 훈계를 잘한답니다. 다시 말해 비(非)스탈린주의에 대해 훈계를 하고 '새로운 규칙'을 선고하는 데에는 스탈린주의자가 제격이라는 말이지요. 심판자라는 족속은 있게 마련이고, 사유의 역사는 재판소의 역사와 혼동되어서 순수 **이성**의 재판소, 순수 **신앙**의

___

15) 미국의 가수이자 작곡가, 시인인 밥 딜런(1941-)의 본명은 로버트 짐머만. 시인 딜런 토머스의 이름을 본떴다. 미네소타 주의 덜루스와 철광 도시인 히빙 시에서 불우한 어린 시절을 보낸 뒤 온 나라를 떠돌아다녔고, 포크송 가수 우디 거스리 풍의 노래를 불렀다. 1960년대 초반에 나온 음반으로 유명해졌고, 그의 강렬하고 현실적인 가사는 1960년대 미국 젊은 세대를 휩쓸던 반전 평화의 움직임에 깊은 영향을 미쳤다. 위에 인용된 작품 《글과 그림들》은 밥 딜런 노래의 가사와 시들을 모아 놓은 것이다. [역주]

재판소 등등을 표방합니다. 바로 이 때문에 사람들은 그리 쉽게 다른 누군가의 이름으로, 다른 누군가를 대신해서 말을 하고, 그토록 질문들을 좋아하며, 그리도 질문을 잘 제기할 줄 알고 이에 대답할 줄도 아는 것입니다. 또한 심판받기를 요구하는 사람도 있습니다. 이는 단지 유죄를 인정받기 위해서일 따름이죠. 그들은 정의/사법(justice) 안에서 [법이나 관습에] 준거할 것을 요구합니다. 비록 이렇게 [정의를 따르고 사법에 준거] 하는 일이 자신들이 만들어 낸 규칙, 자신들이 폭로해야 한다고 주장하는 초월성, 자신들에게 동기를 부여하는 감정에 속하는 것임에도 불구하고 말이지요. 정의(justice)와 올바름(justesse)은 잘못된 관념들입니다. 이를 고다르의 공식, 즉 〈하나의 올바른(juste) 이미지가 아닌 단지(juste) 하나의 이미지〉라는 것에 대비시켜 봅시다. 이는 철학에서도 마찬가지이며, 영화나 노래에서도 마찬가지입니다. 올바른 관념들이 아닌 바로 그 관념들. 바로 그 관념들이 마주침·생성·도둑질이며, 결혼은 고독한 자들의 '둘-사이'입니다. 고다르가 "나는 프로덕션 사무소이고 싶다"라고 말할 때, 그가 말하고자 하는 것이 "나 자신의 영화를 제작하고 싶다"거나 "나 자신의 책들을 편집하고 싶다"는 것은 분명 아닙니다. 그가 의미하는 것은 바로 그 관념들입니다. 왜냐하면 그럴 때 사람들은 전적으로 혼자이지만, 그러면서도 조직 폭력단처럼 존재하기 때문입니다. 그들은 더 이상 저자가 아니고, 하나의 프로덕션 사무소입니다. 이제 더 이상 그들 주위로는 사람들이 모이지 않습니다. 한 '패거리'로 있기. 패거리들은 더 살벌한 위험을 겪고, 판사·재판소·학교·가족·결혼 생활을 재편성해야 하지만, 패거리 안에서 좋은 점은, 원칙적으로 각자가 다른 이들을 만나면서도 자신만의 용무를 처리하며, 제 몫을 챙겨 돌아온다는 점입니다. 그리고 [또 다른 좋은 점은] 생성의 윤곽이 그려지고, 하나의 블록이 움직이기 시작한다는 점입니다. 그런데 이 생성이나 블록은 더 이상 한 사람에 속하는 것이 아니라 모든 사람의 '사이'에 있는 것이지요. 마치 아이들이 흘려보냈다가 잃어버리는 작은 배, 그리하여 다른 사람들이 훔쳐 가는 작은 배처럼 말입니다. '6 곱하기 2'라는 텔레비전 대담에서 고다르와 미예빌이 했던 것은 다른 것이 아닙니다. 비록 그들의 고독을 가장 풍요롭게 사용하지는 않았지만, 그들이 했던 것은 고독을 마주침의 수단으로 사용하고, 두 사람 사이에 하나의 선 혹은 하나의 블록이 실처럼 풀리며 질주하게 만들고, 이중 포획의 모든 현상을 생산하고, 접합접속(conjonction)의 **그리고(ET)**가 무엇인지를 보여주는 것이었습니다. 이 접합접속의 그리고란 합병도 병치도 아니며, 오히려 말더듬기의 출현, 항상 인접성에서 출발하는 파선(破線)의 흔적, 활동적이면서도 창조적인 일종의 도주선임을 보여준 것이죠. **그리고……그리고……그리고……**.

어떤 관념이 올바른지 참인지 캐낼 필요는 없습니다. 완전히 다른 관념을 다른 곳에서, 다른 영역에서 모색해야 할 것입니다. 그렇게 되면 두 영역 사이로 어떤 것이 지나가는데, 이것은 한 영역에도 다른 한 영역에도 있지 않은 것이지요. 그런데 일반적으로 이 다른 관념을 전적으로 혼자서 찾을 수는 없어서, 우연이 필요하거나 혹은 누군가가 이 관념을 당신에게 주어야 합니다. 전문적인 학자가 될 필요도 없고, 특정한 영역을 지식으로 알 필요도 체험으로 익힐 필요도 없습니다. 오직 전혀 다른 영역들 속에서 이러저러한 것을

[배우거나 듣거나 읽어서] 취해야 합니다.[16] 이것이 '컷업(cut-up)'보다 낫습니다.[17] 차라리 '나를 골라 주세요(pick-me-up)'라고 말하는 '픽업(pick-up)'의 태도라고 할 수 있지요──사전에서 '픽업'을 찾아보면 주워올리기, 우연, 모터의 재시동, 경기 회복, 그리고 성적인 의미도 나와 있습니다. 버로스[18]의 컷업은 여전히 확률의 한 방법입니다. 적어도 언어학적인 확률의 한 방법인 것이지요. 매번 다질적인 요소들을 결합하는 유일한 기회의 방법이나 제비뽑기의 방

---

16) 원래 프랑스어 동사 'apprendre'는 '듣거나 읽어서 혹은 가르침을 통해서 무엇인가를 배운다'는 뜻이다. 들뢰즈는 여기서 '지식을 알다'는 의미를 지니는 동사 'savoir'와 '몸으로 익혀 알다'는 의미의 동사 'connaître'와 구분하여 'apprendre' 할 것을 제안하고 있는데, 영역본에서는 이를 'pick up'으로 번역하고 있다. 들뢰즈가 얘기하고자 하는 '배움'의 의미를 분명하게 하기 위해 우리 역시 이 대목에서 '취하다'를 번역어로 택했다. 〔역주〕

17) '컷업(cut-up)'이란 브라이언 기슨이 발견하고 이후 윌리엄 버로스가 자신의 작품에 이용함으로써 유명해진 테크닉. 버로스가 제안한 가장 단순한 자르기 방법은 종이 한 장에 글을 쓰고 그것을 4등분하여 자른 후 임의로 그 조각들을 이어 붙이는 것이다. 이렇게 하면 새로운 단어와 문장, 의미가 생겨나게 된다. 위와 같은 컷업의 방법으로 버로스는 《벌거벗은 점심》《노바 익스프레스》 등의 작품을 만들었는데, 이로써 제어 기제로서의 언어 자체에 대한 문제를 분명하게 대두시켰다. 〔역주〕

18) 윌리엄 버로스(1914-1997)는 유복한 어린 시절을 보내고 하버드대학을 졸업한 후 짧은 소설을 쓴 적이 있지만 출판사로부터 거절을 당하고 이후 범죄적인 삶에서 자신의 정체성을 찾으려 했다. '무법자들의 세계'에서 편안함을 느낀 버로스는 모르핀을 포함한 훔친 물건들을 사들이기 시작하고 급기야 모르핀 중독자가 되었다. 이후 마약을 이용하기 용이한 도시들을 전전하던 중 멕시코시티에 정착하고, 여기서 친구의 권유를 받아 자신의 마약 경험기를 글로 옮긴다. 이후 아내를 우연히 살해하고 감옥에 수감되지만 부모의 도움으로 출감하고 '야게'라는 이름의 마약을 찾아 여기저기를 방랑하다가 싸게 마약을 구할 수 있는 남아메리카의 한 지방에 정착하여 글을 쓴다. 버로스는 아내의 죽음이 자신을 문학적 소명으로 이끌었다고 말하며, 아내를 죽이게끔 자신을 종용하고 사로잡은 침입자로부터 벗어나는 유일한 방법으로서 글을 쓴다고 이야기한다. 이렇게 해서 나온 작품이 《벌거벗은 점심》(1959)이다. 버로스의 전기작가인 테드 모건은 '무법자로서의 작가' 상을 제시하고 '위기의 문학'을 만들었다고 평가한다. 한편, 《벌거벗은 점심》이라는 작품은 데이비드 크로넨버그가 영화화한 것으로 더욱 유명하다. 〔역주〕

법은 아닙니다. 예를 들면 나는 사물들, 사람들이 매우 다양한 선으로 구성된다는 점을, 그리고 그들이 그 선들 중 어떤 선 위에 있는지, 그들이 긋고 있는 선을 어디로 지나가게 해야 하는지를 반드시 아는 것은 아니라는 점을 설명하려는 것입니다. 간단히 말해서 사람들 속에는 단단한 선, 유연한 선, 도주선 등등으로 이루어진 온전한 지리학이 있는 것이죠. 좀 다른 방면에서 예를 들어 보겠습니다. 내 친구 장-피에르의 설명에 따르면, 통화의 균형은 겉보기에 단순해 보이는 두 종류의 작용 사이에 하나의 선을 포함한다고 합니다. 그런데 경제학자들은 바로 이 선을 아무 데로나 지나가게 할 수 있고, 그 결과 그것을 어디로 지나가게 하는지 전혀 모른다고 합니다. 이것이 바로 하나의 마주침입니다. 하지만 누구와의 마주침일까요? 장-피에르? 영역? 관념? 단어? 몸짓? 파니[19]와 나는 계속 이런 식으로 작업했습니다. 항상 그녀의 생각은 전혀 엉뚱한 곳에서 와서 나의 뒤통수를 쳤고, 그래서 우리는 두 등불의 신호처럼 점점 더 서로 십자형으로 엇갈리며 교차했습니다. 한번은 그녀가 작업을 하던 중 우연히 로렌스[20]의 거북에 관한 시를 보게 되었습니다. 나는 거북에 대해 아무것도 몰랐지만, 이것이 동물-되기에 관한 모든 것을 바꾸어 놓았습니다. 아무 동물이나 다 이 생성 속에서 이해할 수 있는지는 확실하지 않지만, 아마도 거북이나 기린은 그렇지 않을까요? 로렌스는 이렇게 말했지요. "만일 내가 기린이고 나에 대해 글

---

19) 파니 들뢰즈는 질 들뢰즈의 부인으로 D. H. 로렌스를 전공한 번역가이다. [역주].

20) D. H. 로렌스(1885-1930)는 영국의 소설가·단편 작가, 시인이자 수필가이다. 20세기 영국의 주요 작가로 당대에 떠들썩한 논쟁을 불러일으켰다. [역주]

을 쓰는 미국인들이 잘 길들여진 개라면, 더 이상 아무 일도 제대로 될 수 없을 것입니다. 그 동물들은 너무 다르거든요. 당신들은 나를 좋아한다고 말하지만, 내 말을 들어 보세요, 정작 당신들은 나를 좋아하지 않으며, 본능적으로 나라는 동물을 싫어한단 말입니다." 우리의 적은 개입니다. 그런데 우리가 좋아하는 누군가와의 우연한 마주침이라는 것은 정확히 무엇일까요? 누군가 어떤 이와의 마주침, 혹은 당신과 살게 된 동물들과의 마주침이거나 당신을 파고드는 생각들과의 마주침, 아니면 당신을 뒤흔드는 움직임과의 마주침이거나, 당신을 가로지는 소리들과의 마주침일까요? 이런 것들을 어떻게 구별하지요? 나는 푸코[21]에 대해 말하고, 그가 나에게 얘기했던 이러저러한 것에 대해 떠들고, 내가 그를 보는 대로 상세히 설명할 수 있습니다. 이런 것들은 별것이 아닙니다. 단, 망치로 두드리듯 끊어서 강하게 발음하는 목소리, 결단력 있는 몸짓, 마른 나무에 불이 붙은 듯 활활 타오르는 생각들, 극도의 주의력과 갑작스러운 종결, 그 부드러움을 느끼는 바로 그 순간 '위험'을 감지하게 하는 웃음과 미소, 이 모든 것 일체를 실제로 내가 만날 수 없었다면 말입니다. 이 고유한 조합으로서의 전체가 갖는 이름이 바로 푸코일 것입니다. 프랑수아 에왈드[22]는 '참고 자료 없는 사람'이라는 최고의 찬사를 보낸 바 있지요……. 장-피에르는 "내가 한번도 떠난 적이 없고, 나

---

21) 미셸 푸코(1926-1984)는 프랑스의 구조주의 철학자로 사회를 움직이는 여러 개념과 약호, 특히 정상인과 비정상인을 구분하는 것과 같이 사회를 규정하는 '배타 원리'에 대해 연구한 것으로 유명하다. 푸코는 들뢰즈를 "언젠가 이 세기는 들뢰즈의 날들로 기록될 것이다"라고 극찬했으며, 들뢰즈는 푸코를 두고 "19세기를 벗어났다는 점에서 가장 완전하고 유일한 20세기의 철학자"라고 화답하는데, 이는 두 사람의 서로에 대한 우정과 신뢰가 어느 정도인지를 보여준다. 푸코가 죽었을 때 들뢰즈는 그에 대한 애정을 담아 《푸코》(1986)라는 제목의 책을 헌사하였다. 〔역주〕

를 한번도 떠나지 않았던 유일한 친구"라는 말을 했고요……. 제롬은 "[항상] 걸어다니고 움직이던 그 실루엣, 곳곳에 삶이 스며든 그 모습──그의 관대함과 사랑은 비밀스런 [발생의] 진원지인 **요나**(JONAS)[23]에서 키워졌습니다"라고 말을 했습니다……. 우리들 저마다에게는 우리 자신과는 반대되는 방향으로 향하는 어떤 고행과도 같은 것이 있습니다. 우리는 사막입니다. 하지만 여러 부족들과 여러 동식물군으로 가득 찬 사막이지요. 우리는 이 부족들을 정렬하고, 그들을 다른 식으로 배치하고, 그 중 일부는 제거하고 또 다른 일부는 잘 번성하도록 해주면서 시간을 보냅니다. 이 모든 거주자들, 이 모든 무리들은 우리의 금욕 자체인 사막을 훼손하지 않으며, 오히려 사막에서 살고 사막을 거쳐 가며 사막 위를 지나가지요. 가타리[24]에게는 언제나, 부분적으로는 자신에게 반대되는 야생 로데오[25] 같은 것이 있습니다. 자기 자신에 대한 실험인 사막은 우리의 유일한 정체성이며, 우리 안에 깃든 모든 조합에 대한 단 한번의 기회입니다. 그래서 사람들은 우리에게 말합니다. "당신들은 선생

---

22) 프랑수아 에왈드는 미셸 푸코 센터의 소장직을 맡은 바 있고, 현재 국립공예학교 교수직을 맡고 있다. [역주]

23) 요나는 《구약 성서》〈요나서〉에 나오는 인물. 예언자 요나는 아시리아의 대도시인 니느웨에 가서 그 도시가 죄악으로 가득 차 하나님의 심판을 받을 것임을 예언하라는 명령을 받는다. 하지만 하나님의 뜻을 거역하고 니느웨와 반대 방향으로 가는 배를 탔다가 폭풍을 만나 3일 동안 고래 배 속에 갇힌다. 3일 동안의 간절한 기도로 고래가 그를 땅으로 뱉어내었고 다시 니느웨로 가라는 명령이 들려온다. 이후 요나는 니느웨로 가서 예언을 전했고, 그곳의 사람들은 회개하게 된다는 내용. 이와 같이 요나는 고래 배 속에 들어갔다 나와 회개하는 인물로, 이 이야기에서 모태귀소본능(母胎歸所本能) 증상, 즉 요나 콤플렉스가 유래되었다. 요나 콤플렉스는 두 가지 의미를 갖는데, 하나는 어머니 배 속 시절을 그리워해 현실 생활에 잘 적응하지 못하는 것을 의미하는 것이고, 다른 하나는 어머니 배 속에 있을 때처럼 안온함과 평화로움을 느끼는 것을 의미한다. 본문의 맥락에서 요나는 후자의 의미에 가깝다. [역주]

이나 주인이 아니지만 훨씬 더 [우리를] 숨차게 하는군요." 그만큼 우리는 무엇인가 다른 것이 되기를 바랐어야 했던 것입니다.

나는 정말 너무나 좋아하고 존경했던 두 교수 알키에와 이폴리트에게서 수학했습니다.[26] [당시] 모든 것이 나쁘게 변했지요. 알키에는 기다랗고 하얀 손을 갖고 있었고, 그에게는 어릴 때부터 그랬는지 고향 억양을 감추려고 그러는 것인지 알 수 없는 말더듬증이 있었습니다. 그리고 그는 데카르트의 이원론을 섬기기 시작했습니다. 이폴리트는 뭔가 석연찮은 표정을 띤 강렬한 얼굴을 갖고 있었습니다. 그는 헤겔의 세 항에 말꼬리를 달면서 주먹으로 박자를 붙이곤 했습니다. [제2차 세계대전중 독일 점령기로부터 프랑스가 해방된 시기였던] 해방기에 사람들은 이상하게도 철학사에 틀어박혀 있었습니다. 그저 헤겔·후설·하이데거 속으로 뛰어들 뿐이었습니다. 우리는 강아지처럼 중세 때의 스콜라 철학보다도 못한 스콜라적인 철학을 쫓아다니고 있었습니다. 다행히 그때 사르트르가 있었습니다. 사르트르는 우리의 바깥이었고, 그야말로 뒤뜰에 부는 바람이었습

---

24) 가타리는 파리 북서부의 노동자 가정에서 태어나 고등학교 시절부터 청년 사회주의 단체에서 활동하였다. 대학에서는 의학과 철학을 공부했고, 이후 제도적 정신요법의 기초를 이론과 실천 양면에서 생산했던 보르드 병원에서 의사로 일했다. 1969년 뱅센대학에서 교수직을 맡고 있던 들뢰즈를 만나고 이후 함께 프로이트와 마르크스의 종합을 시도하며 비(非)라캉적인 용어를 가지고 사회적·정치적 무의식에 대한 이론을 구성하기 시작했다. 들뢰즈와 많은 작품을 공동 저술했다. [역주]
25) 로데오란 미국 서부에서 카우보이들이 말타기 등의 경기대회를 여는 축제. 다른 뜻으로는 가축들에게 낙인을 찍는 날의 축제, 야생마 다루기 시합, 싸움판, 난동 등이 있다. [역주]
26) 들뢰즈의 스승으로는 데카르트 전문가이자 초현실주의에 식견이 있던 페르디낭 알키에, 헤겔 철학에 정통한 장 이폴리트, 그리고 푸코의 스승이기도 했던 조르주 캉기엠 등이 있다. [역주]

니다(다가올 역사의 관점에서 그가 하이데거와 정확히 어떤 관계였는지 아는 것은 별로 중요하지 않았습니다).[27] 소르본의 모든 가능성 가운데에서, 우리에게 질서의 새로운 재편을 감당할 힘을 준 것은 바로 사르트르 특유의 조합이었습니다. 그런데 사르트르는 절대로 거기에서 멈추지 않았죠. 어떤 모델이나 방법, 사례가 되는 데에서 멈추지 않았어요. 오히려 한 줌의 신선한 바람이었습니다. 막 플로르[28]에 갔다올 때조차 그는 한 줌의 신선한 바람, 갑자기 불어오는 바람이었지요. 또한 그는 지식인의 상황을 독특하게 변화시키는 지식인이었습니다. 사르트르가 어떤 것의 시작인지 끝인지에 대해 묻는 것은 어리석습니다. 모든 창조적인 사물들이나 창조적인 사람들과 마찬가지로 그는 중간에 있고, 한복판으로부터 자라납니다. 그래도 나는 여전히 이 시기의 실존주의나 현상학에 매력을 느끼지 못합니다. 정말 왜 그런지는 모르겠습니다만, 이 시기의 실존주의나 현상학에서 당신이 너무나 많은 방법, 모방, 주석이나 해석을 얻을 때 이것은 이미 역사입니다. 오직 사르트르만이 예외였지요. 그렇게 해서 해방 이후 철학사는 우리가 깨닫지 못하는 사이에 우리 주변으로 좁혀져 꽉 옥죄었습니다. 우리에게 사유의 미래를 열어 준다는 구실로 말입니다. 그런데 이 사유의 미래는 가장 고전적인 것일 수 있습니다. 내 생각에 '하이데거 물음'은 "하이데거가 어느 정도는 나치였

27) 사르트르(1905-1980)는 작가이자 개별적 인간 존재의 자유를 주창하는 철학인 실존주의의 대표적인 사상가. 베를린 유학 시절, 후설과 하이데거를 연구하여 현상학에 심취한 책들을 내놓은 바 있는데, 들뢰즈는 이 시기의 사르트르보다는 존재론적 우연성의 체험을 그대로 기술하는 듯한 소설 《구토》(1938)에서의 사르트르를 높이 평가한다. [역주]
28) 사르트르가 토론과 활동의 중심으로 삼았던 카페의 이름. [역주]

는가"(물론이지요, 명백합니다)가 아니라 "철학사의 이 새로운 궤도 진입에서 그의 역할은 무엇이었는가"입니다. 사상가, 혹은 직업적인 철학자를 자처하는 사람들 말고는 사유를 정말 진지하게 다루는 사람은 아무도 없습니다. 하지만 그래도 역시 사유는 자신의 권력 장치들을 가집니다. 그리고 사유가 "나를 진지하게 다루지 마십시오. 왜냐하면 내가 당신 대신 생각하고, 내가 당신에게 적합성·규범과 규칙들, 하나의 이미지를 주니까요. 당신이 '그것은 내 알 바 아니고, 중요하지도 않으며, 철학자들과 그들의 순수한 이론들이 할 일이오'라고 말할수록 점점 더 이런 것들에 종속될 수도 있습니다"라고 말하는 것도 역시 사유의 권력 기구들이 미치는 효과입니다.

철학사는 철학에서, 심지어는 사유에서도 언제나 권력의 앞잡이였습니다. 이것은 압제자의 역할을 해왔습니다. 즉 "플라톤·데카르트·칸트·하이데거와 그들에 관한 이러저러한 책을 읽지 않고서 어떻게 사유하기를 바라는가"라고 말하면서요. [이런] 협박을 일삼는 어느 어처구니없는 학파는, 한편으로는 사상 전문가들을 양산하고, 또 다른 한편으로는 사상 전문가 집단의 밖에 있는 사람들이 이러한 전문성에 더 잘 순응하도록 만듭니다. 그들이 이러한 전문성을 비웃는 만큼 더 잘 순응하도록 말이지요. 철학이라 불리는 사유의 이미지는 역사적으로 구성된 것이고, 사람들이 사유하지 못하도록 철저히 봉쇄하는 것입니다. 철학과 국가의 연계는, 단지 얼마 전부터 대부분의 철학자들이 '어용 교수'가 되었다는 점에서만 비롯되는 것은 아닙니다(비록 이런 사실이 프랑스와 독일에서 전혀 다른 의미를 지녔을지라도 말입니다). 철학과 국가의 상관 관계는 훨씬 멀리서 비롯됩니다. 왜냐하면 사유가 순전히 철학적인 자신의 이미지를 국가에서 실질적이거나 주관적인, 그 잘난 내부성(intériorité)을 의미하는 국가에서 빌려오기 때문이죠. 사유는 절대 국가와 같이 순전히 정신적인 국가를 고안하는데, 이것이 정신 속에서는 실질적으로 기능하기 때문에 결코 몽상이라고 볼 수는 없습니다. 바로 그렇기 때문에 보편성, 방법, 질문과 답, 판단, 재인식, 올바른 관념과 같은 기본 개념들이 중요해지고, 또한 항상 정당한 관념을 갖게 됩니다. 바로 그렇기 때문에 내무부/내부의 장관들,[29] 순수 사유의 공무원들과 더불어 정신의 공화국, 오성(悟性)의 취조 심문, 이성의 법원, 사유의 '공정한' 권리와 같은 주제들이 중요해집니다. 순수 국가의 공식어가 되려는 기획이 철학에 침투합니다. 그렇게 해서 사유의 훈련은 실제 국가의 목적에, 지배적인 시니피앙 작용에, 기성 질서의 요건들에 부합하는 것입니다. 니체는 이에 대한 모든 것을 《교육자 쇼펜하우어》에서 말한 바 있습니다.[30] 짓밟히는 것, 공해라고 고발당하는 것은 이미지 없는 사유, 유목 생활, 전쟁 기계, 생성들, 자연을 거스르는 결혼, 포획과 도둑질, 두 계(界) 사이에 있는 것들, 마이너 언어 혹은 언어 안의 말더듬기 등에 속하는 모든 것입니다. 물론 철학, 철학사와는 다른 학문 분야들도 사유를 억압하는 역할을 할 수 있습니다. 심지어 오늘날 철학사는 파산했고, "국가는 더 이상 철학으로부터 비준(批准)을 받을 필요가 없다"라고 말할 수도

---

29) 원어는 'ministres de l'Intérieur'로 본디 뜻은 '내무부 장관'이지만, 들뢰즈는 여기서 국가와 결탁된 사유의 내부성을 효과적으로 공격하기 위해 이 말을 이중적으로 사용하고 있다.〔역주〕
30) 니체의 《반시대적 고찰》제3편 참조.〔역주〕

있습니다. 하지만 맹렬한 경쟁자들이 이미 그 자리를 대신 차지했지요. 인식론이 철학사의 바통을 넘겨받아 릴레이 경주를 시작한 것입니다. 마르크스주의가 역사의 판단, 혹은 다른 것들보다 훨씬 더 불온한 인민 법정을 위협적으로 흔들어대고요. 정신분석은 '사유되는' 기능에 점점 더 집착합니다. 정신분석이 공연히 언어학과 결혼한 것이 아니거든요. 이런 것들이 바로 사유 자체의 새로운 권력 장치들입니다. 마르크스·프로이트·소쉬르는 괴상야릇하게 머리 셋 달린 한 명의 **억압자**, 지배적인 하나의 메이저 언어를 구성합니다. 해석하고, 변형하고, 발화하는 것은 '올바른' 관념이 가지는 새로운 형식들이고요. 심지어 촘스키의 통사론적 표지(標識)조차 애당초 권력의 표지입니다. 정보가 권력으로 발전함과 동시에, 또한 스스로가 갖는 언어의 이미지와 사유의 이미지를 [군대의 암호처럼 질서잡힌] 명령어(mot d'ordre)[31]에 부응하도록 만듦과 동시에, 언어학은 승리를 구가하며 득의만면해졌습니다. 철학이 죽었는지, 그리하여 많은 다른 학문들이 철학의 기능을 대신하는지를 묻는 것은 정말 별 의미가 없습니다. 우리는 광기에 대해 어떤 권리도 내세울 수가 없게 되었습니다. 그 정도로 광기라는 것이 합병된 정신분석학과 언어학을 거쳐 가기 때문이며, 그 정도로 광기가 올바른 관념, 견고한 문화, 생성 없는 역사에 물들었기 때문이며, 그 정도로 광기가 자

---

31) 영문판 번역서에서는 통상적으로 프랑스어 단어 'mot d'ordre'는 영어 단어로는 'slogan'으로 번역되지만, 이 문맥에서는 '명령/지시'의 의미로 옮겨질 수 있다고 지적하며 따라서 이에 대한 번역어로 'order-words'를 선택했다고 밝히고 있다. 'mot d'ordre'는 우리말로는 군호나 암호, 혹은 비유적으로 슬로건으로 번역되는데, 이러한 전반적인 맥락을 살리기 위해 역자는 '군대의 암호처럼 질서잡힌 명령어'라고 풀어썼다. [역주]

신의 어릿광대들, 교수들, 심복들을 가지고 있기 때문입니다.

그래서 나는 철학사가 여전히 강요되고 있을 때, 철학사에서부터 시작했습니다. 나로서는 거기서 벗어날 길이 보이지 않았으니까요. 나는 데카르트, 이원론, 코기토(cogito)를 견딜 수 없었고, 헤겔, 삼항 관계, 부정의 노동도 견딜 수가 없었습니다. 그래서 나는 철학사의 부분을 이루는 듯하지만, 어떤 점에서, 혹은 모든 점에서 철학사로부터 빠져나가는 저자들, 즉 루크레티우스·스피노자·흄·니체·베르그송[32]을 좋아했습니다. 물론 어느 철학사나 경험론에 대한 장(章)을 할애하고 있습니다. 즉 어디에나 로크와 버클리의 자리가 있지요. 하지만 흄에게는 아주 색다른 점이 있습니다. 경험주의를 완전히 다른 자리에 놓고 경험주의에 새로운 역량을 부여하며 관계들에 관한, 즉 '그리고(ET)'에 관한 이론과 실천을 제공하는 아주 색다른 점이 말입니다. 이런 것들은 러셀과 화이트헤드로 이어지긴 했지만, 큰 분류에서는 여전히 숨겨진 채로 혹은 주변적인 것으로 남아 있습니다. 심지어 그것들이 논리학과 인식론을 새롭게 이해하도록 고취시킬 때에도 그랬지요. 물론 베르그송도 프랑스 철학사에 포함되어 있습니다. 하지만 그에게는 동화될 수 없는 어떤 것이 있어서, 바로 이 점 때문에 그는 하나의 충격이었고, 모든 반대자들의 집결지였으며, 그토록 엄청난 분노의 대상이었습니다. 이는

---

32) 들뢰즈가 이들에 대해 쓴 논문이나 저서는 다음과 같다. 루크레티우스에 대해서는 《의미의 논리》(1969)에 수록된 〈루크레티우스와 시뮬라크르〉, 스피노자에 대해서는 《스피노자와 표현의 문제》(1968), 《스피노자의 철학》(1981), 흄에 대해서는 《경험론과 주관성》(1953), 니체에 대해서는 《니체와 철학》(1962), 베르그송에 대해서는 《베르그송주의》(1966). [역주]

지속(durée)이라는 주제 때문이라기보다는 〈모든 종류의 생성들〉과 〈공존하는 다양체들〉에 대한 이론과 실천 때문이었습니다. 이제 스피노자의 경우를 봅시다. 그가 데카르트주의를 계승한다고, 심지어 데카르트주의를 계승하는 사람들 중 가장 영예로운 자리를 차지한다고 생각하기는 쉬운 일입니다. 하지만 그는 이 자리를 벗어나 사방팔방으로 넘쳐흐릅니다. 제 무덤을 박차고 일어나 "나는 당신들에게 속하지 않소"라고 스피노자만큼 분명히 말할 살아 있는 시체도 없지요. 내가 철학사의 규준들을 따라 가장 진지하게 연구한 이는 바로 스피노자입니다. 하지만 그는 다른 누구보다도 더 갑자기 등 뒤에서 불어오는 한 줄기 바람과 같은 느낌을 내게 주었습니다. 당신이 스피노자를 읽을 때마다 그는 당신을 마녀의 빗자루에 올라타게 하는데, 이 마녀의 빗자루 위에서 당신을 등 떠밀고 추동하는 바람 한 줄기 같은 느낌 말입니다. 사람들은 스피노자를 이해하려는 시작조차 하지 않았으며, 나 역시 다른 이들과 마찬가지입니다. 이 모든 사상가들은 허약한 체질을 지녔지만, 억제할 수 없는 삶/생명(vie)이 이들을 가로질러 갑니다. 이들은 오직 적극적인 역량, 긍정의 역량으로써만 나아갑니다. 이들은 말하자면 삶/생명을 숭배합니다(나는 정신과학 아카데미에서 문서를 기록하는 공상을 해봅니다. 루크레티우스의 저서가 페스트에 관한 묘사로 끝날 **수는** 없다는 것을 보여주기 위해서 말입니다. 또한 루크레티우스의 저서가 페스트 묘사로 끝이 난 것은, 유해한 사상가는 고뇌와 공포 속에서 끝장**나야** 한다는 것을 보여주고자 했던 기독교인들의 발명이자 날조임을 보여주기 위해서 말입니다). 이 사상가들은——니체와 스피노자를 제외하면——거의 서로가 관련이 없지만, 그러면서도 관련이 있습니다. 무엇인가가 이들 사이에서 서로 다른 강도와 속도를 가지고서 일어난다고 말할 수 있을 것입니다. 이 무엇인가는 이들 혹은 저들 안에 있는 것이 아니라, 진실로 더 이상 역사의 일부가 아닌 이상적인 공간 안에 있습니다. 또한 이 무엇인가는 죽은 자들의 대화라기보다는, 항성 간의, 아주 불균등한 별들 사이의 〈대담〉입니다. 그것들의 서로 다른 생성들은, 포획하느냐 아니냐가 중요한 하나의 움직이는 블록, 상호-도둑질, 광년(光年)들을 형성합니다. 이제 나는 나의 빚을 갚았고, 니체와 스피노자는 나에게 부채를 청산해 주었습니다. 그리고 나는 더 많이 내 몫의 책들을 썼습니다. 내가 어느 모로나 신경 썼던 것은 이러한 〈사유의 훈련〉을 묘사하는 것이었다고 생각합니다. 그 사유의 훈련이라는 것이 저자 안에 있는 것이든 혹은 그 사유의 훈련 자체를 위한 것이든 상관 없이, 오직 철학이 사유를 종속시키고 작동하지 못하도록 사유 안에 투사시키고 세워놓았던 전통적인 이미지에 대립하는 한에서 말입니다. 하지만 나는 이 점에 대해 다시 설명하고 싶지는 않습니다. 이미 이 모든 것을 친구 미셸 크레솔에게 보내는 편지에서 애써 말했던 적이 있으니까요.[33] 당시 크레솔은 나에 대해 매우 정중하면서도 신랄한 글을 썼었지요.

내가 펠릭스 가타리를 우연히 만났을 때, 사태는 완전히 바뀌었습니다. 펠릭스는 이미 오래전부터 정치적 과정과 정신분석의 작업 과

---

33) 미셸 크레솔에게 보내는 들뢰즈의 편지는 《대담 1972-1990》(1990) 안에 〈어느 가혹한 비평가에게 보내는 편지〉라는 제목의 글로 수록되어 있다. 이 글의 프랑스어 원제목은 〈미셸에게, 나는 아무것도 털어놓을 것이 없다네〉로 1973년 격주로 발행되는 문학잡지 4월호에 처음으로 실렸고 이후 증보판이 〈미셸 크레솔에게 보내는 편지〉라는 제목으로 크레솔의 책에 부록으로 수록된 바 있다. (역주)

정을 거친 사람입니다. 그는 '[전문적인 훈련을 받은] 직업 철학자'
가 아니었기에, 그런 만큼 더 철학자—되기라는 생성과 그 외의 다
른 많은 생성들을 지니고 있었습니다. 그는 결코 멈추지 않았습니
다. 내게 펠릭스만큼 매 순간 움직인다는 인상, 즉 변하는 것이 아니
라, 전적으로 자신이 하는 몸짓, 자신이 하는 말, 자신의 목소리를
이용하여 마치 매 순간 새로운 조합을 이끌어 내는 만화경처럼 온
전히 움직인다는 인상을 주는 사람은 거의 없었습니다. 항상 동일한
펠릭스였지만, 펠릭스라는 이 고유 명사는 하나의 주체가 아니라 계
속해서 생겨나는 무엇인가를 가리키는 것이었습니다. 펠릭스는 그
룹, 패거리, 혹은 부족의 일원이었지만, 그러면서도 홀로인 사람이
며, 이 모든 그룹과 그의 모든 친구들, 그의 모든 생성들로 북적대
는 하나의 사막입니다. 둘이서 공동 작업을 한 많은 이들이 있습니
다. 가령 공쿠르 형제[34]·에르크만—샤트리앙[35]·로렐과 하디[36] 등
이 그러합니다. 하지만 여기에는 규칙도 없고 일반적인 공식도 없

---

34) 프랑스의 형제 작가로, 병적일 정도로 날카로운 감수성의 소유자들이었으며
그러한 감수성으로 인해 자연주의 소설과 사회사, 미술비평 등에 크게 기여하였다.
형 에드몽 공쿠르의 유언에 따라 이들의 이름을 딴 문학상이 매년 뛰어난 프랑스 문
학인에게 수여된다. [역주]
35) 에밀 에르크만과 루이 알렉상드르 샤트리앙은 19세기 소설가로 에르크만—샤
트리앙이라는 하나의 필명으로 공동 작업을 하였다. 그들의 고향인 알자스 지방의
사람들을 주인공으로 내세워 글을 썼으며 프랑스 최초의 향토 문학가들로 통한다.
[역주]
36) 할리우드 영화 최초의 뛰어난 미국의 희극배우 팀이다. 홀쭉이 역할을 맡은
스탠 로렐은 무성 영화에 출연하기 전에 서커스·뮤지컬·보드빌·연극 등에 출연
하였으며, 1926년 뚱뚱이 올리버 하디를 만나 짝을 이루었다. 하디는 미국 각지를
떠돌아다니면서 노래와 보드빌 공연을 하다가 1913년부터 미국 무성 영화에 출연하
였다. 유성 영화 시대가 시작되면서 시각적 유머가 언어적 유머로 바뀌자 무대에서
훈련된 이 2인조의 인기는 급속히 올라가 1920-40년대에 걸쳐 2백 편 이상의 익살
스런 희극 영화를 찍었다.

습니다. 나는 앞서 나온 책들에서 일종의 사유의 훈련이라 할 만한 것을 묘사하려고 애썼습니다. 하지만 그렇게 묘사한다는 것은 아직 그러한 방식으로 사유를 훈련하는 것은 아니었습니다(마찬가지로 "다양한 것 만세"라고 외치는 것은 아직 다양함을 행한 것은 아닙니다. [외치는 것을 넘어서] 다양함을 행해야 합니다. 그리고 "장르 타도"라고 말하는 것 역시 충분하지 않습니다. 더 이상 '장르'라는 것이 없다는 듯이 실제로 그렇게 써야 합니다……). 이 모든 것은 펠릭스와 함께 비로소 가능해졌습니다. 비록 우리가 실패했다고 하더라도 말입니다. 우리는 오직 둘이었습니다. 그런데 우리에게 중요했던 것은 우리가 '함께' 작업한다는 사실이라기보다는 우리 둘 '사이'에서 작업한다는 이 이상한 사실이었습니다. 우리는 '저자'이기를 그만두었습니다. 그리고 이 '둘-사이'는 다른 사람들, 여러모로 차이가 나는 타자를 가리켰습니다. 사막은 점점 커졌지만, 그렇게 함으로써 더 한층 북적거리게 되었습니다. 이는 어떤 학파나 인지 과정과는 전혀 관련이 없고, 오히려 우연한 마주침과 더 큰 관련이 있습니다. 그리고 생성, 자연을 거스르는 결혼, 비-평행적 진화, 이중 언어주의와 사유 훔치기에 대한 이 모든 이야기들은 내가 펠릭스와 함께 했던 것이었습니다. 나는 펠릭스를 훔쳤습니다. 그도 마찬가지로 나한테 그렇게 했기를 바라고요. 당신은 우리가 어떻게 작업하는지를 압니다——이 점이 중요한 것 같아서 다시 말합니다만, 우리는 함께 작업하는 것이 아니라 둘 사이에서 작업합니다. 이런 유형의 다양체가 존재하는 순간, 이미 이 조건 안에는 정치, 즉 미시-정치가 존재합니다. 펠릭스가 말했듯이, **존재** 이전에 정치가 있습니다. 우리는 작업하는 것이 아니라 협상을 합니다. 우리는 결코 같은 리듬을 타지 않았으며, 언제나 보조가 맞지 않고 어긋났습니다. 다시 말해 펠릭스가 내게 말했던 것을 나는 6개월이 지나서야 이해하고 써먹을 수 있었습니다. 반면 내가 그에게 말한 것을 그는 즉각, 내 취향으로 보면 지나치게 빨리 이해했고, 그는 이미 딴 데 가 있었습니다. 때로 우리는 같은 기초 개념에 대해 글을 썼는데, 이후에야 우리가 전혀 다른 방식으로 그 개념을 파악하고 있음을 깨달았던 적도 있었습니다. 이를테면 '기관 없는 몸체'가 그런 것이죠. 다른 예도 있습니다. 펠릭스는 블랙홀/검은 구멍(trou noir)에 대해 공부하고 있었습니다. 이 천문학적인 개념이 그를 매혹시켰지요. **블랙홀**, 그건 당신을 잡고 빠져나가지 못하게 하는 것입니다. "어떻게 이 블랙홀에서 빠져나갈까? 어떻게 블랙홀의 바닥에서 신호를 전달할까?" 펠릭스는 자문했지요. 나는 오히려 흰 벽(mur blanc)에 대해 공부하고 있었습니다. "**흰 벽**, 스크린이란 무엇인가? 어떻게 흰 벽에 줄질을 하고 도주선이 지나가도록 할까?"에 대해서요. 우리는 두 개념을 모으지 않았습니다. 하지만 우리는, 각각의 개념이 그 개념 자체로부터 빠져나와 다른 것을 향해 간다는 것을, 그리하여 어느쪽에도 속하지 않는 무엇인가를 만들어 낸다는 것을 알아차렸습니다. 왜냐하면 흰 벽 위의 블랙홀이란 사실 하나의 **얼굴**, 흰 뺨에 검은 눈이 뚫려 있는 커다란 얼굴이기 때문입니다. 사실 그것은 더 이상 얼굴과 비슷하지 않고, 오히려 얼굴을 만들도록 되어 있는 배치 혹은 추상적인 기계라고 할 수 있습니다. 갑자기 문제는 정치적인 것으로 공이 튀어 오르듯 예상치 못한 방향으로 전개됩니다. 다시 말해 "사회란 무엇인가? 이 기계를 작동시킬 필요가 있는, 즉 모든 몸체와 얼굴 달린 머리를 생산하고 '덧코드화할' 필요가 있는 문명화란 무엇인가? 그리고 무슨 목적으로 그렇게 하는가?"와 같은 질문들이 생겨나지요. 사랑받는 이의 얼굴, 우두머리의 얼굴, 물리적이고 사회적인 몸체의 얼굴화 등은 자명하지 않습니다. 자, 여기 최소한 삼차원의 다양체, 즉 천문학적인 차원, 미적인 차원, 정치적인 차원으로 된 다양체가 있습니다. 어떤 경우에도 우리는 말을 은유적으로 사용하지 않습니다. 다시 말해 "이것은 천문학에서의 블랙홀과 '같은' 것입니다. 이것은 회화에서의 흰 캔버스와 '같은' 것이지요"라고 말하지 않는다는 말입니다. 우리는 탈영토화된 용어들을 사용합니다. 다시 말해 그들의 영역으로부터 뿌리뽑혀진 용어들을 사용합니다. 다른 기초 개념, '얼굴,' 사회적 기능으로서의 '얼굴성'을 재-영토화하기 위해서 말입니다. 그런데 훨씬 더 나쁜 것은 사람들이 블랙홀 속에 빠져 있고, 흰 벽 위에 핀으로 고정되어 있다는 점입니다. 이는 동일시되고, 라벨을 붙여 분류되고, [전에 알던 것으로] 재인(再認)받는 것입니다. 즉 중앙 컴퓨터가 블랙홀의 기능을 하면서, 테두리 없는 흰 벽을 스캐닝하는 거죠. 우리는 글자 그대로 이야기합니다. 바로 그래서 하는 말인데, 천문학자들의 예상에 따르면, 구상(求狀) 성단에 있는 모든 종류의 블랙홀들은 중앙에 있는 아주 큰 단 하나의 거대 구멍으로 모일 것이라고 하더군요……. 흰 벽——블랙홀——나에게는 이것이야말로 우리 사이에 작업이 배치되는 방식의 전형적인 예입니다. 합병도 병치도 아닌 둘 사이를 잇는 파선(破線), 증식, 촉수들인 것이죠.

이것이 바로 〈픽업(pick-up)〉의 방법입니다. 아니, '방법(méthode)'이란 말은 좋지 않군요. 차라리 〈절차(procédé)로서의 픽업〉이라고나 할까요? 이것은 파니의 말인데, 그녀가 단 하나 걱정하는 것이 있다면, 이 말이 지나친 말장난이 되지 않을까 하는 점입니다. 픽업이란 말더듬기입니다. 이것은 버로스의 컷업(cut-up)에 대립됨으로써만 가치가 있습니다. 컷업은 절단도, 접기도, 꺾기도 아닌 오직 차원이 증가함에 따라 증가하는 다양화일 뿐이죠. [반면] 픽업, 이중의 훔치기, 비-평행적 진화는 사람들 사이에서가 아니라 관념들 사이에서 일어나는데, 모든 각각의 관념들은 다른 관념 안에서 탈영토화됩니다. 이 관념 안에도 저 관념 안에도 속하지 않는, 하나의 '블록'을 운반해 가는 하나 혹은 그 이상의 선들을 뒤따르면서 말이지요. 나는 과거에 대해서는 심사숙고 하고 싶지 않습니다. 지금, 펠릭스와 나는 두꺼운 책 한 권을 마무리하고 있습니다. 거의 끝나 가는데, 아마 이것이 마지막이 될 것입니다. 그후에는 지켜봐야지요. 우리는 아마 다른 것을 하게 될 것입니다. 그래서 나는 지금 현재 우리가 하고 있는 일에 대해 이야기하고 싶습니다. 이제껏 내가 말한 관념들 중 어느 하나도 펠릭스로부터, 펠릭스 쪽에서 나오지 않은 것은 없습니다(블랙홀, 미시-정치, 탈영토화, 추상적인 기계 등등). 바로 지금이 방법을 훈련할 때입니다. 지금이 아니면 결코 다시는 훈련을 할 수 없어요. 당신과 나, 우리는 또 다른 블록 속에서 혹은 또 다른 쪽에서, 당신만의 생각들을 가지고 이 훈련을 할 수 있을 것입니다. 우리 중 누구에게도 속하지 않고 오히려 2 사이, 3 사이, 4 사이…… n 사이에 있는 무엇인가를 생산할 수 있도록 말입니다. 이는 더 이상 "x가 x'로 기호화된 x를 설명한다"거나 "들뢰즈가 인터뷰하는 사람으로 기호화된 들뢰즈를 설명"하는 것이 아니라 "들뢰즈가 너라고 기호화된 가타리를 설명한다"거나 "x가 z로 기호화된

y를 설명"하는 것입니다. 그리하여 대담은 진정한 **함수/기능**(fon-ction)이 될 것입니다. ……네 집 쪽으로(Du côté de Chez……).[37] 측면(côté)들을 다양화하고, 다각형이 되도록 모든 원을 꺾어 각지게 해야 합니다.

질 들뢰즈.

---

37) 마르셀 프루스트의 《잃어버린 시간을 찾아서》 중 〈스완네 집 쪽으로 Du côté de Chez Swann〉를 연상시키는 표현이다. [역주]

II

만약 질문과 대답의 절차가 합치하지 않는다면, 이는 아주 단순한 이유 때문입니다. 질문의 어조가 다양할 수 있는 거지요. 가령 짓궂고 겉보기와 달리 위험한 어조가 있고, 혹은 반대로 알랑방귀 뀌는 어조도 있고, 그도 아니면 그냥 그저 그런 보통의 어조도 있지요. 사람들은 매일매일 텔레비전에서 그런 것을 듣습니다. 그런데 그것은 언제나 루카의 시에 나오는 것과 같은 식이지요(정확히 인용하지는 못하겠는데요). "총살하는 자들과 총살당하는 자들…… 얼굴과 얼굴을 맞대고…… 등과 등을 맞대고…… 얼굴과 등을 대고…… 등과 등을 맞대고 그리고 정면에서……." 어조가 어떠하든지간에, 질문-대답의 절차는 결과적으로 이원론을 살찌웁니다. 가령 문학적 인터뷰를 생각해 봅시다. 여기에는 우선 인터뷰하는 사람-인터뷰받는 사람의 이원론이 있습니다. 뿐만 아니라, 인터뷰받는 사람의 입장에서 인간-작가, 삶-작품의 이원론이 있지요. 더 나아가 작품-의도 혹은 작품의 의미라는 이원론이 있고요. 토론, 심포지엄, 원탁회의를 할 때에도 마찬가지입니다. 이원론은 더 이상 단일성을 목표로 하지 않습니다. 연속적인 선택을 목표로 하지요. 가령 "백인이냐 흑인이냐, 남자냐 여자냐, 부자냐 가난하냐" 등등의 질문 혹은 "우파의 입장이냐 좌파의 입장이냐" 같은 질문에서 계속 선택을 하게 되지요. 여기에는 항상 이항 기계가 있습니다. 이 이항 기계가 책임지고 역할을 분배하며, 모든 대답이 미리 형성된 질문을 통과하게끔 만듭니다. 왜냐하면 질문이란 이미 답변을 염두에 두고 계산되는 것이기 때문입니다. 지배적인 의미에 준하여 가능하리라고 여겨지는 대답을 염두에 두는 것이죠. 그리하여 격자가 구성됩니다. 이 격자를 통하지 않고서는 어떤 것이든 실질적으로 이해될 수 없다는 듯이 말입니다. 가령 감옥을 다루는 방송 프로그램을 생각해 봅시다. 우리는 다음과 같은 것들 사이에서 선택을 하게 될 것입니다. 즉 법률 전문가-교도소장, 판사-변호사, 사회복지사-흥미로운 판례 사이에서 선택을 하게 되겠죠. 감옥 안에 있는 평범한 죄수들의 의견은 격자 밖으로, 주제 밖으로 내던져 버린 채 말입니다. 바로 이런 의미에서, 우리는 항상 텔레비전에 의해 '소유' 되고 미리 손해를 봅니다. 심지어 우리 자신을 위해 말한다고 여길 때조차, 우리는 언제나 말할 수 없는 다른 누군가를 대신해 말을 합니다.

당신은 어쩔 수 없이 소유되고, 무엇인가에 사로잡힙니다. 혹은 오히려 어쩔 수 없이 무엇인가를 빼앗깁니다. 〈어쩔 수 없는 선택〉이라고 불리는 마술사가 골라내게 하는 그 유명한 카드 트릭을 생각해 봅시다. 당신은 가령 다른 누군가가 하트 킹 카드를 선택하도록 하고 싶단 말입니다. 그럴 때는 우선 이렇게 말하겠지요. "빨간 카드가 더 좋습니까? 검은 카드가 더 좋습니까?" 그리고 상대방이 빨간색이라고 답하면, 테이블에서 검은 카드를 빼낼 것입니다. 그렇지 않고 만약 상대방이 검은색이라고 답하면, 당신은 빨간 카드를 잡아서 빼내겠지요. 계속 이런 식으로 하면 됩니다. 즉 "하트가 더 좋습니까? 아니면 다이아몬드가 더 좋습니까?" 라고 묻는 거지요.

"킹 카드가 더 좋습니까? 아니면 퀸 카드가 더 좋습니까?"라는 질문을 하게 될 때까지요. 이항 기계는 이런 식의 절차를 거쳐 작동합니다. 인터뷰하는 이가 좋은 의도를 가지고 있을 때조차도 말입니다. 요점은, 기계가 우리를 넘어서 다른 목적들에 봉사한다는 것입니다. 이런 점에서 정신분석이 전형적인 예이지요. 정신분석이 사용하는 관념의 연상 작용이라는 절차를 생각해 보세요. 장담하건대, 내가 드는 다음과 같은 예들은 진짜입니다. 비록 이런 예들이 은밀하고 비(非)개인적인 것일지라도 말입니다. 1° 한 환자가 "히피 무리(groupe hippie)와 떠나고 싶어요"라고 말하면, 정신분석 조작자는 "왜 당신은 커다란 성기(gros pipi)라고 발음하나요?"[1]라고 답합니다. 2° 환자가 부쉬-뒤-론(Bouches-du-Rhône)[2]에 대해 말을 하면, 정신분석가는 "어머니의 입(bouche de la mère)이라는 말로 내가 강조하는 여행에로의 초대"라고 토를 답니다("만약 당신이 어머니(mère)라고 말하면 나는 그것을 그대로 놓아두고 만약 당신이 바다(mer)라고 말을 하면 그것을 빼내면 되니, 결국 나는 매번 이기는 것이죠").[3] 3° 우울증 환자가 [정신분석 치료 과정중 자신이 느끼는 감정적] **저항**(Résistance)과 르네(René)라는 이름을 가진 조직의 보스였던 인물에 얽힌 회상을 이야기하면, 정신분석가는 이렇게 말하지요. "르네라는 말을 생각해 봅시다. 르(Re)-네(né). 다시(Re)-태어남(né). 이것은 더 이상

---

1) 전자는 '그루피피'로 발음되고, 후자는 '그로피피'로 발음된다. 여기서 저자는 이렇게 발음의 유사성을 통해 정신분석이 남근/팔루스 중심의 해석을 도출하는 사례로 이 예를 거론하고 있다. [역주]

2) 부쉬-뒤-론은 83개의 프랑스 행정 구획 중 하나로 프랑스 남쪽에 위치해 있다. 이름은 '론 강(江)의 입구'라는 뜻으로 붙여졌으며, 프랑스 예술을 대표하는 곳이라 할 수 있다. 특히 빈센트 반 고흐는 이 지방에서 생의 대부분을 보내며 주변의 풍경을 화폭에 담았다. [역주]

저항이 아닙니다. 오히려 그것은 **르네상스(Renaissance)**이지요. 그렇다면 이는 바로 [프랑스 르네상스기의 왕인] 프랑수아 1세 혹은 [다시 태어나는 재생의 공간인] 어머니의 배가 아니겠습니까? 자, '엄마'에 대해 생각해 봅시다."[4] 아, 그럼요, 정신분석은 절대로 **도둑맞은 편지**[5]가 아닙니다. 그것은 〈어쩔 수 없는 선택〉이에요. 정신분석이 "주목하세요"라고 말하는 곳을 보면, 그것은 정신분석이 이항 기계에 새로운 질료와 새로운 외연(外延)을 부여했기 때문입니다. 이것은 우리가 권력 장치로부터 기대하는 것에 부합하지요. 정신분석이 "주목하세요"라고 요구하지 않는 곳을 보면, 그것은 다른 꼼수가 있기 때문입니다. 정신분석은 (죽음 욕망과 거세, 더러운 '작은 비밀'을 배양하는) 아주 냉정한 기획입니다. 환자가 입 밖에 내는 모든 것들을 눌러 부수고, 오직 환자가 내뱉은 말들의 핏기 없는 분신만을 간직하고, 환자가 말하는 환자 자신의 욕망, 경험과 배치, 정치학, 사랑과 증오――이 모든 것을 격자 바깥으로 내던져 버리는 기획이지

---

3) 부쉬-뒤-론을 글자 그대로 풀면, '론 강의 입(구)' 이라는 뜻이다. 정신분석가의 생각을 따를 때, 부쉬-뒤-론을 이야기하면서 강(江)이 연상시키는 모성의 이미지를 떠올려 부쉬-드-라 메르라고 발음하면 '어머니의 입' 이라는 뜻이 되는데, 이렇게 환자가 '어머니(mère)' 라고 말을 하면 분석가는 카드 트릭에서처럼 엄마라는 카드를 그대로 두면 되고, 환자가 '바다(mer)' 라고 말을 하면 역시 카드 트릭에서처럼 그 카드를 빼내면 되니, 결국 이런 식으로 정신분석가는 환자와의 게임에서 이길 수밖에 없다는 의미. [역주]

4) 원문은 "Gardons maman"으로, 앞서 말한 마술사가 골라내게 하는 카드 트릭의 비유와 연결시켜 "자, '엄마' 라는 카드를 그대로 놓아둡시다"라는 의미도 된다. 이런 식으로 정신분석가는 '어쩔 수 없는 선택' 이라고 불리는 카드 트릭에서처럼 환자가 '엄마' 라는 카드를 집어들도록 유도한다는 의미. [역주]

5) 에드거 앨런 포의 〈도둑맞은 편지〉에 대해 쓴 라캉의 유명한 정신분석 텍스트 〈〈도둑맞은 편지〉에 관한 세미나〉를 겨냥한 구절로 보인다. 라캉은 이 글에서 포의 이야기를 하나의 가상적인 이론적 텍스트로 여기고, 이를 정신분석의 한 알레고리로 해석한다. [역주]

요. 이미 너무 많은 사람들, 너무 많은 사제들, 너무 많은 대표자들이 '우리의 의식'이라는 이름으로 떠들어댔고, [그래서] 사제들과 대표자들로 구성된 이 새로운 종족들이 '무의식'이라는 이름으로 떠들어대는 것이 불가피했습니다.

이항 기계가 존재하는 이유가 오직 그것이 편리하기 때문이라고 말하는 것은 잘못된 것입니다. '2개의 기초(la base 2)'가 제일 손쉬운 것이라고들 말하고는 합니다. 하지만 사실 이항 기계는 권력 기구의 중요한 구성 요소이지요. 어찌나 많은 이분법들이 세워졌는지 모든 사람이 다 벽에 핀으로 고정되고 구멍에 침몰할 지경입니다. 표준 편차에서 벗어나는 것들조차 이항 선택의 정도에 준하여 측정될 정도이죠. 가령 당신이 백인도 아니고 흑인도 아니라면 어떨까요? 그러니까 아랍인이라면? 혹은 혼혈인이라면? 당신이 남자도 아니고 여자도 아니라면 어떻겠습니까? 그러니까 성전환자라면요? 이것이 바로 흰 벽–검은 구멍/블랙홀 시스템입니다. 그리고 이 시스템에서 얼굴이 그토록 중요하게 취급되는 것은 하등 놀랄 일이 아닙니다. 당신은 당신의 역할에 맞는 얼굴을 가져야만 합니다. 가능한 기초적인 단위들 사이에서 그렇고 그런 장소에 어울릴 역할의 얼굴을, 가능한 연속적인 선택들 속에서 그렇고 그런 수준에 맞는 역할의 얼굴을 말입니다. 얼굴만큼 개인적인 것은 없습니다. 심지어 미치광이조차도 우리가 기대하는 어떤 유형에 부합하는 얼굴을 가져야만 합니다. 만약 교사가 이상한 표정을 지으면, 우리는 선택할 수 있는 것들의 마지막 수준에 처하게 됩니다. 그래서 이렇게 말을 하지요. "맞아요. 이 사람은 교사이지요. 하지만 [교사치고는] 좀 우울해 보이네요. 아니면 저 여자 미쳐 버린 것 같아요." 맨 처음 수준에 있는 기초적인 모델이란 평범한 현대 유럽인의 얼굴입니다. 에즈라 파운드[6]는 감각을 지닌 평범한 남자를 '율리시스'라고 불렀죠. 모든 유형의 얼굴은 이 모델을 기준으로 결정됩니다. 연속되는 이분법을 통해서 말입니다. 만약 언어학 자체가 이분법을 통해 진행된다면(참고로, 언어 내부에서 이항 기계가 작동하는 촘스키의 나무를 생각해 보세요), 만약 정보학이 지속적인 양자 선택을 통해 진행된다면, 이는 우리가 생각하는 것만큼 순진한 것이 아닙니다. 이는 아마도 정보라는 것이 [거짓으로 꾸며진 이야기라는 점에서] 신화이고, 언어라는 것이 본질적으로 정보를 주는 것은 아니기 때문일 것입니다. 무엇보다도 여기에는 언어-얼굴이라는 관계가 있습니다. 펠릭스가 말하듯, 언어란 항상 얼굴의 특징들, '얼굴성(visagéité)'의 특징들에 연결되어 움직입니다. 가령 "내가 너한테 말할 때는 나를 바라봐……"라거나 "눈 내려떠…… 뭐라고? 무슨 말을 하는 거야? 왜 그렇게 뽀로통하게 부어 있는 건데?"라는 말들을 생각해 봅시다. 언어학자들이 '변별 자질'[7]이라고 부르는 것들은 얼굴성의 특징이 없이는 구분될 수조차 없는 것들일 것입니다. 그리고 언어가 중립적이지 않다

---

6) 에즈라 파운드(1885-1972)는 20세기 초반 미국의 시인·비평가·번역문학가. '이미지즘' 운동 등을 통해 20세기 영미시에 지대한 영향을 끼쳤다. '시인의 시인'으로 불릴 정도로 위대한 재능을 가졌었지만, 제2차 세계대전중 파시스트를 공개적으로 지지하고 반유대주의를 주장하는 방송과 연설을 해 전후에 체포된다. 그러나 재판을 감당할 정신적 능력이 안 된다는 이유로 1946년부터 1958년까지 정신병원에 수감되었고, 이후 1972년 베니스에서 사망했다. 파운드의 정치적 신념은 그의 시학·미학 등에 녹아들어가 있는데, 이런 점에서 파운드의 작품은 최상의 서구 문명과 최악의 서구 문명을 동시에 반영하는 것으로 평가된다. 여기서 파운드가 제시하는 기본적인 인간 모델, 즉 평범한 유럽 남자라는 기준은 반유대주의와 같은 파운드의 정치관과 연결해 이해해야 할 것이다. [역주]

는 점, 정보를 전달하는 것도 아니라는 점――이것은 훨씬 더 명백한 사실이죠. 언어란 생각되어지도록 만들어진 것이 아니라 복종되어지도록 만들어졌습니다. 교사가 아이들에게 작용을 설명하거나 아이들에게 문법을 가르칠 때, 그녀가 하는 일은 엄격히 말해서 정보를 전달하는 것이 아닙니다. 그녀가 하는 일은 아이들에게 명령을 하달하고, [군대의 암호처럼 질서잡힌] 명령어를 전달하며, 아이들이 올바른(correct) 말을 내뱉고 '정당한(juste)' 관념들을 생산할 수 있도록 시키는 것입니다. 여기서 올바른 말이나 정당한 관념들이란 반드시 지배적인 의미에 부합하는 것들이지요. 바로 그렇기 때문에 정보학의 도식을 수정할 필요가 있는 것입니다. 정보학의 도식은 당연히 극대의 가장 완전한 것이라고 여겨지는 이론상의 정보로부터 출발합니다. 다른 반대편 끝에는, 전파 방해라거나 반(反)-정보, 둘 사이, 정보 중복과 같은 잡음을 배치하고요. 이런 것들은 이론정보학의 권위를 손상시키는 것이죠. 또한 이런 것들 때문에 이론정보학은 잡음을 압도하게 되는 것이고요. 반대로 이럴 수도 있습니다. 그러니까 정보 중복이 위에 놓여 실존의 양태로 간주되는 것입니다. 명령을 선전하고 보급하는 양태로 말이죠(정보 중복을 통해 진행되는 신문들, '뉴스'를 생각해 보세요). 그 아래에는 얼굴-정보가 놓이죠. 언제나처럼 명령을 이해하는 최소치로서 말이죠. 그보다 더 아

---

7) 변별 자질이란 다른 소리와의 관계 속에서 대립되는 특질을 지니는 것을 말한다. 가령 우리말 '물'과 '불'과 '풀'에서 'ㅁ,' 'ㅂ,' 'ㅍ'은 다 다른 변별 자질을 가지고 있고 결국 다른 의미의 말을 만들어 낸다. 그런데 이런 변별 자질은 관계 속에서 규정되는 것으로 가령 우리는 'babo'라고 하든 'vavo'라고 하든 다 '바보'라는 의미로 알아 듣고 'b'와 'v'를 구별하지 못하지만, 영어에서 이것들은 다른 변별 자질을 가지는 것들이다. [역주]

래에는 침묵이나 외침 혹은 더듬거림이 될 수 있는 무엇인가가 놓입니다. 이 무엇인가는 말하자면 외국인으로서 자신만의 말을 하는, 언어를 마이너리티 용법으로 다루는 언어의 도주선 같은 것이죠. 또는 다음과 같이 말할 수도 있습니다. 얼굴을 풀 것, [얽힌 실을 풀듯] 얼굴의 풀어 질주하게 할 것. 어쨌든 언어학이나 정보학이 오늘날 억압적인 역할을 한다면, 이는 언어학-정보학이 권력 장치들 속에서 이항 기계로서 기능하기 때문입니다. 또한 언어 단위의 순수한 학문을 구성하거나 추상적 정보 내용의 순수한 학문을 구성하기보다는 명령을 온전히 형식화하기 때문이고요.

  당신이 저술한 모든 것들에는 〈사유의 이미지〉라는 주제가 있습니다. 사유의 이미지라는 것이 사유를 가로막고 사유의 훈련을 방해할 수도 있을 텐데요. 그럼에도 당신은 하이데거주의자는 아니거든요. 당신은 나무나 숲보다는 풀을 더 사랑하지요. 당신은 다음과 같은 말들을 하지는 않습니다. 가령 "우리는 아직 사유하는 것이 아니다"라거나 "가장 오래된 태곳적의 과거로 풍덩 빠지는 사유의 미래가 있다"거나 "모든 것은 둘 사이에서 '희미하게 감추어져 있다'"거나 하는 뭐, 이런 말들 말입니다. 당신이 말하는 것은 "과거나 미래라는 말은 별 의미가 없고, 중요한 것은 현재-되기이다. 즉 역사학이 아니라 지리학이 중요하고, 시작과 끝이 아니라 중간/한복판이 중요하며, 머리와 뿌리를 갖는 나무가 아니라 중간에서 돋아나고 한복판에 존재하는 풀이 중요하다"──이런 것들이지요. 풀은 언제나 포석(鋪石)들 사이에 있습니다. 하지만 철학이라 불리는 포석들에 의해 깨지고 박살나는 것이 바로 사유입니다. 또한 이미지가 사유를 숨 막히게 하고 누렇게 빛 바래도록 만들죠. 여기서 '이미지' 란 이데올로기를 가리키는 것이 아닙니다. '이미지'란 사유를 효과적으로 훈련시켜 기성 질서나 권력의 규준에 따라 작동하도록 만드는 조직 일체를 가리키는 것입니다. 사유 안에 권력 장치를 설치하고 사유를 권력 장치로서 수립하는 조직 말입니다. 법정으로서, 보편 국가로서, 정신들의 공화국으로서의 **라티오**[8](당신이 더 많이 복종하면 할수록 당신은 그만큼 더 입법자가 됩니다. 왜냐하면 당신은 오직 순수 이성에만…… 의존하니까요). 《차이와 반복》[9]에서 당신은 사유에 자율적 목적을 부여하는 이와 같은 이미지들을 애써 열거하였습니다. 사유가 떳떳하게 밝힐 만하지 못한 목적을 위해 쓰이도록 만드는 이미지들 말입니다. 이러한 이미지들은 한마디로 [군대의 암호처럼 질서잡힌] 명령어라고 요약할 수 있겠지요. "올바른 관념들을 가져야지!"라고 말하는 것들이니까요. 무엇보다도 그것은 '좋은 본성과 선한 의지'의 이미지입니다—'진리'를 추구하는 사유자의 좋은 본성, '진리'를 법적으로 소유하는 사유의 선한 본성이라는 이미지 말입니다. 다음으로, 그것은 '상식'의 이미지입니다. 사유하는 존재의 모든 능력들과 조화를 이루는 상식 말이죠. 그다음으로, 그것은 '재인식'의 이미지입니다—'재인식하기'란 무언가 혹은 누군가가, 동일한 것으로 간주되는 대상을 두고 모든 자신의 능력을

---

8) '라티오'란 '이성'을 의미하는 라틴어. 그리스어로는 '로고스'라고 부르는데, 라티오에는 비례, 균형과 같은 의미가 포함되어 있다. 서구 지성사에서 이성은 어둠을 비추는 밝은 빛으로 상징되어 왔으며, 우주의 모든 현상을 비례적이고 조화로운 관계에서 바라볼 수 있는 능력을 의미해 왔다. [역주]

9) 《차이와 반복》(1969)은 들뢰즈가 프랑스의 국가박사학위 논문으로 제출한 것으로 들뢰즈의 모든 철학적 역량이 집중된 책이다. [역주]

활용하는 사유자의 활동 모델로 수립되는 것만을 의미할 것입니다. 그 다음으로, 그것은 실수의 이미지입니다——마치 사유란 '거짓'을 참으로 만들 수 있는 외적 영향을 불신해야만 하는 것처럼 말입니다. 마지막으로, 그것은 지식의 이미지입니다——진리의 거처인 지식의 이미지이죠. '주어진' 것으로 생각되는 질문과 문제에 대한 대답 혹은 해답을 허가해 주는 진리 말입니다.

재미있는 점은 바로 그 반대의 것입니다. 즉 "어떻게 사유는 사유의 모델을 뒤흔들 수 있을까, 어떻게 사유는 사유의 풀을 자라게 할 수 있을까——국부적인 곳에서조차, 가장자리에서조차, 지각 불가능하게 그렇게 할 수 있을까" 하는 점이죠. 1° 사유는 좋은 본성이나 선한 의지에서 생겨나는 것은 아닐 것입니다. 오히려 사유로 인해 고통받는 폭력에서 나오는 것이겠죠. 2° 또한 사유는 [심성의] 능력(faculté)들과 조화를 이루며 작동하지 않습니다. 오히려 그 반대이지요. 사유로 인해 각각의 능력은 다른 능력들과 불일치를 이루는 한 계치에 이르게 될 터이니까요. 3° 사유는 재인식 주위를 둘러싸며 닫히는 것이 아니라 우연한 마주침을 향해 열리는 것이라 할 수 있습니다. 그리고 사유는 항상 **바깥**의 기능에 따라 정의될 것입니다. 4° 사유는 실수를 붙들고 씨름해야 하는 것이 아니라, 보다 내적이고 보다 강력한 적(敵)인 어리석음으로부터 벗어나야 하는 것일 터입니다. 5° 사유는 배움의 운동 안에서 정의되는 것이지, 지식의 결과 속에서 정의되는 것은 아닐 것입니다. 그리고 사유는 어느 누구도 어떤 **권력**도 질문을 '제기'하거나 문제를 '설정'하도록 내버려 두지 않을 것입니다. 당신이 책을 썼던 저자들에 대해서조차——그

대상이 흄이든, 스피노자든, 니체든, 프루스트든 혹은 푸코든지 간에——당신은 그들을 저자, 즉 재인식의 대상으로 다루지 않았습니다. 당신은 그들 안에서 이처럼 이미지 없는 사유의 행위들을 발견했지요. 눈을 부시게 하는 만큼 눈을 가리는 [즉 현혹시키는 만큼 맹목적인] 사유의 행위들 말입니다. 당신은 그들 안에서 이러한 폭력들, 마주침들, 결혼들을 발견했습니다. 이때, 결혼이란 그들이 저자가 되기 전에 그들을 창조자로 만들어 준 것입니다. 우리는 항상 이렇게 말할 수 있을 거 같군요. 그러니까 당신이 그들을 당신 쪽으로 끌어당기려 노력했다고 말입니다. 하지만 그들은 좀처럼 끌리지 않았지요. 당신은 오직 당신을 기다리지 않았던 사람들, 그리하여 그들 자신 안에서 우연한 마주침들을 만들었던 사람들을 만났을 뿐입니다. 당신은 주장하기를, 철학사 바깥으로 나오기 위해 당신을 기다리지 않았던 사람들을 철학사에서 끄집어냈다고 했지요. 당신은 더 이상 저자이지 않기 위해 당신을 기다리지 않았던 사람들 속에서만 창조자를 발견했습니다(스피노자도 니체도 '저자'는 아닙니다. 그들은 저자로부터 도주합니다. 스피노자는 기하학적 방법의 역량을 통해 도주하고, 니체는 저자의 금언(maxime)과는 정반대되는 아포리즘(aphorisme)을 통해 도주합니다. 프루스트조차 화자(話者)의 게임을 통해 도주하지요. 그리고 푸코에 대해서는, 그가 《담론의 질서》에서 저자의 기능으로부터 벗어나기 위해 제시한 방법들을 생각해 봅시다). 우리가 저자를 정하는 것과 동시에 사유는 이미지에 종속되고 글쓰기는 삶과 차이 나는 활동이 되어 글쓰기의 목적을 글쓰기 자체에 두게 됩니다……. 삶에 위배되는 목적에 더 잘 봉사하기 위해서 말입니다.

당신이 펠릭스와 함께 작업을 했다고 해서 (둘이서 글을 쓴다는 것이 이미 저자이기를 그만두는 방법이지요) 당신이 이러한 문제로부터 벗어난 것은 아닙니다. 하지만 펠릭스와의 공동 작업 덕분에 이 문제는 전혀 다른 지향을 갖게 되었죠. 당신은 리좀을 나무에 대립시키기 시작했습니다. 여기서 나무는 전혀 은유가 아닙니다. 나무야말로 사유의 이미지이고 작동이지요. 또한 나무는 사유를 직선으로 나아가게 하고 그 유명한 올바른 관념들을 생산하기 위해 사유 안에 심어진 모든 기구입니다. 나무에는 모든 종류의 특징들이 있습니다. 다시 말해 나무에는 [기원을 이루는 지점인] 원점(原點)과 씨앗 혹은 중심이 있지요. 또한 나무는 영원히 양분되고 재생산되는 분기점들, 나무 모양의 점들을 가지고 있는 이항 기계 혹은 이분법의 원리입니다. 나무는 사물을 원 안에 편성하고 원들을 중심 주위로 조직하는 회전축입니다. 나무는 구조입니다. 모든 가능한 것들을 격자 안에 고정하는 점들과 위치들의 시스템이지요. 중심적인 사례와 개괄적인 기억을 가진 위계적 시스템 혹은 명령의 전송이고요. 나무에는 과거와 미래, 뿌리와 꼭대기, 온전한 역사, 진화, 발전이 있습니다. 나무는 소위 시니피앙 작용을 한다고 얘기되는 절단을 따라 잘릴 수 있습니다. 이 절단이 나무의 교목성(喬木性), 분기점들, 집중성, 발전의 순간들을 따르는 한에서 말입니다. 이제 나무들이 우리 머릿속에 심어졌다는 사실에는 추호도 의심할 바가 없습니다. 가령 생명의 나무, 지식의 나무 등을 생각해 보세요. 세상 전체가 뿌리를 요구합니다. 권력은 언제나 나무 모양이지요. 교목성의 도식을 거치지 않는 분과 학문은 거의 없습니다. 생물학·언어학·정보학(로봇들 혹은 중앙화된 시스템들) 등이 그 예이지요. 하지만 어떤 것도 교목성의 도식을 통과하지는 못합니다. 심지어 이러한 분과 학문들 내에서도요. 사유가 사물들 자체인 한에서, 각각의 결정적인 행위는 또 다른 사유를 증명하니까요. 끊임없이 이항 기계를 넘어서는 다양체들이 있습니다. 이런 다양체들은 스스로가 이분화되도록 내버려두지 않지요. 그리고 덩어리가 되지 않으려는 블랙홀의 다양체들처럼, 도처에 여러 중심들이 흩어져 있습니다. 또한 [보통 선은 무수한 점들의 연결이라고들 하지만] 점의 연결로 구성된 것이 아닌 선들이 있습니다. 구조로부터 탈주하는 선들, 도주선들, 생성의 선들, 과거도 미래도 기억도 없는 선들, 이항 기계에 저항하는 선들 말입니다. 여성-되기란 남자도 여자도 아닙니다. 동물-되기란 동물도 인간도 아니고요. 비평행적 진화는 분화(分化)를 통해 나아가는 것이 아니라 한 선에서 다른 선으로 껑충 뛰고, 완전히 이질적인 존재들 사이에서 갑자기 도약하는 것입니다. 균열들, 지각할 수 없는 단절들이 다른 곳에서 다시 시작할 각오를 하고 선들을 끊어 놓습니다. 시니피앙 작용을 하는 절단들 위를 껑충껑충 뛰면서 말이죠……. 바로 이 모든 것이 리좀입니다. 사물들 속에서, 사물들 가운데서 사유하기——이것이 바로 뿌리가 아닌 리좀을 만드는 것입니다. **점이 아닌 선을 만드는** 것이고요. 숲에 종(種)과 속(屬)을 만드는 것이 아니라 사막에 거주할 군(群)들을 만드는 것이죠. 결코 명확히 종화(種化, spécifier) 않으면서 무리들을 가득 채워 번식시키는 것이에요.

오늘날의 상황은 어떻습니까? 오랫동안 문학은 그리고 심지어 예술은 '학파'로 편성되어 왔습니다. 학파란 나무 모양의 것들입니다. 학파라는 것이 이미 지독한 것이죠. 왜냐하면 학파에는 항상 한 명의 교황과 성명서들, 대표자들, 전위주의의 선언들, 법정들, 파문(破門)들, 정치적으로 뻔뻔한 전향들 등등이 있거든요. 학파에 관해 제일 나쁜 것은 문하생들의 씨가 말랐다는 점만은 아닙니다(물론 이건 정말 학파 탓이지요). 가장 나쁜 점은 바로 학파가 동시에 혹은 그 이전에 일어났던 모든 것을 짜부라뜨리고 숨 막히게 한다는 점입니다. '상징주의'가 19세기말 너무도 풍요로웠던 시적 운동을 얼마나 숨 막히게 했는지 생각해 보십시오. 초현실주의가 국제적인 다다이즘 운동을 어떻게 짜부라뜨렸는지를 생각해 보세요. 기타 등등 기타 등등. 오늘날 학파들은 더이상 요금을 지불하지 않고, 굉장히 불길한 조직의 이익을 위해 일을 합니다. 말하자면 일종의 마케팅이라고나 할까요. 이 마케팅 속에서 사람들의 관심은 바뀌었습니다. 다시 말해 사람들은 더 이상 책에 관심을 갖는 것이 아니라 신문 기사나 방송, 토론, 세미나에 관심을 갖습니다. 극단적으로 말해 존재할 이유조차 없는 의심스러운 책에 대해 논의할 원탁회의에 관심을 갖는다 이 말입니다. 이것이 바로 맥루언[10]이 예언했던 책의 죽음일까요? 여기에는 아주 복합적인 현상이 있습니다. 즉 무엇보다도 영화가, 또 어느 정도까지는 신문이나 라디오, 텔레비전이 저자-기능을 문제삼고──적어도 잠재적으로는──더 이상 **저자**를 경험하지 않는 창조적 기능을 열어 주는 강력한 요소로서 존재해 왔습니다. 하

---

10) 마셜 맥루언(1911-1980)은 1960년대 선풍적인 인기를 끌었던 캐나다의 커뮤니케이션 이론가이자 문명비평가이다. "미디어는 메시지이다"라는 명제를 걸고 미디어가 전달하려는 내용(메시지)보다는 미디어 자체가 인간의 사고 방식과 행동 방식에 커다란 영향을 준다고 주장하였다. 커뮤니케이션에 관한 많은 저서를 남겼는데, 이들 저서에서 맥루언은 인간 커뮤니케이션을 가장 왜곡시켰던 미디어로 인쇄기를, 그리고 인쇄기에 의해 왜곡된 커뮤니케이션으로부터 인간을 해방시킨 미디어로 텔레비전을 제시했다.〔역주〕

지만 글쓰기가 저자-기능으로부터 멀어지는 법을 알게 되면서 그것은 바로 그 주변에서 재구성되었고, 라디오와 텔레비전, 신문, 심지어 영화에서 평판을 얻게 되었지요(가령 **작가주의** 영화를 생각해 보세요). 저널리즘이 떠들어댈 사건들을 점점 더 많이 만들어 내게 됨과 동시에, 저널리스트는 저자가 되었고 불신의 바닥으로 떨어진 [저자의] 기능에 현실성을 다시 부여해 주었습니다. 신문과 책 사이의 역학 관계는 완전히 변해서 작가나 지식인들이 저널리스트들의 업무를 돌보게 된 것이죠. 혹은 그들만의 저널리스트, 저널리스트 자체가 되었다고나 할까요. 작가나 지식인들은 인터뷰하는 사람들, 토론자들, 발표자들의 하수인이 되었어요. 다시 말해 작가의 신문 기자화(化), 라디오와 텔레비전으로 인해 승낙받은 작가들이 겪을 수밖에 없는 어릿광대짓인 거죠. 앙드레 스칼라[11]는 이 새로운 상황에 대해 잘 분석한 바 있습니다. 그래서 마케팅의 가능성이 오늘날 구식이 되어 버린 학파들을 대체하고 있습니다. 그러므로 문제는 언제나 다시 나타나는 이 저자-기능으로부터 자유로운, 창조적이고 생산적인 기능들을 새로 고안하는 것입니다. 글쓰기를 위해서 뿐만 아니라 영화, 라디오, 텔레비전, 심지어 저널리즘을 위해서도요. 왜냐하면 **저자**의 나쁜 점은 그것이 출발점 혹은 기원점을 구성하고, 모든 발화가 [즉 입 밖으로 내뱉어진 말들이] 의존하는 발화 행위의 주체를 형성하고, 지배적인 의미 질서나 기존의 권력 질서 속에서

---

11) 앙드레 스칼라는 철학 교수 자격시험에 합격한 후 발랑시엔대학과 릴대학에서 철학을 가르치고 있다. 《스피노자, 지성의 개혁에 대한 논고》(1991)를 번역하고 주해하였으며, 《스피노자》(1998)라는 책을 출간한 바 있다. 《임마누엘 칸트의 마지막 나날들》(1992)이라는 영화의 공동 시나리오를 쓰기도 했으며, 《너무 빠르지 않게》라는 텔레비전 방송용 대본을 공동 집필하기도 했다. (역주)

재인식되고 동일시된다는 점이기 때문이죠. 가령 '······로서의 나'라는 말을 생각해 보세요. 창조적인 기능은 이와는 전혀 다른 것입니다. 나무 유형이 아니라 리좀 유형으로 비순응적으로 사용되는 것이죠. 이것은 교차로, 교선(交線), 한복판에 있는 마주침의 점들을 지납니다. 다시 말해 여기에는 주체가 없고 오직 발화 행위의 집합적인 배치들이 있습니다. 또한 여기에는 특수성을 가지는 것들이 없고 오직 군(群)들, 시청각적인-음악-글쓰기-학문들이 있습니다. 이런 것들에는 [즉 군들, 시청각적인-음악-글쓰기-학문들에는] 릴레이 경주들과 반향들, 작업의 상호 작용들이 있지요. 음악가가 한 장소에서 행하는 일은 작가가 다른 곳에서 행하는 일에 유익한 도움이 될 것입니다. 학자가 전혀 다른 영역을 움직이게 하면, 화가는 그 충격으로 펄쩍 뛰어올라 약동하게 될 것이고요. 그런데 이런 것들은 영역들 사이의 우연한 마주침이 아닙니다. 왜냐하면 각각의 영역이라는 것이 이미 본질적으로 그러한 마주침들로 구성된 것이니까요. 여기에는 오직 창조의 근원인 간주곡들만이 있습니다. 이것이 바로 대담입니다. 대화도 아니고, 자기들끼리만 찧고 까부는 전문가들의 연기(演技)된 토론도 아닙니다. 공동 프로젝트로 질서 정연하게 정돈되는 학제간 연구는 더더욱 아니고요. 아, 물론, 낡은 학파들과 새로운 마케팅이 있다고 해서 우리의 가능성들이 고갈되지는 않습니다. 살아 있는 모든 것은 다른 어딘가를 지나가고 다른 어딘가에서 만들어집니다. 프로덕션 집단을 형성하는 한이 있더라도, 말할 권리도 수단도 없는 사람들의 벙어리 기능과 창조적 기능 사이를 연결시키는 한이 있더라도, 신문, 라디오, 텔레비전에 길들여지기를 거부하는 지식인들, 작가들, 예술가들의 헌장 같은 것이 있을 수 있습니다. 우선 여기서 불행한 이들을 대변하고 희생자, 억압받고 고통받는 자의 이름으로 말하는 것은 중요한 것이 아닙니다. 중요한 것은 살아 있는 선, 파선(破線)을 만드는 것이죠. 이것의 좋은 점은——그 규모가 아무리 적을지언정 지식인의 세계에서—— '저자' 가 되고자 하는 사람들, 학파를 만들고 마케팅에 연루되는 사람들, 자신들의 자아도취적인 영화와, 인터뷰, 방송, 기분 등을 확인하는 (이런 일들이야말로 현대의 수치죠) 사람들과 무엇인가 다른 것을 꿈꾸는 사람들을 최소한 분리는 시킨다는 점입니다. 그런데 무엇인가 다른 것을 꿈꾸는 사람들이라고 말을 했는데 사실 이들은 꿈을 꾸지 않습니다. 그냥 저절로 그렇게 되는 것이죠. 2개의 위험한 부류가 있는데, 하나는 주인/선생 혹은 사도(使徒)로서의 지식인이고 다른 하나는 간부——고위 간부든 중간 간부든 간에——로서의 지식인입니다.

길에서 중요한 것, 선에서 중요한 것은 언제나 시작도 끝도 아닌 중간/한복판입니다. 우리는 언제나 길의 한가운데에 있고 무엇인가의 한복판에 있습니다. 질문과 대답, 인터뷰, 대담에서 지루한 것은 대개 점(點)을 만들어야 한다는 것입니다. 과거 그리고 현재, 현재 그리고 미래——이런 식으로 말입니다. 바로 이 때문에, 한 저자의 첫 작품이 이미 전체를 담고 있다거나, 역으로 그는 끊임없이 변신하며 새로워진다는 말이 심지어 그리고 항상 가능한 것이죠. 어쨌든 이것은 배(胚)의 테마입니다. 때로는 씨앗 안에서의 완성을 기초로, 때로는 연속되는 구조화를 바탕으로 진화하는 배. 하지만 배, 진화——이런 것들은 좋은 것이 아닙니다. 생성은 이런 식으로 일어나지 않지요. 생성에는 과거도 미래도 심지어 현재도 없습니다. 생성에는 역사가 없습니다. 생성에서 중요한 것은 오히려 소용돌이 꼴로 둘둘 말리는(involuer) 것입니다. 다시 말해 이것은 퇴보하는 것도 진보하는 것도 아닙니다. 생성이란 점점 더 절제하는 것, 점점 더 단순해지는 것, 점점 더 사막이 되어가는 것, 그리하여 군(群)들로 가득 채워지는 것입니다. 설명하기 어려운 점은 바로 이런 것이죠. 그러니까 어느 정도까지 소용돌이 꼴로 말릴 것인가 하는 것 말입니다. 이것은 분명 진화(évoluer)의 반대이지만 또한 어린 시절 혹은 원시적인 세계로의 퇴행(régresser)이나 회귀(revenir)와도 반대되는 것이거든요. 〈소용돌이 꼴로 말리기〉――이것은 점점 더 단순해지고 간소해지고 삼가는 발걸음을 한 발짝 내딛는 것입니다. 옷에 대해서도 마찬가지입니다. 다시 말해 〈우아함〉이란 너무 많은 것을 매달고 모든 것을 망쳐 버릴 것 같은 어떤 것을 항상 덧붙이고 덧입고 하는 '지나친 몸치장'의 반대이지요(영어로 우아함이라는 단어는 이탈리아어로 지나친 몸치장을 뜻하는 말의 반대말입니다). 요리에 대해서도 마찬가지이지요. 항상 무언가를 첨가하는 진화하는 요리의 반대, 원시 요소로 회귀하는 퇴행하는 요리의 반대로, 〈소용돌이 꼴로 말리는 요리〉가 있습니다. 거식증 환자의 요리라고나 할까요. 왜 어떤 거식증 환자들은 그토록 우아한 것일까요? 삶에 대해서도 마찬가지입니다. 가장 동물적인 삶에 대해서도 말이지요. 만약 동물들이 제 자신의 형태와 기능을 고안했다면, 이는 진화하거나 발전하여 그렇게 된 것이 아니고, 조산(早産)의 경우에서처럼 퇴보해서 그렇게 된 것도 아닙니다. 오히려 잃고 버리고 축소하고 단순화함으로써 그렇게 된 것이지요. 비록 이것이 이러한 단순화의 새로운 관계들,

새로운 요소들을 창조하게 될지라도 말입니다.[12] 실험은 소용돌이 꼴로 말리는 나선적인(involutive) 것입니다. 과다 복용의 반대이지요. 글쓰기에 대해서도 마찬가지입니다. 글쓰기란 무엇인가의 시작도 끝도 아닌 이러한 단순성, 이러한 절제에 이르는 것입니다. 소용돌이 꼴로 말리기――이것은 '사이'에, 한복판에, 인접하여 있는 것입니다. 베케트의 등장 인물들은 이미 도정에 접어든 채로, 언제나 길 한복판에, 소용돌이 꼴로 말리는 영원한 회선(回旋, involution) 안에 있습니다. 만약 누군가가 숨어야 한다면, 얼굴에 가면을 써야 한다면, 이는 개인적인 작은 비밀이라 할 그런 비밀에 대한 취향 때문이 아닙니다. 미리 조심하려는 예방 조치도 아니고요. 이는 더 높은 본성의 비밀 때문입니다. 다시 말해 길이 시작도 끝도 갖지 않기 때문인 것이죠. 제 자신의 숨겨진 시작과 끝을 제 본성 안에 간직하고 있기 때문이에요. 다른 식으로는 할 수가 없으니까요. 만약 이것이 더 이상 길이 아닌 것이 아니라면 [다시 말해 시작과 끝이 없음에도 길이라고 말할 수 있다면], 그것은 오직 한복판에서만 길로서 존재하는 것이지요. 꿈이란 당신이 펠릭스의 가면을 쓰고, 펠릭스가 당신의 가면을 쓰는 일을 말하는 것일 거예요. 그렇게 되면 정말로 둘 사이에 길이 생기는 것이겠죠. 다른 누군가가 그 길을 중간에 취할 수도 있을 것이고요. 그리고 또 그 사람의 차례에는 또 다른 누군가가 그렇게 할 것이고, 계속 이런 식이 되겠지요. 바로 그거예요. 그것이 바로 리좀이지요. 잡초의 리좀. 배(胚)들, 나무들은 자신들의 유전적 전성설(前成說)을 따라 혹은 자신들의 구조적인 재편성을 따

---

12) G.G. Simpson, *L'Evolution et sa signification*, éd. Payot를 참조할 것.

제1장 대담이란 무엇인가, 무슨 쓸모가 있는가? 59

라 스스로를 펼치고 발전합니다. 하지만 잡초는 삼가고 절제함으로써 널리 번식하지요. 잡초는 사이에서 자랍니다. 잡초는 길 자체이죠. 영국인들과 미국인들은 작가들 중에서 가장 저자답지 않은데, 이들에게는 서로 연결되는 아주 첨예한 두 방향이 있습니다. 하나는 길, 도정(道程)의 방향이고, 다른 하나는 풀, 리좀의 방향입니다. 아마도 바로 이 때문에 그들에게는 특화된 제도로서의 철학 같은 것이 거의 없고 그런 것을 필요로 하지도 않는 것이겠죠. 그들은 자신들의 소설 속에서 글쓰기를 사유의 행위로, 삶을 비(非)개인적인 역량으로, 풀 속의 길-길 속의 풀로, 들소-되기로 만들 줄 아니까요. 헨리 밀러[13]는 다음과 같이 말했습니다. "풀은 위대한 미경작지에서만 존재한다. 풀은 공터를 채운다. **풀은 다른 것들의 사이에서 자란다.** 꽃은 아름답고 배추는 유용하고 양귀비는 당신을 미치게 하지만 풀은 넘쳐흐른다. 풀은 도덕의 가르침인 것이다."[14] 행위로서 정치학으로서 실험으로서 삶으로서의 산책. 버지니아 울프[15]는

---

13) 헨리 밀러(1891-1980)는 미국의 작가로 성(性)을 솔직하게 표현한 자전적 소설을 발표해 20세기 중반 문학에 자유의 물결을 일으켰다. 자유롭고 쉬운 미국적 문체를 사용하고, 다른 사람들이 숨기는 감정을 기꺼이 인정하며, 선과 악을 함께 받아들임으로써 비롯된 희극적 감정으로도 유명하다. 대표작들이 외설 시비로 1960년대까지 미국과 영국에서 출판 금지되었으나 프랑스에서 복사본이 몰래 들어와 널리 퍼졌다. [역주]

14) Henry Miller, *Hamlet*, éd. Corrêa, 49쪽.

15) 버지니아 울프(1882-1941)는 소설 형식에 독창적인 공헌을 한 영국의 작가. 당대 최고의 지성들이 모인 환경 속에서 주로 아버지로부터 개인 교육을 받았다. 세인트올번스의 별장에서 보낸 유년의 경험이 그녀와 바다를 밀접하게 만들었다. 아버지가 죽은 뒤로는 남동생을 중심으로, 케임브리지 출신의 학자·문인·비평가들이 그녀의 집에 모여 '블룸즈버리 그룹'이라고 하는 지적 집단을 만들었다. 초기 작품들은 전통적 형식을 따랐으나, 이후 의식의 흐름 기법으로 인간 심리의 가장 깊은 곳까지를 추구하는 새로운 소설 기법을 보여주었다. 1941년 돌덩이를 매달고 우즈 강에 투신 자살하였다. [역주]

택시들 사이로 산책하면서 이렇게 말했습니다. "나는 내가 가장 잘 아는 사람들 **사이**를 안개처럼 퍼져 나갔다"라고 말입니다.

중간/한복판은 평균치와는 아무런 관계가 없습니다. 이것은 중심주의도 아니고 중용도 아닙니다. 여기서 중요한 것은 오히려 절대적인 속도입니다. 한복판에서 자라나는 것은 그러한 속도를 타고납니다. 우리는 상대적인 운동과 절대적인 운동을 구분할 것이 아니라 그러한 운동의 상대적인 속도와 절대적인 속도를 구분해야 할 것입니다. 상대적인 것——이것은 다른 운동의 관점에서 본 한 운동의 속도를 말합니다. 하지만 절대적인 것은 둘 사이, 둘 가운데에 있는 운동의 속도를 가리키지요. 이것은 도주선을 그립니다. 운동은 한 점에서 다른 점으로 가는 것이 아닙니다. 차라리 2개의 층위 사이에서, 잠재력의 차이 안에서 생겨나는 것이지요. 현상을 만들어 내고, 현상을 풀어 주거나 방출하고, 우주로 보내는 것은 바로 강도의 차이입니다. 절대적인 속도는 빠른 운동을 측정할 수는 있지만, 아주 느린 움직임 혹은 부동성——가령 한 자리에서 일어나는 움직임 같은 것——은 측정하지 못합니다. 사유의 절대적인 속도라는 문제——이 테마에 대해 에피쿠로스는 이상한 주장들을 펼친 바 있습니다.[16] 혹은 니체가 아포리즘으로 만들어 낸 것이라고나 할까요? 사유는 전쟁 기계에 의해 돌멩이처럼 던져져야 합니다. 절대적인 속도는 유목민들의 속도이지요. 그들이 느릿느릿 어슬렁거릴 때조차도 말입니다. 유목민들은 언제나 한복판에 있습니다. 스텝 초

---

16) 에피쿠로스의 'le clinamen'에 대한 들뢰즈의 생각은 《차이와 반복》 4장을 참조하자. [역주]

원은 항상 한복판에서 자랍니다. 그것은 대초원들과 대제국들의 사이에 있지요. 스텝 초원 지대, 풀, 유목민은 다 같은 것입니다. 유목민에게는 과거도 미래도 없습니다. 이들에게는 오직 생성, 여성-되기, 동물-되기, 말-되기만이 있을 뿐이죠. 그들의 비상한 동물적 기술을 생각해 보세요. 유목민에게는 역사가 없습니다. 오직 지리학만이 있을 뿐이죠. 니체는 이렇게 말했습니다. "그들은 운명처럼 온다. 까닭 없이, 이유 없이, 어떤 구실도 없이, 그냥……." 카프카는 이렇게 말했지요. "어떻게 그들이 그렇게 멀리 수도에까지 침입해 들어왔는지 당최 알 수가 없다. 하지만 그들은 거기에 있다. 아침마다 그들의 수는 계속해서 늘어나고 있는 듯하다." 클라이스트[17]는 이렇게 말했습니다. "아마존족이 도착한다. 그리스인들과 트로이인들——국가를 구성하는 이 두 부류는 아마존족이 동맹군으로 온다고 생각하지만 아마존족은 그저 그 둘 사이를 지나간다. 이제껏 자신들이 통과해 온 그 여정을 따라서 죽. 그녀들은 도주선 위로 그 둘을 [즉 그리스인들과 트로이인들을] 거꾸러뜨린다……."[18] 펠릭스와 당신은 유목민이 전쟁 기계를 발명했다고 가정합니다. 이 말은 국가는 전쟁 기계를 갖지 않는다는 말이고, 국가의 권력은 무엇인가 다른 것 위에 세워졌다는 것을 의미하지요. 전쟁 기계를 군사 제도나 군대로 만듦으로써 전유하려고 애쓰는 것——전쟁 기계를 유

---

17) 클라이스트(1777-1811)는 19세기 독일의 가장 위대한 극작가로 통하지만 생전에는 자신의 작품이 공연되는 것을 보지 못했던 비운의 작가. 마력적인 천재성으로 현대 생활과 문학의 문제들을 예견한 시인으로 프랑스와 독일의 사실주의, 실존주의, 민족주의, 표현주의 문학 운동이 모두 그를 모범으로 삼았다. 삶에 실망을 느끼며, 특히 괴테를 비롯한 동시대인들이 그를 인정해 주지 않는다는 데 크게 괴로워하던 중 불치병에 걸린 헨리에테 포겔을 알게 되고, 자신을 죽여 달라는 그녀의 애원에 따라 1811년 그녀와 함께 권총 자살을 함으로써 비극적 생애를 마감했다. [역주]

목민에게 반대되는 방향으로 전환시키기 위해 그렇게 하는 것은 국가가 지닌 엄청나게 중요한 임무였습니다. 하지만 국가는 언제나 군대 문제로 많은 곤란을 겪게 됩니다. 또한 무엇보다도 전쟁 기계는 국가 기구의 한 부품이 아닙니다. 전쟁 기계는 국가의 한 조직이 아니라, 국가 기구를 갖지 않는 유목민들의 조직입니다. 유목민들은 군대에서나 볼 수 있을 법한 숫자로 표기되는 모든 조직을 고안해 냈습니다(가령 10인 위병, 1백 인 부대 등등). 이 독창적인 조직은 국가에서 코드화되는 것과는 아주 다른 관계, 즉 여자들, 동물들, 식물들, 광물들과의 관계를 함의합니다. 사유를 유목적 역량으로 만드는 일이 반드시 움직이는 것은 아닙니다. 오히려 그것은 국가 기구의 모델, 사유를 무겁게 억누르는 우상이나 이미지, 사유를 불법 점유하고 있는 괴물을 뒤흔드는 일이지요. 사유에 절대적인 속도,

---

18) 여기에 인용된 구절과 관련해서는 클라이스트의 작품 《펜테질리아》를 기억하자. 펜테질리아는 여전사로 구성된 아마존족의 여왕이다. 트로이 전쟁에서 아킬레우스가 헥토르를 죽여 트로이가 멸망을 눈앞에 두고 있을 때 북쪽 흑해 연안에서 도착한 지원군이 바로 여전사들인 아마존족. 한쪽 가슴을 칼로 도려내 팔을 자유롭게 움직이며 전투할 수 있었다고 전해지는 아마존족은 용맹성과 전투중의 말 타기 솜씨가 남달랐던 유목 민족인 스키타이족의 후손이기도 하다. 트로이 전쟁에서 아마존의 군대는 큰 공을 세우며 아카이아 연합군을 물리치지만 끝내 아킬레우스에 의해 궤멸되고 만다. 아마존의 법을 따르면 처녀들이 특정한 남자, 특히 적을 선택할 수 없음에도 불구하고 펜테질리아는 적장 아킬레우스를 찾는다. 아킬레우스 역시 그녀에게 매력을 느낀다. 몇몇 청년들을 포로로 잡음으로써 아마존 군대의 목적이 달성되었음에도 불구하고 펜테질리아는 영웅 아킬레우스를 이기겠다는 소망을 버리지 않는다. 하지만 전투에서 이기는 쪽은 아킬레우스. 펜테질리아의 신임자인 프로토에는 승리자에게 실신한 펜테질리아가 깨면 그녀가 이긴 것처럼 믿게 해달라고 청한다. 15장에서는 펜테질리아와 아킬레우스의 평화로운 사랑 장면이 나온다. 그러나 곧 펜테질리아는 적장 아킬레우스로부터 배반당한 것으로 오인하고 그를 처참하게 살해한다. 결국에는 자신의 오해를 깨닫고 애인의 뒤를 따름으로써 비극은 절정에 달한다. 들뢰즈는 《천개의 고원》에서 이 작품에 대해 얘기하면서 아마존족을 "국가를 갖지 않은 여성 민족"으로 평가한다. [역주]

전쟁 기계, 지리학, 이 모든 생성들, 그리고 스텝 초원 지대를 편력하는 이 모든 길들을 부여하는 것입니다. 유목적 사유자로서의 에피쿠로스 · 스피노자 · 니체가 되는 일이지요.

이러한 속도의 문제는 중요할 뿐만 아니라 아주 복잡하기도 합니다. 속도의 문제란 경주에서 일등이 되는 것을 의미하지 않습니다. 당신은 속도 때문에 뒤처질 수도 있으니까요. 그렇다고 변화를 의미하는 것도 아닙니다. 당신은 속도로 인해 불변하거나 일정하게 지속될 수도 있거든요. 속도는 생성 속에서 포착되는 것으로, 이는 발전도 아니고 진화도 아닙니다. 우리는 택시처럼, 기다리는 줄처럼, 도주선처럼, 교통 체증처럼, 병목 현상처럼, 빨강-파랑 신호등처럼, 가벼운 편집증 환자처럼, 경찰과의 까다로운 관계처럼 있어야 합니다. 추상적인 선, 파선(破線), '사이'로 미끄러지는 지그재그이어야 합니다. 풀은 속도입니다. 당신이 나쁘게 말한 것이 잠시 후에는 매력이나 스타일이 될 수 있는데, 이것이 바로 속도입니다. 아이들은 빨리 가는데, 왜냐하면 아이들은 사이로 미끄러지는 법을 알기 때문입니다. [당신의 아내] 파니는 나이 듦도 마찬가지라고 생각합니다. 다시 말해 성공적인 나이 듦을 정의해 주는 〈노인-되기〉라는 것이 있습니다. 이것은 노인들이 일반적으로 보여주는 성마름이나 폭군 성향, 밤마다 느끼는 불안과는 반대되는 빨리-나이 들기입니다("삶은 너무나 짧다"라는 고약한 말을 생각해 보세요). 파니에 따르면, 빨리 나이 든다는 것은 조숙하게 일찌감치 늙어 버리는 것이 아닙니다. 오히려 그것이야말로 진정 지나쳐 가는 모든 속도들을 포착하게 해주는 이 인내심입니다. 글쓰기에 대해서도 마찬가지입니다. 글쓰기는 속도를 만들어 내야 합니다. 이 말은 글을 빨리 써야 한다는 말이 아닙니다. 셀린[19]이 경탄했던 이("그는 프랑스어를 재즈로 만들었다")가 셀린이든 아니면 폴 모랑[20]이든, 거기에는 혹은 밀러의 작품에는 놀랄 만한 속도가 있습니다. 그리고 니체가 독일어로 했던 일은 바로 자신의 언어 안에서 이방인이 되는 것이었습니다. 우리는 가장 느리게 작업한 글쓰기 속에서 비로소 이 절대적인 속도에 도달할 수 있는데, 이는 효과가 아니라 산물입니다. 음악의 속도는 심지어 가장 느린 것이지요. 음악이 점이 아닌 선만을 아는 것은 우연일까요? 음악에서는 점을 만들 수가 없습니다. 음악은 오직 과거도 미래도 없는 생성들일 뿐입니다. 음악은 반(反)기억입니다. 음악에는 생성들이 가득합니다. 동물-되기, 아이-되기, 분자-되기 등의 생성들이 꽉 차 있지요. 스티브 라이히[21]는 음악에서

---

19) 셀린(1894-1961)은 프랑스의 소설가로 파리의 변두리에서 출생하여 가난한 소년 시절을 보낸 뒤 독학으로 의사가 되었다. 제1차 세계대전에 종군하여 중상을 입은 후 국제연맹에 들어가 아프리카와 미국을 편력한 다음 프랑스로 돌아와 빈민가에서 개업하였다. 전쟁 때부터의 체험을 바탕으로 쓴 《밤 끝으로의 여행》(1932)을 발표하여 작가로서의 명성을 얻었으며, 속어와 비어를 곁들인 대담한 문체와 철저한 염세론, 기발한 이야기로 독자에게 커다란 충격을 주었다. 제2차 세계대전이 다가오자 전쟁 원인을 유대인으로 보고 《대량 학살을 위한 농담》(1937) 등 일련의 반유대 문서를 발표하고 독일과의 동맹을 제창하여 나치의 협력으로 주목받았다. 독일의 패색이 짙어질 때 셀린은 점령하의 파리를 탈출하여 덴마크에서 7년간의 망명생활을 보냈다. 귀국 후 망명중의 체험을 그린 《성(城)에서 성으로》(1957)를 발표하여 다시 주목받긴 했지만, 궁핍과 불우 속에서 여생을 마쳤다. 그가 죽은 뒤 그에 대한 평가는 더욱 높아지고 있다. [역주]

20) 폴 모랑(1888-1976)은 프랑스의 외교관이자 시인·소설가. 처음에는 시인으로 출발하여, 질풍과 같은 격렬한 리듬으로 병든 세계의 무질서와 혼란을 적나라한 이미지로 생생하게 표현했다. 외교관으로서 각지를 돌아다닌 체험을 바탕으로 하여 소설 《밤은 열리다》(1922), 《밤은 닫히다》(1923)를 발표하였는데, 제1차 세계대전 후의 혼란과 퇴폐를 그린 신감각파적인 서정적 필치로 일약 유명해졌다. 코스모폴리탄 문학 작가로 잘 알려져 있다. [역주]

행위로 감지되는 모든 것, 완전하게 이해되는 진행 과정을 원합니다. 따라서 이 음악은 매우 느립니다. 하지만 이는 우리로 하여금 모든 미분적 차이가 나는 속도들을 알아차리게 하느라 그런 것이지요. 예술 작품은 최소한 초(秒)의 특징을 지녀야 합니다. 그것은 마치 고정된 지도와 같습니다. 다시 말해 우리로 하여금 이미지 안에 있는 모든 것을 알아차리도록 만드는 방식이지요. 절대적인 속도로 인해 우리는 동시에 모든 것을 알아차리는데, 이 절대적인 속도는 느림의 특징, 심지어는 부동성의 특징이 될 수도 있습니다. 내재성——이것은 정확히 발전/전개의 반대입니다. 여기에서는 결정하고 구조화하는 선험적 원리가 결코 직접적으로, 독립적으로, 생성이나 진행 과정과 상당한 관계를 지니면서 나타나지 않습니다. 프레드 에스테어[22]가 왈츠를 출 때, 이것은 1, 2, 3이 아니라 그보다 무한히 세세한 것입니다. 둥둥 북소리는 1, 2가 아닙니다. 흑인들은 춤을

21) 스티브 라이히(1936-)는 단순한 모티프와 화음의 반복과 조합을 바탕으로 하는 미니멀리즘 양식의 대표적인 작곡가 가운데 한 사람. 14세 때 뉴욕필하모닉의 팀파니 연주자로부터 드럼을 배웠고, 코넬대학교에서 철학을 전공한 후 줄리아드 음악학교에서 작곡을 공부했으며, 1963년 밀스대학에서 다리우스 미요와 안젤로 베리오 등에게서 수학했다. 건반 악기와 타악기도 연주했으며 자신의 합주단을 조직한 1966년에 이를 즈음 이미 미니멀리즘에 입각한 작품을 쓰기 시작했다. 이들 작품은 20세기 중엽 고전 음악의 화성과 음조의 특징적인 복잡성을 배제하고 하나의 코드, 짧은 모티프, 가벼운 감탄 등 최소한의 소재가 반복되면서 아주 느리게 조금씩 변주되는 대규모 작품들이었고, 경우에 따라 녹음된 연주와 실제 연주자의 연주가 결합되기도 했다. 소수 민족과 고대 음악으로부터 영감을 얻기 시작하여 가나에서 아프리카의 북 연주를, 시애틀에서 발리의 가믈란 음악을, 예루살렘에서 중동 지방의 노래를 배웠다. 가장 잘 알려진 작품으로는 4대의 전자 오르간과 마라카스를 위한 《4대의 오르간》(1970), 작은 동조 드럼, 마림바, 글로켄슈필, 두 가지 음성, 휘파람, 피콜로를 위한 《드럼 연주》(1971), 두 사람의 박수로 연주하는 《박수 음악》(1972), 윌리엄 C. 윌리엄스의 시에 곡을 붙인 것으로 1백6인이 연주하게 되어 있는 《사막의 음악》(1984) 등이 있다. [역주]

출 때 리듬 귀신에 들리는 것이 아니라, 모든 음률, 모든 박자, 모든 음질, 모든 음조, 모든 강도, 모든 음정을 듣고 실행하는 것입니다. 그것은 결코 1, 2나 1, 2, 3이 아니라 터키 음악에서처럼 7, 10, 14 혹은 28의 근본적인 박자입니다. [이 속에서] 우리는 이러한 속도와 느림의 문제를 다시 발견하게 될 것입니다——어떻게 이것들이 구성되는지, 특히 어떻게 이것들이 아주 특별한 개체화로 진행되는지, 어떻게 이것들이 '주체' 없는 개체화를 만드는지에 대해서 말입니다.

점을 만들지 못하도록 하고, 회상하지 못하도록 한다고 해서 대담이 수월해지는 것은 아닙니다. 여기에는 또 다른 어려움이 있습니다. 펠릭스와 당신은 (펠릭스가 당신보다 훨씬 빠르지요) 끊임없이 이원론을 고발합니다. 당신들은 "이항 기계란 생성을 깨뜨리려는 권력 기구들이다"라고 말합니다. 당신은 남자입니까 아니면 여자입니까? 흑인입니까 아니면 백인입니까? 사유자(思惟者)입니까 아니면 생활자(生活者)입니까? 부르주아입니까 아니면 프롤레타리아입니까? 그런데 또 다른 이원론을 만드는 것이 아니라면 당신들이 하는 일은 무엇입니까? 이미지 없는 사유의 행위 대(對) 사유의 이미지, 리좀 혹은 풀 대(對) 나무들, 전쟁 기계 대(對) 국가 기구, 복합적인

---

22) 프레드 애스테어(1899-1987)는 미국의 네브래스카 주 오마하 출생의 무용가. 무용학교를 거쳐 1916년 누나인 어델과 짝을 지어 뉴욕의 브로드웨이에서 뮤지컬 코미디에 데뷔하여 명성을 얻었다. 1932년 어델이 결혼하자 이듬해부터 영화계에 들어가 여성 무용수 진저 로저스, 시드 체리스 등과 팀을 짜고 많은 뮤지컬 영화에 주연, 품위 있는 춤과 독특한 분위기로써 톱스타의 지위를 확보하였으며, 영화 무용에 새로운 경지를 개척하였다. [역주]

다양체 대(對) 단일화 혹은 전체화, 망각의 힘 대(對) 기억, 지리학 대(對) 역사학, 선 대(對) 점 등등. 아마도 언어라는 것이 이원론, 이 분법, 양분(兩分), 이항 계산에 의해 심오하게 영향 받고 변모된 것이라고 말해야 할 듯합니다. 가령 여성형-남성형 [명사나 형용사], 복수-단수, 명사구-동사구 등을 생각해 보세요. 언어학이란 언어에서 이미 언어 안에 있는 것만을 발견합니다. 위계적이고 명령적인 나무 모양의 체계인 것이죠. 나, 너, 그라는 말은 정말로 언어의 일부입니다. 우리는 세상 모든 이들처럼 이야기해야 하고, 이원론을 통과해야 하고, 1-2 혹은 1-2-3까지도 지나가야 합니다. 그렇다고 해서 언어가 이미 존재하는 현실 혹은 또 다른 본성을 지닌 현실을 변형시킨다고 말해서는 안 됩니다. 언어가 먼저이고, 그것이 이원론을 발명한 것이니까요. 하지만 언어 숭배이자 언어의 조립인 언어학 자체는 낡은 존재론——언어학에게 릴레이 경주의 바통을 넘겨준 그 낡은 존재론보다 더 나쁩니다. 우리는 이원론을 통과해야 합니다. 왜냐하면 이원론이 언어 안에 있으니까요. 문제는 이원론 없이 지내는 것이 아닙니다. 우리는 언어에 맞서 싸워야 하고, 말 더듬거림을 고안해야 합니다. 언어학 이전의 사이비 현실로 복귀하기 위해서가 아니라, 언어를 이러한 이원론들 사이로 흘러가게 하고, 라보프[23]가 말한 대로의 타고난 변이, 언어의 마이너리

---

23) 윌리엄 라보프(1927-)는 미국의 언어학자로 현재 펜실베이니아대학 언어학과 교수로 재직중이다. 사회언어학 분야의 개척자로 높이 평가되었으며, 언어 행위가 사회 계층과 밀접한 관계를 맺고 있으며 그러한 상관 관계는 언어 변화의 중요한 지표가 될 수 있음을 주장하였다. 《뉴욕 시 영어의 사회적 계층화》(1966), 《비표준 영어 연구》(1969), 《사회언어학 패턴》(1972), 《사회언어학 연구》(2001) 등의 저서들을 냈는데, 특히 위에 언급된 부분과 관련하여서는 〈영어 연결사에서의 축약, 생략, 타고난 변이〉라는 제목의 논문을 참고할 수 있겠다. [역주]

티 용법을 정의할 목소리의 선, 씌어진 것의 선을 그리기 위해서 말입니다.

두번째로, 다양체를 그 항들의 개수(個數)로 정의하지 않는 일이 가능합니다. 우리는 항상 2 다음에 세번째의 것을, 3 다음에 네번째의 것을 추가하고, 계속 이런 식으로 추가할 수 있습니다. [하지만] 이런 식으로는 이원론을 벗어나지 못합니다. 왜냐하면 무엇인가 어떤 집합의 구성 요소들은 연속되는 이항 선택들과 관련되기 때문입니다. 다양체를 정의하는 것은 구성 요소들도 아니고 집합들도 아닙니다. 다양체를 정의하는 것은 바로 〈그리고(ET)〉입니다. 구성 요소들 사이에 혹은 집합들 사이에서 일어나는 무엇인가인 그리고인 것이죠. 그리고, 그리고, 그리고, 말더듬기. 심지어 [이것과 저것이라는] 두 항만 존재할 때조차, 이 둘 사이에는 **그리고**가 있습니다. 이 **그리고**는 이것도 저것도 아니고, 저것이 되는 이것도 아닌, 바로 다양체를 구성하는 것입니다. 바로 이 때문에 안으로부터 이원론을 해체하는 것은 언제나 가능합니다. 두 항들 사이 혹은 두 집합들 사이를 지나가는 도주선을 그리면서 말입니다. 이것에도 저것에도 속하지 않고 오히려 이 둘을 비평행적 진화, 이(異)시대적인 생성으로 이끄는 좁은 흐름을 따르면서 말이지요. 적어도 이것은 변증법에 속하지는 않습니다. 따라서 우리는 [이 책을] 다음과 같이 진행할 수 있을 것 같군요. 즉 각 장(章)은 계속해서 두 부분으로 양분되어 있을 것입니다. 하지만 양분된 두 부분에 표지를 달 이유는 더이상 없을 것입니다. 왜냐하면 대담이 생겨날 곳, **그리고** 펠리스, **그리고** 파니, **그리고** 당신, **그리고** 우리가 얘기하는 모든 이들, **그리**

고 내가, 흐르는 물 속에서 형태를 일그러뜨린 그토록 많은 이미지들처럼 나타날 곳은 바로 이 이름 없는 두 부분들 사이이기 때문입니다.

클레르 파르네.

제2장

영미문학의 탁월함에 대하여

I

떠나기, 도주하기란 선 하나를 그리는 것입니다. 로렌스에 따르면, 문학에서 가장 지고한 목표는 "떠나기, 떠나기, 도주하기……지평선을 가로지르기, 다른 삶으로 스며들기……"입니다. "바로 이런 식으로 멜빌[1]은 태평양의 한복판에서 자신을 찾는다. 그는 진정 지평선을 통과한 것이다"라고 로렌스는 말하죠. 도주선이란 **탈영토화**입니다. 프랑스인들은 이 점을 잘 알지 못합니다. 물론 프랑스인들도 다른 모든 사람들처럼 도주하지만, 그들은 도주라는 것을 세상에서 탈출하는 것, 즉 신비주의나 예술로 생각합니다. 혹은 그렇지 않으면 사회 참여나 책임을 회피하는 무엇인가 비겁한 것으로 생

---

1) 허먼 멜빌(1819~1891)은 걸작 《백경》을 비롯 바다를 배경으로 한 작품을 많이 남긴 미국의 소설가. 부유한 무역상 집안에서 자라 유년기를 유복하게 보냈으나 13세 때 아버지가 거의 파산 상태로 죽었기 때문에 학교도 중퇴하고 은행이나 상점에서 잔심부름 등을 하며 생계를 꾸려 갔다. 20세에 상선의 선원이 되었고, 22세에는 포경선의 선원이 되어 남태평양으로 나갔으며, 1844년 군함의 수병이 되어 귀국했다. 이 시절의 경험이 주로 작품의 소재가 되었다. 당대의 독자들에게는 인정받지 못했지만, 20세기에 와서는 근대적 합리성을 거부하는 철학적 사고와 풍부한 상징성이 높게 평가되고 있다. 〔역주〕

각하지요. [하지만] 도주하기란 결코 행동을 포기하는 것이 아닙니다. 도주만큼 능동적인 것은 없지요. 이것은 상상계/상상적인 것의 반대입니다. 또한 도주란 도주하게 만드는 것입니다. 반드시 타자가 아니더라도, 무엇인가를 도주하게 만들고, 한 시스템을 도주하게 만드는 것이죠. 마치 파이프를 파열시키듯 말입니다. 조지 잭슨[2]은 감옥에서 이렇게 썼습니다. "나는 도망칠 수 있을 것이다. 하지만 도망치는 동안 내내 나는 무기를 찾아 헤매겠지." 로렌스 역시 다음과 같이 말합니다. "낡은 무기들은 녹슬고 부패한다. 새로운 무기를 만들어 정확하게 겨냥해야 한다." 도주하기란 하나의 선, 혹은 여러 개의 선들을 그려, 온전한 지도를 제작하는 것입니다. 우리는 오직 군데군데 끊어진 채로 길게 이어지는 도주를 통해서만 세상을 발견합

---

2) 조지 잭슨(1941-1971)은 18세에 주유소에서 70달러를 훔친 죄로 교도소에 수감된 이후 평생을 교도소에서 보내다 비극적으로 총살된 흑인으로, 오늘날 교도소 내 인권 운동의 상징처럼 자리잡은 인물. 샌퀸틴 교도소에서 지내던 1966년에는 마르크시스트 혁명 조직인 '블랙 게릴라 패밀리'를 창립했다. 감옥에 있는 동안 모택동, 프란츠 파농, 피델 카스트로 등을 공부하며 교도소 내의 흑인과 남미 출신 미국인들을 정치화하는 지도자가 되었다. 1970년 1월, 감옥 내에서 활동하던 세 명의 흑인 운동가를 살해한 간수를 보복 살해한 혐의로 다른 두 죄수와 함께 지목되어 소울대드 교도소에서 가장 경계가 삼엄한 감방에 수감되었는데, 이로 인해 '소울대드 브라더스'로 불리게 되었다. 그 해 여름, 잭슨의 17세 된 동생이 형을 구하려 총을 들고 법정에 들어가 판사를 인질로 삼지만, 경찰의 발포로 판사는 물론 동생 자신도 모두 죽고 말았다. 하루 23시간씩 독방에 수감되었던 잭슨은 정치경제와 급진적 이론을 공부하며 《내 눈의 피》《소울대드 브라더스—감옥으로부터의 편지》라는 두 권의 책을 남겼다. 이후 이 책은 베스트셀러가 되었고 국제적인 관심을 불러모았다. 1971년 8월 감옥의 뒤뜰에서 총에 맞아 살해되었는데, 경찰은 잭슨이 탈옥을 시도하고 폭동을 기도했기에 총을 겨눌 수밖에 없었다고 공식 발표했다. 또한 그 증거로 잭슨이 9밀리미터 자동 소총을 소지하고 있었다고 전했지만, 이 모습을 목격한 동료 죄수들에 따르면 잭슨은 어떠한 무기도 소지하지 않았고 탈출 시도도 폭동 선동도 하지 않았다고 한다. 이 사건으로 인한 충격과 슬픔을 밥 딜런은 〈조지 잭슨〉이라는 이름의 노래로 남기기도 했다. [역주]

니다. 영미문학은 끊임없이 이러한 단절들을 보여주고, 도주선을 만들고 도주선을 통해 만들어지는 이러한 등장 인물들을 제시합니다. 토머스 하디·멜빌·스티븐슨·버지니아 울프·토머스 울프·로렌스·피츠제럴드·밀러·케루악과 같은 작가들이 그 예이지요. 이 안에서 모든 것은 출발·생성·이행·도약·악마·바깥과의 관계입니다. 이것들이 새로운 **땅**을 창조하는데, 바로 땅의 움직임이란 것이 탈영토화 자체일 수 있습니다. 미국 문학은 지리학적 선을 따라서 작용합니다. 즉 미국 문학은 서부를 향해 도주하고, 진정한 동부는 서부에 있다는 사실을 발견하며, 경계선이란 건너고 밀쳐내고 넘어서야 할 어떤 것이라는 점을 이해합니다.[3] 생성은 지리학적인 것입니다. 프랑스에는 이에 필적할 만한 것이 없습니다. 프랑스인들은 지나치게 인간적이고 지나치게 역사적이며 지나치게 미래와 과거에 신경을 씁니다. 그들은 점을 만드느라 시간을 보내지요. 그들은 어떻게 생성하는지를 모르고, 역사적인 과거와 역사적인 미래를 중심으로 생각합니다. 혁명에 대해서 생각할 때조차, 혁명적으로-되기보다는 '혁명의 미래'를 염두에 두지요. 그들은 어떻게 선을 그리는지, 어떻게 수로를 따라 가는지를 모릅니다. 벽에 구멍을 뚫는 법도 벽에 줄질하는 법도 모릅니다. 프랑스인들은 지나치게 뿌리, 나무, 토지 대장, 나무 모양 도표의 점들, 소유물들을 좋아합니다. 구조주의를 한번 보세요. 구조주의란 점과 위치들의 시스템으로서, 소위 시니피앙 작용을 한다고 얘기되는 위대한 절단을 통해 실행되지요. 밀침과 삐걱거림으로 나아가는 것이 아니고 말입니다. 구조주

---

3) Leslie Fiedler, *Le Retour du Peau-Rouge*, éd. du Seuil. 이 책에 나오는 모든 분석을 참조할 것.

의는 또한 도주선을 막고 봉해 버립니다. 도주선을 따르고 그리며 사회적 장에서 그것을 길게 연장하는 대신에 말이죠.

영국 왕과 프랑스 왕을 대비하는 그 훌륭한 대목이 미슐레[4]의 책에 나오던가요. [그 대목을 보면] 프랑스 왕들이 땅, 상속, 결혼, 소송, 술책, 속임수의 정치를 펼치는 반면, 영국 왕들은 탈영토화의 움직임, 방랑과 포기, 그리고 쏜살같이 지나가는 배반을 보여주지 않습니까? 영국 왕들은 자본주의의 흐름을 격발시키지만, 프랑스인들은 이런 흐름을 한데 모아 회계 장부에 기입할 수 있는 부르주아 권력 장치를 고안합니다.

도주란 딱히 여행이 아니며, 심지어 움직임도 아닙니다. 무엇보다도 우선, 지나치게 역사적이고 문화적이며 조직화된 프랑스식 여행이란 것이 있기 때문입니다――이 속에서 사람들은 자신들의 '자아'를 운송하는 데 만족하지요. 다음으로는 도주가 부동의 여행 속에서, 제자리에서 생겨날 수 있기 때문입니다. 토인비[5]는 엄격한 의

---

4) 미슐레(1798-1874)는 프랑스의 역사가이자 작가. 영세한 인쇄업자의 아들로 태어났지만, 재능이 뛰어나 20세에 문학사, 21세에 문학박사가 되었고, 1821년 신설된 교수 자격시험에 합격하여 교직에 몸담았다. 1827년 에콜 노르말 교수, 1831년 국립고문서관 역사부장, 1838년 콜레주 드 프랑스 교수를 지냈다. 쿠데타로 권력을 장악한 루이 나폴레옹의 즉위에 반대하여 콜레주 드 프랑스 교수직과 고문서관직을 잃었고, 그뒤 재야에서 저작 활동을 계속했다. 낭만파 역사학의 일인자로서 그의 역사 서술은 고문서를 비롯한 각종 사료에 의거한 치밀한 실증을 취지로 하면서, 동시에 독일의 헤르더와 이탈리아의 비코의 영향을 받아 "인류 역사란 자유를 행사함으로써 숙명과 싸우는 인간 드라마"라고 간주하는 역사철학으로 일관되어 있다. 또 과거의 사건, 인물을 되살리는 시인적 상상력과 아름답고 빛나는 문체를 특징으로 한다. 《프랑스사》《프랑스 혁명사》 등의 방대한 역사서가 있고, 중세 마녀의 역할을 적극적으로 평가한 《마녀》(1862)는 오늘날에도 계속 읽히고 있다. [역주]

미에서, 그리고 지리적인 의미에서, 유목민이란 이주민도 아니고 여행자도 아니라는 것을 보여줍니다. 오히려 유목민이란 움직이지 않는 사람들, 제자리에서 형성되는 도주선을 따라 부동의 상태에서 성큼성큼 걸어다니는, 스텝 초원에 꼭 달라붙어 사는 사람들, 가장 위대한 신무기 개발자들이라고 토인비는 말합니다.[6] 하지만 역사는 과거도 미래도 없는 유목민에 대해 전혀 어떤 것도 이해하지 못합니다. 지도는 강도(強度)의 지도이고, 지리학은 움직임 안에서 물리적인 만큼 정신적이고 육체적입니다. 로렌스가 멜빌을 비난할 때, 그가 탓했던 것은, 멜빌이 지나치게 여행을 심각하게 여긴 점이었습니다. [멜빌의 작품에서] 여행은 결국 야생의 것으로 돌아가는 것이 되는데, 그런 귀환은 퇴행입니다. 여행에는 늘 재영토화하는 수법이 있어서, 사람들이 여행에서 되찾는 것은 언제나 자신의 아버지와 (더 나쁘게는) 어머니입니다. "야생의 것으로 되돌아감으로써 멜빌은 완전히 병들었다……. 떠나자마자 그는 한숨짓기 시작했고, 고래 사냥의 또 다른 극단에 있는 **어머니**와 **안식처**라는 **낙원**을 아쉬워하기 시작했다."[7] 피츠제럴드[8]는 훨씬 더 잘 다음과 같이 말했습니다. "살아남은 사람들이야말로 진정한 단절을 완수했다는 생각이 들었다. 단절은 많은 것을 뜻하는 의미가 큰 단어지만, 우리가 가령 새로운 감옥을 향해 간다거나 혹은 옛 감옥으로 되돌아가야만 할 때 쓰는 말인 사슬의 단절, 탈옥과는 아무런 관련이 없다. 그 유

---

5) 아널드 토인비(1889-1975)는 영국의 역사가이자 문명비평가로, 역사철학을 확립한 저서《역사의 연구》(12권)는 문명의 순환적 발전과 쇠퇴에 대한 분석을 토대로 한 것으로 많은 논란을 불러일으켰다.〔역주〕

6) Toynbee, *L'Histoire*, éd. Gallimard, 185쪽.

7) Lawrence, *Etudes sur la littérature classique américaine*, éd. du Seuil, 174쪽.

명한 탈주(Evasion)란 기실 함정 속으로 잠깐 나들이 가는 것에 불과하다. 그 함정에 남태평양이 포함된다 해도 말이다. 이런 [함정으로의 나들이에 불과한] 탈주는 오직 남태평양을 항해하고 자신들을 색칠하고자 하는 이들을 위한 것이다. 진정한 단절이란 우리가 결코 되돌아갈 수 없는 어떤 것━━그로 인해 과거라는 것이 더 이상 존재하지 않기 때문에 결코 돌이킬 수 없는 어떤 것이다."[9]

하지만 여행과 구별짓더라도, 도주는 여전히 모호한 작용으로 남습니다. 도주선 위에서라면 그동안 회피해 왔던 모든 것을 재발견하지 않을 거라고 우리에게 말하는 것은 무엇입니까? 영원한 엄마-아빠를 회피함으로써, 도주선 위에서는 모든 오이디푸스적인 형성물들을 재발견하지 않을 거라고요? 파시즘을 멀리하면서도, 여전히 도주선 위에서 파시스트의 응결물을 다시 발견하는데도요. 모든 것을 회피하면서, 어떻게 하면 우리의 조국과 권력 조직과 알코올과 정신분석과 엄마-아빠를 재구성하지 않을 수 있을까요? 어떻게 하면 순전하고 단순한 자기 파괴의 움직임, 피츠제럴드의 알코올 중

---

8) 피츠제럴드(1896-1940)는 미국의 작가로 이름 있는 가문의 아들로 태어났다. 프린스턴대학 시절 제1차 세계대전에 참전하였고, 이후 자전적 소설 《낙원의 이쪽》을 발표하면서 주목받았다. 이 작품의 성공으로 경제적 여유와 인기를 얻은 피츠제럴드는 호화로운 생활을 하면서 사교계 생활에 빠져들었다. 1925년 발표한 《위대한 개츠비》는 그를 세계적인 작가로 발돋움하게 해준 작품이자 20세기 미국 문학을 대표하는 걸작이다. 1930년대 중반 이후로는 작품이 독자로부터 외면당하는데, 이 시기 알코올 중독과 병고에 시달리다 심장마비로 삶을 마감했다. 본문에서 인용되는 작품 《파탄》은 그가 경제적·정신적으로 어려움을 겪던 때인 1930년대에 씌어진 것으로, 당시 돈이 궁했던 그는 아무거나 써 달라고 요구하는 잡지사의 권유에 따라 이 작품을 발표했다. 《파탄》은 피츠제럴드의 고갈된 심리 상태, '감정적 파산'이라는 피츠제럴드적 테마를 그리는 일련의 에세이들 중 하나이다. [역주]

9) Fitzgerald, *La Fêlure*, éd. Gallimard, 354쪽.

독, 로렌스의 의기소침, 버지니아 울프의 자살, 케루악의 비참한 결말과 도주선을 혼동하지 않을 수 있을까요? 영미문학은 작가를 사로잡는 음울한 파멸의 과정을 멋지게 횡단해 왔습니다. 행복한 죽음? 하지만 우리가 선을 그리는 그 순간 선 위에서만 이해할 수 있는 것이 바로 이 행복한 죽음이죠. 다시 말해 그 선 위에서 우리가 달려드는 위험, 그 위험을 피하기 위해 쏟아 부어야 할 인내심과 신중함, 그 선을 모래더미와 블랙홀에서 끄집어내기 위해 부단히 행해야 하는 정정(訂正) 사항들인 것입니다. [이런 것은] 예측할 수 없는 일입니다. 〈진정한 단절〉이란 시간 속에서 펼쳐질 수 있으며, 지나치게 시니피앙 작용을 하는 절단과는 다른 것으로, 그것의 허상들과 단절 그 자체 및 단절을 위협하는 재영토화로부터 끊임없이 보호되어야 하는 것입니다. 바로 이 때문에 단절은 한 작가에서 다른 한 작가로, 마치 다시 시작되어야만 하는 것처럼 건너뛰는 것이죠. 영미 작가들의 〈다시 시작하기〉 방식은 프랑스 작가들과는 다릅니다. 프랑스의 다시 시작하기는 백지 상태[10]이며, 기원의 한 점, 항상 불변으로 고정된 점과 같은 최초의 확실성을 추구하는 것입니다. 반면 또 다른 다시 시작하기의 방식은 중단된 선을 다시 잡고, 끊어진 선에 하나의 선분(segment)을 덧붙여 선이 멈추었던 그곳, 즉 두 암벽 사이에 있는 협로나 빈 공간 너머로 선을 지나가게 합니다. 관심

---

10) 프랑스어 원문에서는 'table rase'로, 영어 번역본에서는 이 단어의 라틴어 원어인 'tabula rasa'로 되어 있다. 'tabula rasa'란 주로 '아무것도 씌어 있지 않은 깨끗한 석판'으로 번역되는데 원래는 '긁어 문지른 석판'이라는 뜻. 개개의 인간은 본래 아무것도 씌어 있지 않은 백지 상태로 태어나고, 이들의 정체성은 생후에 겪게 되는 사건들에 의해 정의된다는 것을 뜻하는 개념어로 쓰인다. 'Tabula rasa'는 로크식 경험론의 핵심에 자리잡은 생각이며, 또한 이후 프로이트의 정신분석학의 특징을 이루는 개념이기도 하다.[역주]

을 끄는 것은 시작도 끝도 아닙니다. 시작과 끝은 점들이지요. 흥미
로운 것은 바로 중간/한복판입니다. 영국의 0은 항상 중간에 있습
니다. [계곡이나 도로폭에서 혹은 병목 현상에서처럼] 갑자기 좁아지
는 부분들도 언제나 중간에 있습니다. 우리는 하나의 선 한가운데
에 있습니다——가장 불편한 위치이지요. 우리는 한가운데에서 다
시 시작합니다. 프랑스인들은 지나치게 나무의 용어로 생각을 합니
다. 예를 들자면 지식의 나무, 나무 모양 도표의 점들, 알파와 오메
가, 뿌리와 꼭대기 등이 그러합니다. 이는 풀과는 반대되는 것입니
다. 풀이란 사물들의 한복판에서 자라날 뿐만 아니라, 풀 자체가 중
간에서부터 돋아나니까요. 이것이 영미인들의 방식입니다. 풀은 제
자신의 도주선을 지니며, 뿌리내리지 않습니다. 우리의 머릿속에 있
는 것은 나무 한 그루가 아니라 풀 여러 포기입니다. 이것이 바로
사유가 의미하는 바이며, 뇌란 무엇인지 말하는 것이고, 풀의 "특
별한 신경계"입니다.[11]

토머스 하디[12]의 예를 한번 들어 봅시다. 그의 작품에 나오는 등장
인물들은 사람/인격(personne)이나 주체가 아니라, 강렬한 감각들을

---

11) Steven Rose, *Le Cerveau conscient*, éd. du Seuil.
12) 토머스 하디(1840-1928)는 영국의 소설가이자 시인. 원래는 건축 사무소에서
일을 했는데, 틈틈이 쓴 소설이 당시 문단의 대가인 메레디스에게 인정을 받아 그
의 권고로 처녀작을 냈다. 이후 발표한 작품들로 호평을 받고 작가로서의 지위를
굳혔다. 그의 대표 소설로는 《귀향》(1878), 《테스》(1891) 등이 있는데, 이들 작품은
대부분 그의 고향인 웨식스 지방을 무대로 하고 있으며, 운명의 힘에 농락당하는 인
간의 모습, 즉 그리스 고전 비극과 같은 주제를 치밀하게 구성하였다. 또한 기존의
도덕이나 종교에 대한 강도 높은 비판과 남녀의 새로운 성관계를 다루어 보수적 독
자들로부터 반발을 사기도 했다. [역주]

수집해 놓은 것입니다. 등장 인물들 하나하나가 그러한 수집품, 꾸러미이고, 변하기 쉬운 감각들의 블록이지요. 여기에는 개체에 대한 이상하고 색다른 존경이 담겨 있습니다. [이는] 프랑스식으로 개체를 한 인격으로 파악하고 재인식하기 때문이 아니라, 그와는 정반대로 개체가 자신과 타자들을 '유일한 기회들'——**이러저러한 조합을 끌어내는 유일한 기회**로 보기 때문에 느끼는 존경이죠. 주체 없는 개체화. 이 생살의 예민한 감각의 꾸러미들, 수집품들, 조합들은 기회의 선 혹은 불운의 선 위를 질주하는데, 바로 이 선 위에서 그들은 우연히 마주치고, 필요한 경우에는 죽음, 살인에까지 이르는 나쁜 마주침을 겪습니다. 하디는 이 실험적이고 경험론적인 세상을 위해 일종의 그리스적인 운명을 상기시킵니다. 감각의 꾸러미들인 개체들은 도주선 혹은 땅의 탈영토화 선인 황무지를 질주하고요.

도주는 일종의 정신착란[13]입니다. 정신착란을 일으킨다는 것은 (가령 '바보 같은 짓이나 말을 하는 것처럼') 바로 [경계를 나타내는 깊게 파인] 홈(sillon)으로부터 벗어나는 것을 말합니다. 도주선에는 무엇인가 귀신 들린 듯한 것, 악마적인 것이 있습니다. 악마는 신과 다릅니다. 왜냐하면 신은 속성들, 고유성들, 고정 기능들, 영토들과 코드들을 지니니까요. 다시 말해 신들은 홈, 경계선, 토지 대장과 관련이 있습니다. [반면] 악마의 특성은 한 구간에서 다른 한 구간으로, 간격들 사이를 훌쩍 뛰어넘는 것입니다. "어떤 악마가 가장 멀

---

13) 영역판에서 역자는 '정신착란'이라는 개념이 들뢰즈 작품에서 차지하는 중요한 역할에 대한 논의로 장-자크 르세르클의 《유리 보기를 통한 철학》(허친슨 출판사, 1985) 5장을 참조할 것을 권유하고 있다. [역주]

리 뛰었지?"라고 오이디푸스는 묻습니다. 도주선에는 항상 〈배반〉
이 있습니다. 속임수가 아닌 배반——자기 미래를 관리하는 질서
옹호자의 그것과 같은 속임수가 아니라, 과거도 미래도 없는 순박한
이의 그것과 같은 배반이 있지요. 우리는 우리를 붙들어두고자 하는
고정된 힘들, 즉 땅의 확고부동한 힘들을 배반합니다. 배반의 움직
임은 〈이중 외면〉으로 정의되어 왔습니다. 즉 인간은 신을 보지 않
으려고 얼굴을 돌려 외면하고, 신 역시 인간을 보지 않으려고 얼굴
을 돌려 외면합니다. 바로 이렇게 이중으로 외면하는 가운데, 얼굴
을 돌려 서로 멀어지는 가운데 도주선은 그려집니다. 다시 말해 인
간의 탈영토화가 일어나는 것이죠. 배반은 훔치기와 같은 것이며,
언제나 이중적입니다. 콜로노스의 오이디푸스는 그의 길고 긴 방
황과 더불어 이 이중 외면의 모범적인 예로 거론되어 왔습니다. 하
지만 오이디푸스는 그리스인들의 유일한 유대교 비극입니다. 신을
외면하는 인간을 외면하는 신——이것이 바로 《구약 성서》의 주제
이죠. 이것은 카인의 이야기이며, 카인의 도주선입니다. 또한 이것
은 요나의 이야기이기도 합니다. 왜냐하면 예언자가 신의 명령을 거
역함으로써 [즉 신을 외면함으로써] 그 결과 애초에 신의 명을 따랐을
경우보다 더 잘 신의 계명을 실현함으로써 식별되기 때문입니다.[14]
배반자는 고난을 자초하였던 것이죠. 이러한 도주선들, 즉 땅과 물
을 쩍 가르는 선이 《구약 성서》를 끊임없이 관통합니다. "만물이 서
로 얼싸안는 것을 멈추고 서로 등을 돌리게 하소서. 바다의 남자가
[즉 인어 남편이] 인간의 아내와 제 자식들에게 얼굴을 돌리고 외면

---

14) 요나의 이야기에 대해서는 제1장 I부에 나오는 주 22를 참조할 것.〔역주〕

하게 하소서……. 바다를 건너고, 바다를 가로지르고, 마음에게 충고를 하소서. 사랑과 가정을 떠나소서."[15] '위대한 발견들,' 위대한 탐험들은 앞으로 무엇이 발견될까에 대한 불확실함, 미지의 것을 정복하는 일과 관련 될 뿐만 아니라 도주선을 발명하는 일, 배반의 역량과도 관련이 됩니다. 배반의 역량이란 유일한 배반자가 되는 것, 모든 이에게 등을 돌리는 배반자가 되는 것을 말합니다. '아귀레, 신의 분노'가 그 예이죠.[16] 그리고 자크 베스[17]가 기이한 콩트들에서 묘사했던 크리스토프 콜롱브도 마찬가지입니다. 여기에는 콜롱브의 여성-되기도 포함되고요.[18] [이처럼] 배반자의 창조적인 도둑질은 속임수를 쓰는 협잡꾼의 표절과는 대립됩니다.

---

15) Lawrence, *Etudes sur la littérature classique américaine*, éd. du Seuil, 166쪽. 이 중 외면에 대해서는 장 보프레의 주석이 달린 다음의 책을 참조할 것. Hölderlin, *Les Remarques sur Œdipe*, éd. 10/18. 그리고 다음 책도 참조할 것. Jérôme Lindon, *Jonas*, éd. de Minuit.

16) 《아귀레, 신의 분노》는 1972년 제작된 멕시코·페루·독일의 합작 영화의 제목. 아마존 밀림을 배경으로 엘도라도의 환상을 쫓다가 미쳐 가는 스페인 군인 아귀레의 모험담을 다룬 작품이다. 잉카 제국이 멸망되고 몇십 년이 흐른 후 피사로가 이끄는 스페인 부대는 황금의 땅 엘도라도를 찾아 아마존 유역을 헤맨다. 그러던 중 열대성 기후와 험난한 지형에 가로막혀 더 이상 전진할 수 없게 되자 피사로는 우르수아를 대장으로 한 선발대를 파견한다. 뗏목에 의지한 채 아마존 정글을 탐험하던 우르수아는 더 이상의 탐험은 위험하다고 판단하고 대원들에게 귀환할 것을 명령하지만, 엘도라도의 환상에 사로잡힌 부대장 아귀레는 우르수아를 체포하고 스스로 대장이 된다. 아귀레의 주도하에 탐험을 계속하던 병사들은 정체불명의 화살에 맞아 하나둘씩 죽어가고 남은 사람들 역시 서서히 미쳐 간다. 마침내 뗏목 위에 혼자 남게 된 아귀레는 광기에 사로잡혀 자신이 신이라고 말하며 스스로 멕시코 점령을 결정하고 순수한 종족 보존을 위해 딸과의 결혼을 선언한다. 남아메리카의 정글 속에서 촬영된 이 작품은 너무나 힘든 제작 환경 탓에 피로와 고통에 지친 주연 배우가 감독에게 총을 겨누며 촬영을 멈추라고 말하였다는 일화가 있다. 나치스 독일을 은유적으로 표현한 영화라고도 하며, 베트남 전쟁을 그린 영화 《지옥의 묵시록》의 모델이 되기도 했다. 〔역주〕

《구약 성서》는 서사시도, 비극도 아닙니다. 차라리 최초의 소설이지요. 영국인들은 《구약 성서》를 바로 이런 식으로, 즉 소설의 기반으로 이해합니다. 배반자는 소설에서 필수적인 등장 인물, 주인공입니다. 그는 지배적 의미의 세계를 배반하고 확립된 기성 질서를 배반합니다. 이는 협잡꾼과는 아주 다릅니다. 왜냐하면 협잡꾼은 고정된 재산을 획득했다고, 혹은 어떤 영토를 정복했다고, 심지어는 새로운 질서를 세웠다고 우기거든요. 협잡꾼에게는 많은 미래가 있지만, 생성은 조금도 없습니다. 협잡꾼이 사제, 역술가라면, 배반자는 실험가입니다. 협잡꾼이 정치가/국가인(國家人)이나 궁정인이라면, 배반자는 (장교나 장군이 아닌) 전사(戰士)/전쟁인(戰爭人)입니다. 프

---

17) 자크 베스(1921-1999)는 정신착란으로 오래도록 시달려 온 프랑스의 음악가이자 작가. 파리 보석상의 아들로 태어나 조용한 어린 시절을 보냈으며 청년기에는 젊던 장 폴 사르트르의 수업을 듣고 양차대전 중에는 철학을 공부했다. 이후 피아노와 오케스트라를 위한 콘체르토를 작곡하였고, 사르트르의 《파리떼》, 알랭 레네 감독의 영화 《반 고흐》 등의 음악을 담당하기도 했다. 1950년대 초반에 알제리로 여행을 떠났는데, 여기서 모든 것이 멈췄다. 다시 말해 이 기간 동안 정신 병동에 감금되었다. 당시 상황에 대해 그는 "나, 외로운 나, 나는 아프다/내 털이 많은 배에 독(毒)을 집어넣도록 허락하면서/너는 나를 비웃어도 좋다/오 위대한 선민(選民)이여"라고 쓰기도 했다. 1955년에는 보르드 병원에 들어갔는데, 여기서 반(反)정신의학을 주창하는 펠릭스 가타리와 장 우리를 만나 이들에 의해 '독'으로부터 구원되었다. 이들이 자신들이 펴내는 잡지 《연구》에 지면을 내주어 1966년 자크 베스의 기이한 산문, 정신착란에 빠져 중얼거리는 독백이 세상에 나왔다. 1973년 물려받은 유산 덕에 정신 병원에서 도주할 수 있었지만, 이내 파리 거리에서 칼을 허벅지에 찌른 채 발견되는 등 다시 광증을 보이기 시작해 병원에 들어갔다. 한편, 본문에서 얘기되는 《위대한 부활절》은 3일 밤 3일 낮 동안 찾아지지 않는 친구를 찾아 헤매는 한 고독한 남자(그의 이름은 이탈리아 탐험가로 초기 신대륙 발견에 가장 중요한 역할을 했던 크리스토퍼 콜롬버스 이름의 프랑스식 표기이다)의 편력을 이야기하는 작품이다. 그의 독백에는 정신착란에 빠진 자의 감정적 격발이 담겨 있으며, 자신의 '여자들'을 정신적으로 구성하는 장면들이 나오는데, 본문에서 말하는 여성-되기란 이와 관련지어 생각해 볼 수 있겠다. [역주]

18) Jacques Besse, *La grande Pâque*, éd. Belfond.

랑스 소설에는 많은 협잡꾼들이 나오는데, 종종 프랑스 소설가들 중 소설가 자신이 협잡꾼일 경우가 있습니다. 이들은《구약 성서》와 별다른 관련을 맺지 않지요. 셰익스피어는 자신의 극작품에서 협잡꾼-왕을 많이 다루었습니다. [대개 셰익스피어 작품에서] 이들 협잡꾼-왕들은 속임수를 써서 권력을 차지하지만 결국에는 착한 왕으로 밝혀집니다. 하지만 리처드 3세와 우연히 마주치면서, 셰익스피어는 여타의 비극 작품들에서 보여준 태도 중 가장 소설적인 상태로 고양됩니다. 왜냐하면 리처드 3세는 단순히 권력을 원하는 것이 아니라 배반을 원하기 때문이지요. 리처드 3세는 국가 정복이 아닌 전쟁 기계의 배치를 원합니다. 다시 말해 "어떻게 유일무이한 배반자가 될까, 그러면서 어떻게 모두를 배반할 수 있을까"를 고민하는 것이죠. 비평가들이 "진실답지 않고 도가 지나치다"라고 평가했던 리처드 3세-앤 부인의 대화 장면[19]은 서로 고개를 돌리며 외면하는 두 얼굴을 보여줍니다. 앤 부인은 이미 리처드 3세에게 매료되어 그의 요구에 은근히 응하면서, 리처드 3세가 그리고 있는 비비 꼬인 선을 예감합니다. 그 어떤 것도 **대상 선택**만큼 배반을 잘 드러내 주지는 않습니다. 배반이 하나의 대상 선택——참 빈약한 개념이죠——이기 때문이 아니라, 오히려 배반이야말로 생성이고, 아주 탁월한 악마적 요소이기 때문입니다. 리처드 3세가 앤 부인[이라는 대상]을 선택하는 데에는 그의 여성-되기가 있는 것이죠.[20] 멜빌의 작품에서

---

19) 셰익스피어의 극《리처드 3세》1막 2장에서 앤 부인은 헨리 6세의 관을 옮기는 도중 리처드 3세(가 되는 글로스터)와 마주치는데, 처음에는 자신의 남편을 죽인 그를 맹렬히 저주하다가 결국에는 그의 달콤한 유혹에 넘어가 결혼을 약속하게 된다. 저주에서 사랑으로 넘어가는 이 대목을 비평가들은 진실답지 않다고 평가했다. 〔역주〕

에이허브 선장은 어떤 점에서 잘못이 있을까요?[21] 어느 고래든 잡기만 하면 된다는 어부 집단의 법칙을 따르지 않고, 흰 고래 모비딕[이라는 대상]을 선택한 점에서 그러합니다. 바로 이것이 에이허브의 악마적 요소, 배반, 리바이어던[22]과 맺는 관계입니다——이러한 대상 선택으로 인해 에이허브는 고래-되기에 참가하는 것이죠. 이와 같은 주제가 클라이스트의 《펜테질리아》에도 나옵니다. 펜테질리아의 죄는, 아마존의 법을 따르면 적을 선택할 수 없음에도 불구하고, 아킬레우스[라는 대상]를 선택한 것입니다. 펜테질리아의 악마적 요소는 그녀를 '개-되기'로 이끕니다(클라이스트는 독일인들을 오싹하게 만들었고, 그들은 클라이스트를 독일인으로 인정해 주지 않았습니다. 왜냐하면 말에 올라타 여기저기를 떠돌아다녔던 클라이스트가, 독일의 질서에는 아랑곳 않고, 여러 국가와 숲을 가로질러 눈부신 도주선을 그릴 줄 알았던 그러한 작가들 중 한 사람이었기 때문이죠. 렌츠나 뷔히너, 그밖의 모든 반(反)괴테주의자들도 마찬가지입니다). [그러니] 건강이나 병과 혼동되지 않는 특별한 기능, 즉 **변칙**

---

20) 들뢰즈는 셰익스피어의 《리처드 3세》가 "여자들이 전쟁과 관련하여 자신들의 역할을 갖는 셰익스피어의 유일한 비극"이라고 평가하면서, 전쟁 기계를 끌어들이고 여성-되기에 참여하는 인물로서의 리처드 3세에 각별한 시선을 둔다. 이와 관련해서는 들뢰즈가 이탈리아 극작가 베네와 함께 작업한 저서《중첩》(2005)을 참조하자. [역주]

21) 에이허브 선장은 멜빌의 대표작 《백경》에 등장하는 주인공. 이 소설은 에이허브 선장이라는 강렬한 성격을 지닌 인물이, 머리가 흰 커다란 고래에 도전하는 내용을 다루고 있다. 한편으로는, 범선이 아닌 노 젓는 작은 보트로 고래를 쫓는 용감한 포경선 선원들의 생활이 생생하게 그려지고, 다른 한편으로는, 에이허브의 복수전이 낳는 이교적 분위기 속에서 악, 숙명, 자유의지 등에 대한 철학적 고찰이 전개된다. [역주]

22) 《구약 성서》〈욥기〉에 나오는 거대한 영생(永生) 동물의 이름. 들뢰즈는 여기서 흰 고래 모비딕을 리바이어던으로 지칭하고 있다. [역주]

(Anomal)의 기능을 정의해야 할 것입니다. 변칙은 언제나 경계에 있습니다. 한 패거리나 다양체의 가장자리에 있지요. 변칙은 이러한 무리나 다양체의 일부이면서도, 그것을 이미 다른 다양체로 옮아가게 만들고, 그것을 생성하도록 만들고, 사이-선(ligne-entre)을 그립니다. 변칙은 또한 '아웃사이더'입니다. 가령 모비딕이거나 아니면 **그것**, 러브크래프트[23]의 **본체**, 즉 공포이지요.

글쓰기는 도주선들과 본질적인 관계를 맺는다고 할 수 있습니다. 글쓰기란 도주선을 그리는 일입니다. 상상의 산물이 아닌 [실재의] 도주선을 그리는 것이지요. 우리는 이 도주선을 따라가지 않을 수 없는데, 왜냐하면 글쓰기가 실제로 우리를 도주선에 연루시키고 도주선 위로 태우고 가기 때문입니다. 글쓰기란 생성/되기입니다. 하지만 이때의 생성이란 '작가-되기'가 아닌 '무엇인가 다른 것으로-되기'이지요. 직업 작가는 자신의 과거나 미래——작가 개인의 사적인 미래나 혹은 후대 사람들——에 비추어 자신을 판단할 수 있습니다("나는 2년 후에, 1백 년 후에 이해될 것이다" 등등의 말을 생각해 보세요). 글쓰기가 기존에 확립된 [군대의 암호처럼 질서잡힌] 명령어와 결혼하지 않고 도주선들을 그릴 때, 이 속에 담겨 있는 생성들은 전혀 다른 것입니다. 글쓰기가 공식적이지 않을 때——이때는 글쓰기 스스로가 반드시 '마이너리티'와 합류한다고 말할 수 있을

---

23) 러브크래프트(1890-1937)는 환상적이고 섬뜩한 단편 소설을 쓴 20세기 고딕 공포 소설의 대가이다. 어린 시절부터 과학에 흥미가 있었지만 건강이 좋지 않아 대학에 다닐 수 없었다. 생계 유지를 위해 남의 작품을 대신 써주거나 원고를 고쳐 써주는 일을 했고 인생의 대부분을 은둔과 가난 속에서 보냈다. 그의 작가로서의 명성은 죽은 뒤에 높아졌다. [역주]

것입니다. 마이너리티를 대상으로 한다고 해서, 마이너리티에 속하는 사람들이 반드시 자신들을 위해 글을 쓴다는 말은 아닙니다. 마찬가지로 작가들도 반드시 마이너리티에 대해 글을 쓰는 것도 아니고요. 오히려 이 말은 글을 쓴다는 것이 좋든 싫든 간에 마이너리티에 속한다는 것을 의미하지요. 마이너리티란 결코 이미 만들어진 기성의 것이 아니며, 오직 전진하고 공격하는 양상을 보이는 도주선들 위에서만 구성됩니다. 글쓰기에는 여성-되기가 있습니다. 여자 '처럼' 글을 쓰라는 말이 아닙니다. "보바리 부인—— '그것은' 바로 나다"[24]라는 문장은 히스테리컬한 협잡꾼의 문장이죠. 여자들조차도 여성의 미래에 관련하여 여자처럼 글을 쓰려는 노력이 항상 성공하는 것은 아닙니다. 여자라고 해서 반드시 작가인 것은 아니죠. 여자든 남자든 간에 그(녀)의 글쓰기가 마이너리티가 되어야 합니다. 가령 버지니아 울프는 "여자처럼 말하기"를 스스로 금했지만, 그런 만큼 더욱 더 글쓰기는 여성-되기를 이루었습니다. 그런가 하면 로렌스와 밀러는 대단한 남성우월주의자로 통하지만, 글쓰기를 통해 거역할 수 없는 여성-되기로 이끌렸지요. 영국은 오로지 이러한 생성——여자들이나 남자들 모두 많은 노력을 기울여야 하는 이러한 생성을 통해서만 그토록 많은 여성 소설가들을 배출했습니다. 글쓰기에는 인디언-되기와 흑인-되기가 있는데, 이는 아메리카 인디언의 말을 하거나 피진 프랑스어[25]를 사용하는 것과는 다릅니다.

---

24) 《보바리 부인》의 작가 플로베르가 남긴 유명한 말.〔역주〕
25) 프랑스어 원문에는 'petit nègre'로 되어 있고, 영어 번역본은 이를 '피진 프랑스어'로 옮겼다. 피진어란 현지인들 언어에 영어나 프랑스어가 뒤섞여 혼합된 말을 가리킨다.〔역주〕

또한 글쓰기에는 동물-되기가 있는데, 이는 동물을 흉내내거나 동물 '처럼 행동하는' 것이 아닙니다. 마찬가지로 모차르트 음악은 새를 흉내내지 않습니다. 그저 새-되기가 그의 음악에 스며들어 있는 것이죠. 에이허브 선장에게는 고래-되기가 있는데, 이는 고래를 흉내내는 것이 아닙니다. 로렌스는 몇몇 경탄할 만한 시에서 거북-되기를 보여줍니다. 글쓰기에는 동물-되기가 있는데, 이는 개나 고양이에 대해 이야기하는 것과는 다릅니다. 오히려 두 계(界) 사이의 **우연한 마주침, [절차를 생략한] 직접 교섭이고, 각각의 계가 탈영토화하는 코드를 획득하는 것이죠. 글을 쓰면서 작가는 항상 글을 갖지 못한 사람들에게 그 글을 줍니다. 하지만 바로 이들——글을 갖지 못한 이들이 글쓰기에 생성을 부여하지요. 이 생성이 없다면 글쓰기는 존재하지 않을 것이고** 오직 이미 확립된 기성 권력에 봉사하는 단순한 중언부언에 지나지 않을 것입니다. 작가가 마이너리티라는 말은, 글쓰는 이가 독자들보다 수적으로 적다는 의미가 아닙니다. 오늘날 이런 말은 가당치도 않겠지만, 이 말이 의미하는 바는, 글쓰기란 언제나 글을 쓰지 않는 마이너리티와 우연히 마주친다는 것입니다. 이 마이너리티를 위해서, 마이너리티를 대변해서, 마이너리티의 뜻대로 책임지고 글을 쓴다는 말이 아닙니다. 그런 것이 아니라 [그저] 서로가 서로를 밀고, 자신의 도주선 위로, 서로 결합된 탈영토화 속으로 끌어들이는 우연한 마주침이 있다는 말이지요. 글쓰기는 항상 다른 어떤 것——자신의 고유한 생성이 되는 어떤 것과 합류합니다. 하나의 유일한 흐름 위에서만 작동하는 배치란 없습니다. 이는 모방의 문제가 아니라 접합접속(conjonction)의 문제입니다. 작가는 보다 심오한 것, 즉 비(非)-작가-되기에 물듭니다. (당시 영어 가명을 사용했던) 호프만스탈[26]은 쥐떼들이 심하게 몸부림치며 괴로워하는 것을 볼 때 더 이상 글을 쓰지 못합니다. 왜냐하면 바로 자신 안에서 그 동물의 영혼이 이(齒牙)를 드러내고 있음을 느끼기 때문이죠. 잘 만들어진 영국 영화 《월라드》[27]는 주인공의 거역할 수 없는 쥐-되기를 보여줍니다. 이 영화에서 주인공은 매 순간 인간의 세계에 연결되지만, 그럼에도 이 치명적인 접합접속으로 이끌리지요. 작가들의 그토록 엄청난 침묵과 그토록 많은 자살에 대해서는 자연에 반하는 이 결혼들, 참여들로 설명해야 할 것입니다. 자신의 고유한 계(界), 자신의 성(性), 자기의 계급, 자신의 메이저리티를 배반하기——글을 쓰는 데 이 외에 다른 이유가 있을까요? 그리고 글쓰기를 배반하기.

---

26) 호프만스탈(1874-1929)은 오스트리아의 시인이자 극작가. 서정시와 희곡 분야에 두각을 나타냈으며 독일의 오페라 작곡가 리하르트 슈트라우스와의 공동 작업으로 세계적인 명성을 떨쳤다. 은행 중역의 외아들이었던 호프만스탈은 빈에서 법학을 공부했다. 16세에 로리스라는 가명으로 그의 첫번째 시들을 출간했는데, 이것들은 그 서정적 아름다움과 혼을 불러일으키는 듯한 마술적 언어, 꿈과 같은 정취로 빈과 독일에 파문을 던졌다. 젊은 시인으로서 그와 같은 성숙한 경험과 형식상의 노련함은 믿기지 않을 정도였다. 여기서 들뢰즈가 말하는 영어 가명은 이때의 것을 말한다. [역주]

27) 《월라드》는 1971년 다니엘 만 감독이 만든 B급 영화. 줄거리는 어머니에 의해 지배당하고, 볼품없는 직장을 지녔으며, 직장 내에서도 따돌림당하는 주인공 월라드가 어느 날 자신의 집 지하실에 살고 있는 쥐, 벤과 우연히 친구가 되면서 벌어지는 일들을 그리고 있다. 사회적으로 고립되고 소외된 존재인 월라드는 쥐 친구들을 통해 생활의 활력을 찾지만, 인간의 세계에 머무르려 하고 결국은 쥐떼들의 공격으로 끔찍한 최후를 맞이하게 된다는 내용을 담고 있다. 뛰어난 흥행 성공으로 이듬해 우두머리 쥐 벤을 주인공으로 하는 속편 《벤》이 나왔고, 2003년에는 고딕 문학적 분위기를 강화하여 호러 영화 전문 감독 글렌 모건이 리메이크한 작품 《월라드》가 출시되었다. 들뢰즈는 《천개의 고원》 10장에서 이 영화의 줄거리를 비교적 상세히 소개하며 대표적인 동물-되기의 예로 제시하고 있다. [역주]

배반자가 되고자 꿈꾸는 사람은 많습니다. 이들은 [신을 믿듯] 배반자를 믿고, 배반자가 존재한다는 것을 믿지요. 하지만 이들은 단지 협잡꾼에 불과합니다. 프랑스 문학에서 모리스 작스[28]의 딱한 예를 보세요. "아, 마침내 나는 진정한 배반자가 되었구나"라고 말하지 않는 협잡꾼이 어디 있습니까? 반면, 배반자는 "나는 결국 협잡꾼에 불과했구나"라고 말하지 않는 사람이 없지요. 이는 [그만큼] 배반하기가 어렵기 때문입니다. 배반이란 창조하는 것이니까요. 배반자가 되려면 우리는 우리의 정체성, 얼굴을 잃어야 합니다. 사라져야 하고 미지의 것이 되어야 하지요.

글쓰기의 궁극 목적은 무엇일까요? 여자-되기, 흑인-되기, 동

---

28) 모리스 작스(1904-1945)는 유대인 혈통의 프랑스인으로, 모험가, 엽색가, 향락가, 도둑, 사기꾼, 도덕심이 결여된 사람, 아마추어 예술가, 거짓말쟁이, 쾌락주의자, 기회주의자, 무책임한 사람, 속물로 양차대전 사이 사교계와 문학계를 편력했다. 위대한 사람이 되고자 했던, 특히 천재 작가로 불리며 초현실주의자들과 친하고 장 콕토의 사랑을 받았던 레이몽 라디게의 자리를 대신 차지하고 싶었던 젊은 모리스 작스는 1920년대 장 콕토를 중심으로 한 파리의 젊은 예술가들 모임이었던 '지붕 위의 소' 모임에 끌린다. '지붕 위의 소'는 1920년대 프랑스 문학예술계의 상징과도 같았는데, 모리스 작스는 이후 일기 형식으로 이 시절의 이야기, 사교계 사람들의 일화를 밝히는 《지붕 위의 소에서의 시간》이라는 책을 쓴다. 사기 혐의로 뉴욕으로 도망갔다가 다시 파리로 돌아온 후 장 콕토 · 앙드레 지드 · 막스 자콥과 같은 동성애 작가들과 깊은 관계를 맺는다. 수차례 콕토 · 코코 샤넬 등과 함께 일하지만 그때마다 번번이 도둑질을 하고 달아난다. 파리가 독일인에게 점령된 시기에는 유대인들의 도망을 도우며 돈을 벌지만 이후에는 나치 독일의 정찰 경찰인 게슈타포를 위해 일한다. 1943년 게슈타포에게 체포되어 수감된다. 필립 몽소는 자신의 책에서 모리스 작스가 1945년 독일인 간수들이 떠난 후, 동료 죄수들에 의해 린치당해 죽고 시체는 개에게 던져졌다고 썼는데 그렇게 얘기될 만큼 당대인들에게 증오의 대상이었다. 하지만 실제로는 전후 독일인들이 감옥을 소개(疏開)하면서 며칠에 걸쳐 죄수들을 걷게 하는데, 3일째 되던 날 기진한 모리스가 쓰러져 죽었다고 알려져 있다. [역주]

물-되기 등과 같은 마이너리티-되기 너머에는 〈지각 불가능하게-되기〉라는 궁극적인 기획이 있습니다. 작가는 알려지고 재인식되기를 바랄 수 없습니다. 지각 불가능함은 최고의 빠름과 최고의 느림이 공통으로 갖는 특징이죠. 글쓰기는 얼굴을 잃고, 벽을 뛰어넘거나 뚫고 지나가고, 아주 참을성 있게 벽에 줄질을 하는 것 이외에 다른 목적을 갖지 않습니다. 바로 이것이 피츠제럴드가 〈진정한 단절〉이라고 불렀던 것입니다. 즉 남태평양을 항해하는 것이 아니라 은밀함을 획득하는 것으로서의 도주선이죠(동물이 되고 흑인이 되고 혹은 여성이 되어야 한다 할지라도 말입니다). 결국 미지의 것이 된다는 것——이렇게 된 사람은 아주 극소수입니다——은 배반한다는 것입니다. 아무에게도 알려지지 않는 것, 심지어는 집주인이나 이웃에게조차 모르는 사람이 되는 것, 무명 가수, 리토르넬로가 되는 것은 아주 어렵습니다. 《밤은 부드러워》의 마지막 부분에서, 주인공은 글자 그대로 자기 자신을 지리학적으로 흩뜨립니다.[29] 너무나 아름다운 피츠제럴드의 텍스트 《파탄》은 "나는 나 자신이 15년 전 그레이트 넥의 교외 열차칸에서 보곤 했던 사람들처럼 느껴졌다⋯⋯"라고 말합니다. 여기에는 흰 벽-블랙홀/검은 구멍 시스템이라고 이름

---

29) 피츠제럴드가 《위대한 개츠비》로 세계적인 작가가 된 이후 겪었던 인생의 시련, 즉 술에 탐닉하는 자신과 신경쇠약 증세로 병원에 입원한 아내 젤더의 이야기를 바탕으로 쓴 작품이다. 그의 대표작 중 하나이지만 당시 상업적으로는 실패하였다. 작품의 주인공은 피츠제럴드처럼 명문 대학교를 졸업한 인재 딕. 딕의 아내는 신경증으로 오랜 세월 치료를 받는데, 작품 말미에서 다른 남자와 사랑에 빠져 딕에게 이혼을 요구하고, 이미 그녀를 사랑하지 않는 딕은 흔쾌히 이를 수락한 후 미국으로 사라진다. 그렇다고 결코 그곳에서 정착하지는 않으면서 말이다. 들뢰즈가 "글자 그대로 지리학적으로 자신을 흩뜨린다"고 말하는 것은 바로 이 대목을 두고 하는 말이다. (역주)

붙일 법한 사회 시스템 전체가 있습니다. 우리는 항상 지배적 의미의 벽 위에 핀으로 고정됩니다. 또한 우리는 항상 주관성의 구멍, 즉 다른 어떤 것보다도 소중한 우리 **자아**(Moi)의 블랙홀 속으로 가라앉지요. 벽은 우리를 고정시키고, 격자 안으로 밀어넣고, 동일시하고, 재인식되도록 만드는 모든 객관적인 결정들이 기입되어 있는 곳입니다. 그리고 구멍은 우리의 의식, 감정, 열정, 너무나 잘 알려진 작은 비밀들, 그 비밀들을 알리고 싶은 욕망이 다 함께 머무르는 곳이고요. 얼굴은 이러한 시스템의 산물이지만, 또한 사회적으로 만들어진 것이기도 합니다. 하얀 **뺨**과 두 눈의 검은 구멍을 지닌 커다란 얼굴. 우리 사회는 얼굴을 만들어 내지 않으면 안 됩니다. 예수는 얼굴을 고안했습니다. 밀러의 문제는 (이미 로렌스의 문제이기도 한데) 바로 다음과 같은 것들이었죠. 즉 어떻게 생성의 선들을 그리는, 탐색중인 머리들을 우리 내부에서 해방하면서 얼굴을 해체할 것인가? 어떻게 벽에 부딪혀 뒤로 튀어 오르거나 으스러지지 않고 벽을 통과할 것인가? 어떻게 그 심연의 바닥에서 빙빙 맴을 돌지 않고 블랙홀에서 빠져나올 것인가? 어떤 입자들이 블랙홀에서 빠져나오게 해주는가? 마침내 사랑할 수 있게 되기 위해 어떻게 우리의 사랑조차 깨트릴 것인가? 어떻게 지각 불가능한 것으로 될 것인가? "내 품에 안았던 그 여자의 눈을 나는 더 이상 보지 않는다. 하지만 나는 헤엄을 쳐서 머리와 팔, 다리를 완전히 헤치고 나아간다. 그리고 본다. 눈구멍 뒤로 펼쳐진 아직 탐험되지 않는 지역을, 미래성의 세계를. 여기에는 어떠한 논리도 없다……. 이 자아 없는 눈은 누설하지도 않고 계시(啓示)하지도 않는다. 지평선을 따라 여행할 뿐. 끊임없이 아무것도 모른 채 여행하는 여행자……. 나는 탄생이 만들어

낸 벽을 깨부수었다. 그리고 여행의 선은 깨지지 않은 채 둥글게 돈
다……. 내 몸 전체는 지속적인 광선이 되어야 한다. 일찍이 본 적이
없던 엄청난 속도로 움직이면서……. 그러므로 나는 귀를 닫고 눈
을 감고 입을 다문다. 내가 다시 사람이 되기 전에, 나는 아마도 공
원처럼 존재할 것이다……."[30]

　자, 여기에서 우리에겐 더 이상 비밀도 숨길 것도 없습니다. 비밀
이 되어 버린 것, 숨겨져 온 것은 바로 우리 자신입니다. 아무리 우
리가 백주에 공공연하게 모든 일을 해왔고, 여전히 그렇게 하고 있
다손 쳐도 말이죠. 이것은 '저주받은' 자의 낭만주의와는 상반되는
것입니다.[31] 우리는 이제껏 우리 자신을 세상의 색채로 색칠해 왔습
니다. 로렌스가 보기에 프랑스 문학에는 '더러운 작은 비밀'이 면면
히 이어져 내려오고 있는데, 그는 [프랑스 문학의] 이 광적인 집착을
나무랍니다. 등장 인물들과 저자들은 언제나 작은 비밀을 가지고 있
는데, 이 비밀이 광적인 해석을 먹여살리죠. 무엇인가는 항상 우리
에게 무엇인가 다른 것을 상기시키고 생각하도록 만들어야 합니다.
우리가 오이디푸스에 대해 간직해 온 것은 자신의 도주선 위에서 지
각 불가능하게 되고, 살아 있는 위대한 비밀과 동일시된 콜로노스의
오이디푸스가 아니라, 더러운 작은 비밀입니다. 위대한 비밀은 당
신이 더 이상 아무것도 숨길 것이 없을 때, 그리하여 어느 누구도 당

---

30) Henry Miller, *Tropique du Capricorne*, éd. du Chêne, 177쪽.
31) 이 대목에서 들뢰즈는 '저주받은 시인들'이라고 불렸던 상징주의 시인들의
낭만적 성향을 염두에 두고 있는 것으로 보인다. 본래 '저주받은 시인들'이라는 말
은 폴 발레리가 말라르메·랭보·트리스탕 코르비에르의 시들에 관해 논하면서 만
들어 붙인 이름이다.[역주]

신을 붙잡을 수 없을 때 존재하지요. 비밀은 도처에 있고, 할 말은 하나도 없는 것이죠. '시니피앙'이 고안된 후부터 일이 잘 안 풀렸습니다. 우리가 언어를 해석하는 것이 아니라, 언어가 우리를 해석하고, 자기 자신을 해석하기 시작했거든요. 의미 생성(signifiance)과 해석증(interprétose)은 땅의 두 질병이며, 전제 군주와 사제의 한 쌍입니다. 시니피앙은 항상 엄마–아빠의 주변을 끊임없이 맴도는 작은 비밀이죠. 우리는 우리 자신에게 공감을 치고, 우리 스스로를 신비하고 조심스러운 존재로 만들고, "비밀 때문에 내가 얼마나 짓눌리는지를 좀 봐"라는 태도로 움직입니다. [이것은] 살에 박힌 가시입니다. 작은 비밀이란 일반적으로 경건하면서도 자기 도취적이고 한심한 수음으로 귀결되는데, 이것이 바로 환상입니다! '위반'이라는 말은 너무나 지나치게 훌륭한 개념이라서 교황이나 사제의 법칙아래 놓인 성직자나 협잡꾼들에게 사용할 수는 없습니다. [이런 점에서] 조르주 바타유[32]는 매우 프랑스적인 저자입니다. 왜냐하면 바로 그가 작은 비밀을 문학의 본질로 만들었거든요. 안에는 엄마를,

---

32) 바타유(1897–1962)는 프랑스의 사상가이자 소설가로, 철학·사회학·경제학·예술론·소설·시·문예비평 등 광범위한 영역에 걸쳐 저술을 남겼다. 그의 작품들은 에로티시즘과 신비주의, 불합리에 대한 그의 정신적 탐구를 표현하고 있다. 그는 무절제를 개인의 주권을 얻기 위한 하나의 방법으로 보았다. 아버지는 매독 환자에 맹인, 어머니는 우울증을 동반한 정신착란에 시달렸다. 극도로 불안한 가정 환경을 혐오하며 성장한 그는 17세 때 "내가 이 세상에서 할 일은 글을 쓰는 것, 특히 역설의 철학을 만들어 내는 것"임을 깨닫고 글쓰기의 방식에 대해 고민하기 시작했다. 이후 파리 국립도서관 사서 겸 중세 전문가로 일했으며 오를레앙 도서관 관장직을 맡기도 했다. 1946년에는 영향력 있는 문예 평론지 《크리티크》를 창간해 죽을 때까지 편집을 책임졌다. 밤새워 술을 마시고 노름에 빠지고 매음굴과 나이트 클럽을 전전하며 글쓰기를 계속하던 1962년 세상을 등졌다. 본문에서 얘기되는 '위반'은 죽음, 에로티시즘, 금지, 과잉, 소비, 성스러운 것 등과 함께 바타유적인 주제를 형성한다. (역주)

아래에는 사제를, 위에는 눈을 두고서 말입니다. 환상이 시니피앙과 해석을 먹여살리면서 문학에 이제껏 끼쳐 온 해악에 대해서는 아무리 말해도 충분하지가 않을 것입니다(심지어는 영화에까지 마수를 뻗고 있지요). "환상들의 세계는 과거의 세계이고" 원한과 죄의식의 극장입니다. 오늘날 많은 이들은 "거세 만세! 거세야말로 집, 기원, 욕망의 목표일지니!"라고 외치며 열을 지어 지나갑니다. 중간/한복판에 있는 것은 잊혀지고요. 사제들의 새로운 달리기 경주는 항상 더러운 작은 비밀을 위해서 고안되지요. 이 더러운 작은 비밀은 스스로를 재인식되도록 만들고, 우리를 바로 그 블랙홀 안으로 되던지거나 바로 그 흰 벽 위로 되튀게 만드는 것 외에 다른 목적을 갖지 않습니다.

당신의 비밀은 항상 당신 얼굴과 당신 눈동자 안에 드러납니다. [그러니] 얼굴을 잃어버리세요. 회상 없이, 환상 없이, 해석 없이, 점을 만들지 않으면서 사랑할 수 있는 사람이 되세요. 그저 흐름만이 남게 하세요. 때로는 메말라 버리고, 때로는 얼어붙거나 넘쳐흐르고, 때로는 서로 합류하기도 혹은 갈라지기도 하는 그런 흐름만 말이죠. 한 남자와 한 여자——이들은 흐름입니다. 사랑을 나눌 때 생기는 모든 생성들, 모든 성(性)들, 하나 혹은 둘 안에 있는 n개의 성(性)들은 거세와는 아무런 관련이 없습니다. 도주선 위에는 실험-삶이 아닌 다른 것은 더 이상 있을 수 없습니다. 더 이상 미래도 과거도 없기 때문에, 우리는 결코 미리 알 수가 없지요. "자, 이것이 바로 나야, 있는 그대로의 나"——이제 모든 것이 끝났습니다. 더 이상 환상은 없습니다. 단지 삶의 프로그램들만이 있을 뿐이죠. 이 프로그램들은 형태가 만들어지는 듯하면 바뀌고, 깊이 파이는가 싶으면 금세 이를 저버리며 다른 양상을 띕니다. 마치 쉬지 않고 흐르는 강이나 물이 흘러갈 수 있도록 길을 만들어 주는 수로처럼 말이죠. 이제는 오직 탐험만이 있을 뿐입니다. 우리는 이 탐험을 통해 한때 동쪽에 있다고 생각했던 거꾸로 된 기관들을 서쪽에서 찾습니다. 누군가가 사슬의 고리를 풀듯 풀어 놓는 모든 선은 수줍음의 선입니다. 이 선은 프랑스 작가들이 사슬로 묶듯 구속하고, 고된 노동으로 공들여 만든, 점으로 찍듯 정확한 쓰레기와는 대립되지요. 항상 어딘가 역겨운 생각이 드는 해석의 무한한 설명은 이제 더 이상 없습니다. 오직 실험의 해결된 소송들, 경험의 프로토콜만이 남지요. 클라이스트와 카프카는 삶의 프로그램들을 만들며 세월을 보냈습니다. 삶의 프로그램이란 선언이 아니고 환상은 더더욱 아닙니다. 그것은 **우리의 예견 능력 저편에 있는 실험을 하기 위한 좌표 찍기의 수단**(moyens de repérage)이지요(프로그램 음악이라 불리는 것도 마찬가지이고요). 프로그램된 환각제 실험을 통해 쓴 카스타네다[33]의 작품들이 가지는 힘은, 매 순간 해석들이 해체되고 그 유명한 시니피앙이 말소되는 데 있습니다. 아니오, 내가 봤던, 환각 효과 속에 함께 달리기도 했던 그 개는 엄마라는 창녀가 아닙니다……. 그것은 오직 생성되는 것만을 의미하는 그리고 나를 그것과 함께 생성되게끔 만드는 동물−되기의 진행 과정이지요. 여기서 여타의 생성들, 분자적으로 되기들——이 안에서 공기, 소리, 물은 자신들의 흐름이 나의 흐름과 서로 합류하는 그 순간 자신들의 입자 내부로 포착되지요——이 서로 고리 엮이듯 연결될 것입니다. 미세 지각들로 이루어진 온 세상은 우리를 지각할 수 없는 것으로 이끕니다. [그러

니] 실험하세요. 절대로 해석하지 마세요. 프로그램을 짜세요. 절
대로 환상을 짜지 마세요. 글쓰기의 여성-되기를 가장 철저하게
관통했던 사람들 중 하나인 헨리 제임스는 우체국에서 일하는 여
주인공을 발명합니다. 그녀는 (송신자를 가늠하고 익명으로 되었거나
암호화된 전보들을 평가하는) 자신의 '천재적인 해석술(解釋術)' 덕
분에 장악하게 된 전보의 흐름 안에 있습니다. 그런데 살아 있는
생생한 실험은 조각조각으로 구성됩니다. 이 생생한 실험 안에서
해석은 무너지기 시작하고, 지각 · 지식 · 비밀 · 역술은 더 이상 설
자리를 잃게 되지요. "그녀는 결국 자신이 더 이상 해석할 수 없다
는 것을 너무나 잘 알게 되었다. 그녀로 하여금 그토록 분명하게
볼 수 있게 해주었던 모호함은 더 이상 존재하지 않았다……. 남아
있는 것이라고는 오직 강렬한 빛 한 줄기일 뿐." 영미문학은 실험의
과정입니다. 영미인들은 해석을 죽였습니다.

---

33) 카를로스 카스타네다(1925?-1998)는 페루 출신의 문화인류학자이자 작가이
다. 멕시코 야키 인디언 주술사의 신비한 비밀에 관한 시리즈를 출간하여 미국 뉴에
이지 운동의 기수가 되었다. 문화인류학적인 바탕을 가지고 저술하였으나 비평가들
은 그의 작품이 사실이라기보다는 소설이라고 평하였다. 그의 책들은 17개 국어로
번역되어 전 세계적이 베스트셀러가 되었다. 사진 찍히거나 사생활이 공개되기를
거부하여 그의 초기 약력에 대해서는 거의 알려진 것이 없다. 페루에서 태어났으나
1951년 미국으로 이주하였고 1973년 UCLA에서 인류학 박사학위를 받았다. 그의
저술은 마술, 마법, 영육 분리 경험 등의 이야기로 가득하다. 1960년대초 애리조나
와 멕시코를 여행하던 그는 시간과 공간을 자유자재로 조작할 수 있다고 주장하는
야키 인디언 돈 후앙을 만났다. 카스타네다는 곧 그의 실습생이 되었고 이 두 사람
은 환각 식물을 이용한 일련의 실험에 착수했다. 1965년 LA로 돌아온 카스타네다
는 그의 경험에 대해 쓰기 시작했다. 1968년 《돈 후앙의 가르침》이 출판되자마자
이 책은 당시 베트남 전쟁에 환멸을 느끼던 미국의 젊은이들 사이에 큰 인기를 얻
어 베스트셀러가 되었다. 이후 이에 관련된 시리즈 책들을 연이어 출간하였으나 명
성을 얻게 되자 곧 은퇴하고 은거하였으며 사망한 뒤 2개월이 지나서야 그의 죽음
은 세상에 알려졌다. 〔역주〕

가장 큰 잘못이자 유일한 잘못은 바로 도주선이 삶에서 달아나 상상계/상상적인 것이나 예술로 빠져드는 것이라고 믿는 일일 것입니다. 도주란 오히려 실재계/실재적인 것을 만들고, 삶을 창조하고, 무기를 발견하는 것이죠. 일반적으로 볼 때, 삶이 개인적인 어떤 것으로 축소되고 작품이 제 안에 목적을 갖는다고 여기는 것은——작품을 총체적인 것으로 여기든지 형성중인 것으로 여기든지 간에 상관없이——바로 동일한 거짓 운동 안에서입니다. 이런 태도는 언제나 글쓰기의 글쓰기라는 것을 가리키지요. 바로 이 점 때문에 프랑스 문학에는 선언, 이데올로기, 글쓰기 이론, 사람들간의 불화, [초점을 맞추는] 조정의 조정, 신경증적 자기 만족, 자기 도취적 법정들이 득시글득시글 넘칩니다. 작가들의 삶에는 그들만의 개인적인 돼지 우리가 있지요. 또한 동시에 그들의 땅, 그들의 조국이 있고요. 이런 것들은 앞으로 만들어질 작품 속에 훨씬 더 많이 정신적인 것이 될 것입니다. 자신들이 쓰는 것은 훨씬 더 숭고하고 의미 있는 것이 될 터이기에, 그들은 개인적으로 고약한 냄새 풍기기를 즐기는 것이죠. 프랑스 문학은 종종 신경증에 대한 가장 파렴치한 찬송가입니다. 작품이 교활한 윙크와 삶에서의 작은 비밀을 가리키면 가리킬수록 작품은 그만큼 더욱더 의미 있는 것이 되겠지요. 그 반대도 마찬가지이고요. 클라이스트의 실패, 로렌스의 무능, 카프카의 어린애 같음, 캐럴의 소녀들[34]에 대해서 논하는 [평단에서] 자격을 인정받은 비평가들의 이야기를 한번 들어 보셔야 됩니다. 그런 이야기는 아주 불쾌하죠. 항상 최상의 의도로 이루어지고요. 즉 비평가들이 삶/생명을 더 형편없게 만들수록 작품은 그만큼 더 위대해 보일 것이라는 말입니다. 이런 식으로 그들은 위험을 무릅써 작품을 관통하는 삶/생명의 역량을 보지 않습니다. 그들은 모든 것을 미리다 바수어 버렸죠. 동일한 원한, 동일한 거세 취향이 작품의 궁극목표로 지명된 위대한 시니피앙과 삶의 편법으로 지목된 상상적인 작은 시니피에인 환상에 활력을 불어넣어 줍니다. 로렌스는 프랑스 문학이 치유 불능일 정도로 지적이고, 이데올로기적이고, 이상적이며, 본질상 비판적이라고, 삶을 창조하기보다는 삶을 흠잡기를 좋아한다고 혹평했습니다. 문학에 나타나는 프랑스의 국가주의. 판단하고 판단받으려는 끔찍하게도 광적인 집착이 프랑스 문학을 관통합니다. 다시 말해 프랑스 작가들과 등장 인물들 중에는 히스테리 환자가 지나치게 많다는 말입니다. 증오, 사랑받으려는 욕망, 하지만 사랑하고 사모하기에는 너무나도 무능한 상태. **사실 글쓰기는 글쓰기 안에 목적을 갖지 않습니다. 삶이 개인적인 어떤 것이 아니라는 바로 그 이유 때문에 말입니다.** 오히려 글쓰기의 목적은 삶을 비(非)개인적인 역량의 상태로 실어나르는 것입니다. 이로써 글쓰기는 모든 영토, 제 안에 있을 모든 목적을 포기합니다. 왜 사람들은 글을 쓸까요? 글쓰기가 문제되지 않기 때문입니다. 작가는 깨지기 쉬운 건강 상태, 허약한 체질을 가질 수 있습니다. 하지만 그렇다고 해서 신경증 환자의 반대인 일종의 〈위대한 **낙천가(grand Vivant)**〉는 아닙니다. (스피노자·니체·로렌스식의) 위대한 낙천가

---

34) 루이스 캐럴(1832-1898)은 영국의 동화 작가이자 수학자. 옥스퍼드대학의 수학부 교수로 일했고 논리학에도 재능을 보였으며 그림과 사진도 무척 좋아했다. 그러나 무엇보다도 사랑했던 것은 어린아이들이었다. 평생 독신으로 살았던 그는 귀여운 소녀들을 즐겁게 해주기 위해 흥미로운 게임과 퍼즐을 고안하기도 했다. 친구의 딸인 앨리스 리들에게 들려준 이야기를 후에 유머와 환상이 가득한 《이상한 나라의 앨리스》(1865)와 그 속편인 《거울 나라의 앨리스》(1871)로 묶어 출판했다. 캐럴에 대한 들뢰즈의 평가는 《의미의 논리》와 《비평과 진단》을 참조하자. [역주]

란 자신을 관통하는 삶이나 자신을 통과하는 정동/변용태들에 대해 너무나 허약할 때에만 쓸 수 있는 말이거든요. 글쓰기에는 흐름이 되는 것 이외에 다른 기능은 없습니다. 이때 흐름은 다른 흐름들, 세상의 모든 마이너리티-되기들과 서로 합류하지요. 흐름――이것은 집약적이고 순간적인 어떤 것, 창조와 파괴 사이에서 돌연변이를 일으키는 것입니다. 한 흐름이 탈영토화될 때에만 이것은 다른 흐름들과 접합접속을 이루는데[즉 합류하는데], 이 다른 흐름들은 자신의 차례에 그것을 탈영토화하고 그 반대도 마찬가지입니다. 동물-되기에서 사람과 동물은 서로 접합접속을 이루는데, 이렇게 하는 사람이나 동물은 서로를 닮지 않고, 서로를 흉내내지도 않습니다. 그저 다른 쪽을 탈영토화하고 선을 더 멀리로 떠밀 뿐이죠. 중간/한복판에서 이루어지는 릴레이 경주와 돌연변이의 체계. 도주선은 이러한 생성들을 창조하는 것입니다. 도주선에는 영토가 없습니다. 글쓰기는 흐름들의 접합접속과 변성(變性, transmutation)을 수행하고, 이로써 삶은 개인, 사회, 계(界)의 원한에서 도주합니다. 케루악의 문장들은 일본 회화, [서예를 할 때 어디에도] 지탱하지 않은 한 손으로 그리는 순수한 선만큼이나 절제되어 있습니다. 이 순수한 선은 세대를 관통하고 계(界)들을 가로지르지요. 이렇게 절제된 상태에 도달하기 위해서는 진정한 알코올 중독자가 필요할 것 같군요. 혹은 토머스 하디의 황무지-문장, 황무지-선이 필요할 것입니다. 이 말은 황무지가 소설의 주제나 내용이라는 것이 아니라, 현대 글쓰기의 흐름이 태곳적 황무지의 흐름과 합류한다는 것을 말합니다. 황무지-되기. 아니면 밀러의 풀-되기――이것을 밀러 자신은 중국-되기라고 불렀지요. 버지니아 울프, 그녀는 한 시대에서 다른 한 시대로, 한 요소에서 다른 한 요소로 건너가는 재능을 지 녔습니다. 그녀에게 거식증은 필요한 것이었을까요? 글은 오직 사 랑을 통해서만 씌어집니다. 모든 글쓰기는 연애 편지이지요. 다시 말해 **실재적인**-문학입니다. 우리는 비극적인 죽음 때문이 아니라 오직 사랑으로 인해서만 죽어야 할 것입니다. 우리는 오직 이러한 죽음에 의해서만 글을 써야 할 것입니다. 혹은 이러한 사랑을 통해 서만 글쓰기를 멈추어야 할 것입니다. 혹은 이 둘을 동시에 하면서 계속해서 글을 써야 할 것입니다. 우리는 케루악의 《지하가의 사람 들》[35]보다 더 중요하고 더 장엄하고 더 잘 마음을 구스르는 사랑 소설을 알지 못합니다. 케루악은 "글쓰기란 무엇인가"라고 묻지 않 습니다. 왜냐하면 그는 글쓰기의 모든 필요성을 지녔으니까요. 그 는 글을 쓰게 만드는 다른 선택이 불가능하다는 것을 보여주니까 요. 글쓰기란 것이 이미 그에게 또 하나의 다른 생성이거나 혹은 다 른 생성으로부터 오는 것이라는 조건하에서 말이죠. 글쓰기는 개인

---

35) 케루악(1922-1969)은 미국의 소설가이자 시인이며 비트 운동의 지도자이자 대변인이기도 하다. 비트 운동이라는 말을 만들어 냈고, 일련의 소설을 통해 이 운 동의 규범인 가난과 자유를 찬미했다. 마음 내키는 대로 사는 두 사나이가 주인공 인 피카레스크풍의 소설 《길 위에서》(1957)는 이 계열의 첫 소설이자 대표작이다. 프랑스계 캐나다인의 후손으로 어린 시절 제2외국어로 영어를 배웠다. 제2차 세계 대전 중 해군에서 복무하다 정신분열증으로 제대하고 상선 선원이 되었다. 그뒤 미 국과 멕시코를 떠돌며 철도원, 산림경비원 등 갖가지 직업을 전전하다가 소설을 출 판하기 시작했다. 인습적 소설에 불만을 느낀 그는 새롭고 즉흥적이며 종지가 없고 편집도 하지 않은 글을 써서 반문명적인 자세를 취하였다. 감각적이면서도 자유분 방한 문체를 구사해, 순간적인 자아 충족과 종교적 깨달음을 포착하였다. 본문에 서 얘기되는 《지하가의 사람들》(1958)은 3일 밤낮 동안 벌어지는 일을 다루고 있는 데, 전작 《길 위에서》와 같은 종류의 영감으로 빚어진 작품이다. 1950년대 샌프란 시스코의 지하에서 거주하는 두 남녀를 주인공으로 이들의 파란 많은 삶, 사랑, 파 멸을 그리고 있다. 주류 미국 사회에서 벗어난 삶들——어둡고 담배 연기가 매캐 한 공간을 배경으로 예술가들과 몽상가들, 모험가들의 삶을 이야기한다. [역주]

적인 것 이상의 삶——제 자신 이외에 다른 목적을 갖지 않을 글쓰기, 그런 글쓰기를 위한 하찮은 비밀이 되지 않는 삶——을 위한 방법입니다. 아, 실재계/실재적인 것은 언제나 내일로 미루어 버리는 상상계/상징적인 것과 상징계/상징적인 것의 비참.

II

　최소한의 실재적인 단위는 단어도, 관념도, 개념도, 시니피앙도 아닌 **배치**입니다. 발화체를 만드는 것은 항상 배치이죠. 발화체들은 발화 주체로서의 주체에 관계되지 않는 것처럼, 발화 행위 주체로서의 주체를 원인으로 삼지 않습니다. 발화체는 배치의 산물입니다――이 배치는 언제나 집합적이고, 우리 안팎에서 군(群)들, 다양체들, 영토들, 생성들, 정동/변용태들, 사건들을 작동시키지요. 고유 명사는 주체를 가리키는 것이 아니라, 최소한 두 항 사이에서 일어나는 무엇인가를 가리킵니다. 이 항들은 주체가 아니라 행위자들, 요소들이죠. 고유 명사는 사람의 이름이 아니라 민족과 종족, 동식물군, 군사 작전이나 태풍, 집단, 유한 책임 회사와 프로덕션 사무소의 이름입니다. 저자는 발화 행위의 주체이지만, 작가는 [발화 행위의 주체가] 아닙니다. 작가란 저자와는 다릅니다. 작가는 우리를 고안해 낸 배치들로부터 배치들을 고안합니다. 그는 하나의 다양체가 다른 하나의 다양체로 지나가도록 만듭니다. 어려운 점은 동질적이지 않은 집합의 모든 요소들이 협동하게끔 만드는 것, 그것들이 다 함께 작동하도록 만드는 것입니다. 구조는 동질성이라는 조건들에 연결되지만, 배치는 그렇지 않습니다. 배치는 공동-작동, '공감,' 공생입니다. 내가 말하는 공감이라는 것을 믿어 주세요. 공감은 존경이나 정신적 공유라는 막연한 감정이 아닙니다. 정반대로 공감은 몸체들의 노력이나 침투, 사랑 혹은 증오입니다. 증오라는 것 역시 혼합물, 몸체이고, 자신이 증오하는 것과 뒤섞일 때에만 좋은 것이니까요. 공감은 서로 사랑하고 증오하는 몸체들이고, 매번 이 몸체들 안에서 혹은 몸체들 위에서 작용하는 군(群)들입니다. 몸체들은 물리적·생물학적·심리적·사회적·언어적일 수 있습니다. 다시 말해 그것들은 언제나 몸체들 혹은 자료체(corpus)들입니다. 발화 주체로서의 저자는 무엇보다도 정신입니다. 때로 저자는 자신을 등장 인물들과 동일시하거나 우리를 그 등장 인물들, 그 등장 인물들이 표상하는 관념들에 동일시하도록 만듭니다. 그런가 하면 때로 저자는 거리를 도입하여 자신은 물론 우리도 관찰하고, 비판하고, 연장할 수 있게 해줍니다. 하지만 좋은 일은 아니지요. 저자는 세계를 창조하지만, 창조되기 위해 우리를 기다리는 세계란 없으니까요. 동일시하거나 거리를 두거나 가깝거나 멀거나 이 어떤 것도 좋지 않습니다. 왜냐하면 이 모든 경우에서 우리는 ……를 위해, ……를 대신해 말을 하게 되니까요. 반대로 ……**와 함께** 말을 하고 ……**와 함께** 글을 써야 합니다. 세계와 함께, 세계의 일부분과 함께, 사람들과 함께. 대화가 아닌 공모, 애증의 충격. 공감에는 판단이 아니라, 모든 종류의 몸체들간의 조화가 있습니다. "가장 지독한 미움에서부터 가장 열정적인 사랑에 이르기까지, 헤아릴 수 없이 많은 영혼의 미묘한 공감들."[1] 이것이 바로 배치입니다. 즉 중간에 있는 것이고, 외부 세계와 내부 세계가 우연히 마주치는 선 위에 있는 것이죠. 중간/한복판에 있기란 바로 다음의 구절과 같은 것입니다. 즉

---

1) Lawrence, *Etudes sur la littérature classique américaine*, éd. du Seuil(공감을 동일시와 대립시키는 휘트먼에 대한 장 전체를 참조할 것).

"본질적인 것은…… 완전히 무용해지는 것, 공통의 흐름에 흡수되는 것, 괴물을 연기하는 것이 아니라 다시 물고기가 되는 것이다. 생각컨대, 글쓰기 행위에서 얻을 수 있는 유일한 이점은 나를 세상과 분리시키는 유리벽이 없어지는 것을 보는 것이리라."[2]

우리에게 거리와 동일시라는 2개의 덫을 놓는 것은 세계 자체라고 말해야 합니다. 세상에는 많은 신경증 환자들과 미치광이들이 있습니다. 이들은 우리를 자신들과 같은 상태에 빠뜨리기 전까지는, 우리에게 자신들의 독(毒), 히스테리, 자기 도취증, 방심할 수 없는 병균을 옮기기 전까지는 우리를 놓아주지 않습니다. 우리에게 살균된 과학적 눈초리를 던지는 많은 의사와 학자들이 있지요. 그들 역시 진짜 미치광이들, 편집증 환자들입니다. 두 가지 덫, 즉 우리에게 병균과 동일시의 거울을 제공하는 덫과, 우리에게 오성(悟性)의 눈초리를 가리키는 덫에 저항해야 합니다. 우리는 배치들 가운데서 오직 배치만 할 수 있을 뿐입니다. 우리는 싸우고 글쓰기 위해 오직 공감할 뿐이라고 로렌스는 말하곤 했지요. 그러나 공감은 아무것도 아닌 것이 아닙니다. 즉 몸과 몸을 맞대 싸우는 격투이고, 삶을 위협하고 오염시키는 것을 증오하는 것이고, 삶이 증식하는 곳에서 사랑하는 것이지요(후손이나 혈통의 번성이 아닌 증식……). 로렌스는 다음과 같이 이야기합니다. 아니오, 당신은 작은 에스키모――황인종의, 기름기가 흐르는, 지나가는 에스키모가 아닙니다. 당신은 당신 자신을 저 에스키모로 여길 필요가 없습니다. 하지만 당신은 아

---

2) Miller, *Sexus*, éd. Buchet-Chastel, 29쪽.

마도 그와 볼일이 좀 있을 것입니다. 그와 함께 무언가 배치할 것이 있을 것이란 말입니다. 〈에스키모-되기〉. 이것은 에스키모를 흉내 내는 것도, 모방하는 것도, 당신을 에스키모와 동일시하는 것도, 에스키모의 입장을 수용하는 것도 아닙니다. 에스키모와 당신 사이에 무엇인가를 배치하는 것이죠. 에스키모 자신이 다른 것으로 생성되지 않는 한, 당신은 에스키모가 될 수 없으니까요. 미치광이, 마약 중독자, 알코올 중독자의 경우도 마찬가지입니다. 다음과 같은 반론도 있지요. "당신은 한심한 공감을 들이대며 미치광이들을 이용하고, 광기를 찬양합니다. 그러고 나서 당신은 쓰러지는 그들을 내버려두고 갈 길을 가죠……." 이런 반론은 맞지 않습니다. 우리는 사랑에서 모든 소유, 모든 동일시를 빼내려고 애씁니다. 사랑할 수 있게 되기 위해서 말입니다. 우리는 광기에서 광기가 담고 있는 삶/생명을 추출하려고 애씁니다. 계속해서 삶을 말살하고 삶이 삶 자체를 외면하도록 만드는 미치광이들을 증오하면서 말입니다. 우리는 술에서 술이 담고 있는 삶을 추출하려고 애씁니다. 술은 마시지 않으면서 말입니다. 가령 헨리 밀러의 작품에서 순수한 물에 취하는 위대한 장면을 생각해 보세요. 술·마약·광기 없이 지내기——이것이 바로 생성입니다. 점점 더 풍요로워지는 삶을 위한 〈절제적으로-되기〉. 이것이 공감이고 배치하기입니다. 이부자리를 펴는 일은 경력을 만드는 일의 반대로, 동일시를 일삼는 어설픈 어릿광대도 아니고 거리를 두는 차가운 의사도 아닙니다. 이부자리를 펴고 잠자리에 들면, 아무도 당신에게 이불을 덮어 주러 오지 않을 것입니다. [하지만] 엄마나 의사가 이불을 덮어 주기를 바라는 너무나 많은 사람들이 있지요. 이때 엄마는 동일시를 행하는 거대한 엄마이고 의사는 거리두기를 행하는 사회적 의사입니다. 네, 그렇습니다. 미치광이들, 신경증 환자들, 알코올 중독자들, 마약 중독자들, 병균 보유자들이 가능한 최선을 다해 이 상태에서 벗어나게 해야 합니다. 우리의 공감조차도 "그런 것은 우리가 상관할 바 아니야"라고 말하듯 해야 하는 것이죠. 각자는 자기 길을 가야 합니다. 하지만 그렇게 할 수 있기란 어렵지요.

이 대담에는 규칙이 하나 있습니다. 즉 단락이 길면 길수록, 더욱 더 빨리 읽는 것이 좋다는 것. 그리고 반복되는 것들은 가속도로 작동해야 할 것이라는 것. 가령 **말벌**과 **난초**, **말**과 **등자**와 같은 예들은 끊임없이 등장할 것입니다. 물론 이에 관해 다른 많은 예들이 있겠지만, 동일한 예로 자꾸 돌아오면 비록 독자는 지루할지 몰라도 속도를 낼 수 있겠죠. 리토로넬로? 모든 음악, 모든 글쓰기는 이런 식으로 이루어집니다. 대담 자체가 하나의 리토로넬로일 것입니다.

경험론에 대해서. 왜 경험론에 대해서, 특히 흄에 대해서 쓰고, 썼는가? 왜냐하면 경험론이 영국 장편 소설과도 같기 때문입니다. 철학적 소설을 만드는 일은 문제가 되지 않습니다. 소설 안에 철학을 놓는 것도 문제는 아닙니다. 문제는 소설가 안에서 철학하기, 철학 안에서 소설가 되기입니다. 경험론은 종종 지성적인 것은 감각적인 것에서 '온다'는, 오성에 속하는 모든 것은 감각들에서 온다는 독트린으로 정의됩니다. 하지만 이는 철학사의 관점이죠. 그것은 추상적인 제1원리를 추구하고 설정하여 삶 전체를 질식시키는 재주가 있습니다. 위대한 제1원리가 있다고 믿을 때마다, 우리는 엄청난 불모의 이원론들밖에는 생산할 수 없습니다. 철학자들은 이에 자발적으로 굴복하고 '제1원리가 무엇이어야 하는가(**존재**인가, **자아**인가, **감각적인 것**인가…?)'에 대해서만 논합니다. 하지만 감각적인 것을 '추상적' 원리로 삼기 위해서, 감각적인 것의 '**구체적**' 풍요로움을 내세우는 일은 정말 공연한 짓입니다. 사실 제1원리는 언제나 가면이고, 단순한 이미지입니다. 존재하지 않는 것이죠. 사물들은 오직 제2, 제3, 제4원리의 수준에서만 살아 움직이기 시작합니다. 이런 것들은 더 이상 원리라고조차 할 수 없는 것들입니다. 사물들은 [시작, 기원이 아닌] 중간에서만 살기 시작합니다. 이런 점에서, 경험주의자들이 그들의 머릿속이 아니라 세상 속에서 발견한 것은 무엇일까요? 사활이 걸린 발견이자 삶의 확실성이 되는 발견, 만약 우리가 진정 집념을 갖고 노력할 경우 삶의 방식을 변화시키는 발견——그것은 무엇일까요? 이는 "지성적인 것은 감각적인 것에서 오는가?"의 질문이 전혀 아니라 완전히 다른 질문, 즉 〈관계〉의 질문입니다. **관계들은 그 항들에 외부적입니다.** "피에르는 폴보다 작다," "유리컵은 탁자 위에 있다." 이런 문장들에서 볼 수 있듯이, 관계는 결과적으로 주체가 될 항들 중 하나에도, 둘 모두에도 내부적이지 않습니다. 게다가 관계는 항들이 변하지 않더라도 변할 수 있습니다. 컵을 탁자 바깥으로 옮기면 컵이 바뀔 것이라고 이의를 제기할 수도 있겠지만, 이는 맞지 않는 말입니다. 컵이라는 관념과 탁자라는 관념은 바뀌지 않으니까요. 이런 관념들이 관계들의 진짜 항들입니다. 관계들은 한가운데에 있고 그런 식으로 존재합니다. 이러한 관계들의 외부성——이는 원리가 아니라, 원리들에 대한 중대한 이의 제기입니다. 실제로, 만약 우리가 거기서 삶을 관통하면서 사유라면 질

색을 하는 무엇인가를 본다면, 그때 사유는 기필코 그것을 사유해야
합니다. 사유의 환각점(le point d'hallucination)을 만들고, 사유에 폭
력을 가하는 실험을 하면서 말이죠. 경험론자는 이론가가 아니라, 실
험가입니다. 다시 말해 경험론자는 결코 해석하지 않고, 원리도 갖
지 않습니다. 이 관계들의 외부성을 도선(導線)이나 선으로 여길 경
우, 우리는 매우 기이한 세계가 조각조각 펼쳐지는 것을 보게 됩니
다. 즉 가득 찬 부분과 빈 부분, 블록과 단절, 끌어당김과 흐트러뜨
림, 섬세함과 투박함, 접합접속(conjonction)과 분리접속(disjonction),
번갈아 뒤바뀌는 교체와 얽히고설킨 교착, 결코 합계를 만들지 않
는 더하기들과 결코 나머지가 정해지지 않는 빼기들로 이루어진,
아를르캥의 외투³⁾나 [여러 모양과 색깔의 천을 맞추어 도안을 구성하
는 쪽모이 세공인] 패치워크를 보게 되는 것이죠. 우리는 경험론의
사이비 제1원리가 어떻게 여기서 흘러나오는지, 그러나 언제나 뒤
로 밀쳐지는 부정적 한계, 출발점에 놓여진 가면으로서 그렇게 되
는지를 잘 압니다. 사실 관계들이 그 항들에 외부적이고 그 항들로

---

3) 아를르캥은 서양 연극사에서 모든 시대와 나라를 통틀어 가장 널리 알려진 연
극 속 등장 인물이다. 'Arlequin'이라는 이름은 원래 중세 전설 속에 등장하는 심술
꾸러기 작은 악마를 가리키는 말인 'Hellequin'에서 파생된 것으로 보인다. 이 인물
은 여러 시대에 걸쳐 꾸준히 변형되었는데, 보통 활기차고 꾀바르며 재치 있고 냉소
적인 인물의 대명사로 알려져 있다. 코메디아 델라르테에 등장하는 인물들 중 가장
생생하게 살아 숨쉬는 인물로 어떤 점에서는 거의 어린아이와도 같이 여겨지며 관
객의 공감을 불러일으킨다. 극의 도입부에서는 여타의 하인 역할의 인물들과 마찬
가지로 흰 옷을 입고 있다. 새로 이주해 온 시골뜨기 농부, 즉 비천한 존재이기에
아를르캥의 옷은 특히 낡고 해진 상태이다. 하지만 곧 닳아 해진 옷의 구멍을 감추
기 위해 헝겊을 조각조각 붙이게 된다. 그리하여, 조금씩 조금씩 차츰차츰 아를르
캥의 옷은 독특한 스타일을 갖게 된다. 즉 천조각들은 대칭적인 방식으로 삼각형 꼴
을 이루며 덧대어지다가 마침내는 두 삼각형이 마주 배치되어 빨강 · 파랑 · 노랑 ·
초록의 마름모 꼴 디자인을 만드는 것이다. [역주]

환원되지 않는다면, 그때 차이란 감각적인 것과 지성적인 것, 경험과 사유, 감각들과 관념들 사이에 있을 수는 없습니다. 오히려 두 종류의 관념들 혹은 두 종류의 경험들, 항들의 그것과 관계들의 그것 사이에 있을 수 있지요. 그 유명한 관념 연합은 분명 철학사가 그 관념 연합으로부터 받아들인 진부함들로 환원되지 않습니다. 흄에게는 관념들이 있습니다. 그 다음에는 이 관념들간의 관계들, 즉 관념들이 변하지 않아도 변할 수 있는 관계들이 있지요. 그 다음에는 이 관계들을 변하게 만드는 상황, 능동/작용들과 수동/정념들이 있습니다. 가장 다채로운 형상을 띠는 온전한 '흄-배치.' 버려진 도시의 주인이 되기 위해서, 도시의 문에 손을 대야 할까요, 아니면 멀리서 창을 던지는 것으로 충분할까요? 왜 어떤 경우에는 위에 있는 것이 아래 있는 것보다 우세하고, 다른 경우에는 그 반대일까요 (가령 흙은 표면보다 우세하지만, 그림은 캔버스보다 우세하니까요, 기타 등등)? [그러니] 실험하세요. 매번 관념들, 관계들, 상황들의 배치를. 매번 토지 소유주, 도둑, 창 던지는 사람, 맨손뿐인 사람, 노동자, 화가가 개념들을 대신하는 진정한 소설을.

철학, 철학사가 존재의 문제, 즉 ······**이다/있다(EST)**의 문제에 사로잡혀 있는 만큼 이러한 관계들의 지리학은 그만큼 더욱더 중요합니다. 그들은 다른 것을 전제하는, 귀속 판단(하늘은 파랗다)과 존재 판단(신은 있다)에 대해 논하죠. 하지만 그것은 언제나 **존재** 동사(verbe être)이고 원리의 문제입니다. 오로지 영미인들만이 접속사(conjonction)들을 자유롭게 하고 관계들에 대해 성찰했습니다. 이는 영미인들이 논리학에 대해 아주 특별한 태도를 지녔기 때문입니다.

다시 말해 그들은 논리학을 제1원리들을 은닉하는 본래적 형식으로 생각하지 않습니다. 도리어 그들은 이렇게 말하죠. "당신들은 논리학을 포기하도록 강요받을 것입니다. 그렇지 않으면 그 중 하나를 발명하게 되겠지요!" 논리학이란 정확히 대로(大路) 같은 것으로, 처음에 있는 것도 아니고 끝을 갖는 것도 아닙니다. [이 안에서] 우리는 멈출 수 없습니다. 정확히 말해 관계들의 논리학을 만드는 것으로는 충분하지 않습니다. 관계 판단의 권리들을 존재 판단 및 귀속 판단과 별개인 자율적 영역으로 재인식하는 것으로는 충분하지 않아요. 접속사들——가령 **그런데, 그리하여** 등등——에서 나타나는 것과 같은 관계들이 존재 동사에 종속된 채로 남지 못하게 해주는 것은 하나도 없으니까요. 모든 문법, 모든 삼단논법은 접속사들이 존재 동사에 계속해서 종속되도록 하는 수단입니다. 접속사들이 존재 동사의 둘레를 돌게끔 만드는 수단이죠. [따라서] 더 멀리까지 나아가야 합니다. 다시 말해 관계들과의 마주침이 모든 것을 꿰뚫고 망가뜨리도록, 존재를 침식시키도록 만들어야 하고, 존재가 동요하도록 만들어야 합니다. ……**이다/있다**(EST)를 **그리고**(ET)로 대체해야 하는 것입니다. **A 그리고 B.** 그리고는 특별한 관계도, 특별한 접속사도 아닙니다. 그것은 모든 관계들, 모든 관계들의 길을 [수학에서 호(弧)의 양끝을 잇듯] 연결하는 것이죠. 관계들이 그 항들의 바깥, 그 항들 집합의 바깥, 존재나 일자나 전체로 결정될 수 있을 모든 것의 바깥에서 질주하도록 만드는 것입니다. 열외-존재(extra-être), 사이-존재(inter-être)로서의 **그리고**. 관계들은 여전히 그 항들 사이에서 혹은 두 집합들 사이에서, 하나에서 다른 하나로 성립될 것입니다. 그러나 **그리고는** 관계들에 다른 방향을 부여하고, 항들과 집합들이 능동적으로 창조하는 도주선 위로 차례차례 도주하도록 만듭니다. ……**이다/있다**를 사유하거나 ……**이다/있다**를 **위해** 사유하는 대신에 **그리고와 함께 더불어** 사유하기──경험론에는 이것 외에 다른 비밀이 결코 있어 본 적이 없습니다. 시도해 보세요. 이는 정말로 비범한 사유이지만 한편 삶/생명이기도 합니다. 경험론자들은 [바로 지금까지 말한 것과 같은] 이런 식으로 생각합니다. 그것이 전부죠. 그리고 그것은 '하나 더' '여자 한 명 더'라고 말할 때와 같은 탐미주의자의 사유가 아닙니다. 그리고 그것은 "하나가 둘을 주고, 둘은 셋을 줄 것이다"라고 말할 때와 같은 변증법적 사유도 아닙니다. 이제 더 이상 다양함(le multiple)은 스스로를 분할하는 일자나 다양함을 포괄하는 존재에 종속된 형용사가 아닙니다. 그것은 명사, 즉 계속해서 매(每) 사물에 거주하는 다양체(multiplicité)가 되었습니다. 다양체는 그 수가 아무리 많을지라도 결코 항들이나 항들의 집합 혹은 총체 속에 있지 않습니다. 다양체는 오직 요소들, 집합들, 심지어는 그 관계들과도 동일한 본성을 갖지 않는 **그리고** 속에 있습니다. 다양체는 오직 둘뿐인 것 사이에서 만들어질 수도 있지만, 그럼에도 역시 이원론을 따돌립니다. 여기에는 **그리고**의 기본적인 절제 · 청빈 · 금욕이 있습니다. 역시 존재 동사의 함정에 빠져 있었던 사르트르를 제쳐둔다면, 프랑스의 가장 중요한 철학자는 장 발[4]이었습니다. 장 발 덕분에, 우리는 영미 사유와 마주칠 수 있었고, 아주 새로운 것들을 프랑스어로 사유할 수 있었죠. 뿐만 아닙니다. 그는 독자적으로 이 **그리고**의 기술, 본래적인 언어의 더듬거림, 언어의 마이너리티 용법을 가장 멀리까지 밀어붙였습니다.

이런 것이 영미어에서 우리에게로 온다는 점은 놀라운가요? 이것은 헤게모니적이고 제국주의적인 언어입니다. 하지만 그런 만큼 더욱더 이것은 언어들과 방언들의 물밑 작업에 취약합니다. 사방에서 파고들어 침식하며 엄청나게 거대한 부패들과 변이들의 작용을 가하는 물밑 작업에 그만큼 더 공격받기 쉬운 것이죠. 영어로부터 감염되지 않았을 순수 프랑스어를 위해 싸우는 사람들이 우리 눈에는 거짓 문제를 제기하는 것으로 보입니다. 이런 거짓 문제는 오로지 지식인들의 토론에서만 효과를 발휘할 뿐이죠. 미국어의 공식적이고 전제적인 억지 주장들, 헤게모니를 등에 업은 메이저리티의 주장들은 미국어가 지닌 놀라운 소질──비틀리고 파괴될 수 있으며, 안으로부터 비자발적 비공식적으로 미국어와 씨름하는 마이너리티들에 은밀히 봉사하는, 그러면서 헤게모니가 확장되는 족족 이를 갉아먹는 그러한 소질에 기반하고 있습니다. 즉 권력의 이면(裏面)인 것이죠. 영어는 언제나 게일-영어, 아일랜드-영어 등 영어에 반하는 전쟁 기계들인 이 모든 마이너리티 언어들에 의해 영향받고 변모해 왔습니다. 가령 싱[5]의 **그리고**는 펼쳐지는 언어의 선을 표시하기 위해서, 모든 접속사들, 모든 관계들, 그리고 "그 길(the way)," 대로(大路)를 떠맡습니다.[6] 미국어는 흑인 영어는 물론 황인 영어, 홍인

---

4) 장 발(1888-1974)은 마르세유 출생의 프랑스 철학자. 제2차 세계대전중인 1941년 독일군에게 체포, 투옥되었으나 탈출해서 미국으로 건너가 시카고대학 등에서 강의하였다. 전쟁이 끝난 1945년 귀국 파리대학 교수로 복직하였고 파리에서 콜레주 필로조피크를 창립하였다. 인간 정신에 부정성(否定性)을 계기로 하는 변증법적 운동을 인정하고, 실존으로의 초월적인 형이상학적 체험을 논하였다. 키에르케고르를 위시한 실존철학자의 사상에 관한 연구서를 다수 저술하였으나 사르트르 등의 실존주의자들과는 거리를 두었다. 주저로는 《키에르케고르 연구》(1938), 《형이상학 개론》(1953) 등이 있다. [역주]

영어, [콩글리쉬와 같은] 엉터리 영어 등 매번 여러 색깔 스프레이가 뿌려진 언어들에 의해서도 영향을 받고 변모합니다. 즉 존재 동사는 매우 다르게 쓰이고, 접속사들도 다르게 사용되며, **그리고**의 연속적인 선이 형성되는 것이죠. 만약 노예들이 표준 영어를 쓸 줄 알아야 한다면, 이는 도주하기 위해서, 언어 자체를 도주시키기 위해서입니다.[7] 사투리를 흉내내거나 방언을 복원하는 것은 문제가 아닙니다, 절대로 아녜요. 이런 것들은 대개 기성 질서의 수호자들인 농촌 소설가들과 같은 것이죠. 문제는 언어를 움직이게 하는 것입니다. 더욱더 절도 있는 말들과 더욱더 세련된 통사법을 가지고서 말이죠. 외국인인 것처럼 말하는 것이 문제가 아니라, 자신의 고유한 언어에서 외국인이 되는 것이 문제입니다. 미국어가 정말로 흑인들의 언어라는 의미에서 말이죠. 여기에는 영미인들의 소명이 있습니다. 영어와 독일어에는 둘 다 공히 합성어가 풍부한데, 이 두 언어가 합성어들을 형성하는 방식을 대비시켜 봅시다. 독일어는 존재의 우선성, 존재의 향수에 사로잡혀 합성어를 만드는 데 사용되는 모든 접속사들이 존재를 향하게 합니다. 즉 근거 · 나무 · 뿌리 · 내

---

5) 존 밀링턴 싱(1871-1909)은 더블린 출생의 아일랜드 극작가. 더블린 트리니티 칼리지를 졸업한 뒤 유럽에서 음악을 공부하였다. 파리에서 시인 예이츠를 만나 문학비평에 관심을 갖게 되었다. 1898년 고향으로 돌아와 아일랜드 서쪽 애런 섬에서 민중의 노래와 이야기를 채록하였다. 1899-1902년까지 이곳에서 여름을 지내며 그 경험을 여행기 《애런 섬》에 담았다. 그 무렵 아일랜드 민족의식에 눈떠 영국으로부터의 독립, 문화적 자립을 목적으로 하여 예이츠, 그레고리 부인 등을 중심으로 일어난 아일랜드 문예 극장 운동은 1902년 국민연극협회로 발전하였는데, 싱은 이러한 아일랜드 문예 부흥 운동이 낳은 대표적 작가이다. [역주]

6) John Millington Synge, *Baladin du monde occidental*, éd. Le Graphe의 프랑스어판 번역 서문에 나오는 François Regnault의 언급들을 참조할 것.

7) J. L. Dillard, *Black English*, éd. Random House 참조. 그리고 남아프리카 언어 문제에 대해서는 Breytenbach, *Feu froid*, éd. Bourgois를 참조할 것.

부를 숭배하지요. 반면에 영어는 함축된 **그리고, 바깥**과의 관계, 결코 속으로 파묻히지 않고 어떠한 기반도 갖지 않으며 표면에서 실풀리듯 풀려 질주하는 길, 즉 리좀에 대한 숭배만을 유일한 연결고리 삼아 합성어를 만듭니다. '파란—눈의 소년(Blue-eyed boy)'이라는 영어 표현을 한번 보세요. 여기에는 소년, 파랑, 그리고 눈이라는 배치가 있습니다. **그리고**…… **그리고**…… **그리고**, 더듬거림. 경험론이란 다른 것이 아닙니다. 자기 나름의 방식으로 깨뜨려야 하는 것은 바로 다소 재능 있는 모든 메이저 언어이지요. 언어를 실풀리듯 풀려 질주하게 만들고 우리를 우리 자신의 언어 안에서 외국인으로 만들어 줄 이 창조적인 **그리고**를 메이저 언어에 도입하기 위해서 말입니다. 프랑스어에 고유한 마이너리티들, 고유한 마이너—되기의 힘을 가지고 프랑스어에 고유한 방식들을 찾기(이런 점에서 많은 프랑스 작가들이 **그리고**의 등가물인 구두점을 없애는 것은 유감스럽습니다). 바로 이것이 경험론이고, 통사법과 실험, 통사론과 화용론이며, 속도의 문제입니다.

스피노자에 대해서. 왜 스피노자에 대해서 쓰는가? 여기서 다시, 그를 제1원리(모든 속성들에 대한 유일 실체)라는 방식이 아니라 중간/한가운데의 방식으로 다루어 봅시다. 몸체 **그리고** 영혼——이제껏 그 누구도 접속사 '그리고'에 대해 그토록 독창적인 감정을 갖지 못했습니다. 각각의 개체, 즉 몸체와 영혼은 무한한 부분들을 소유하는데, 이 무한한 부분들은 일종의 합성 관계하에 개체에 귀속됩니다. 따라서 각 개체는 하위 질서에 있는 개체들로 합성되어 상위 질서 개체들의 합성으로 들어갑니다. 모든 개체들은 일관성의 판 위에 놓인 것처럼 **자연** 안에 있으며, 이 일관성의 판으로 전체적인 형상을 만드는데 이 형상은 매 순간 변할 수 있는 것입니다. 각 개체를 구성하는 관계가 역량의 정도, 변용될 수 있는 힘을 형성하는 한에서, 개체들은 서로서로를 변용합니다. 모든 것은 우주 안의 마주침, 좋거나 나쁜 마주침일 뿐입니다. [성경에 나오는 최초의 인간인] 아담은 금단의 열매인 사과를 먹나요? 이것은 소화 불량, 중독(中毒), 음독(飮毒) 등과 같은 유형의 현상이죠. 다시 말해 이 썩은 사과는 아담의 관계를 분해하거든요. 아담은 나쁜 마주침을 겪습니다. 바로 여기서 **"몸체는 무엇을 할 수 있는가?"** "몸체는 어떤 변용태/정동을 감당할 수 있는가?"라는 스피노자 질문의 힘이 나옵니다. 변용태/정동은 생성입니다. 때로는 우리의 행위 역량을 감소시키고 우리의 관계들을 분해하는 한에서(슬픔) 우리를 약하게 만들고, 때로는 우리의 역량을 증대시키고 우리를 보다 크고 우월한 개체 속으로 진입시키는 한에서(기쁨) 우리를 강하게 만들지요. 스피노자는 끊임없이 몸체에 놀랍니다. 몸체를 갖는 것에 놀라는 것이 아니라 몸체가 할 수 있는 것에 놀라지요. 몸체는 그 종(種)이나 속(屬), 그 기관들과 기능들에 의해 정의되지 않습니다. 오히려 몸체가 할 수 있는 일, 능동적으로뿐만 아니라 수동적으로도 몸체가 감당할 수 있는 변용태들에 의해 정의됩니다. 한 동물이 가진 변용태들의 목록을 작성하지 않았다면 그 동물을 정의한 것이라 할 수 없습니다. 이런 점에서 경주마와 역마(役馬)의 차이는 역마와 소의 차이보다 더 큽니다. 스피노자의 먼 후대 계승자라면 다음과 같이 말하겠지요. 진드기를 보고 그 짐승에 감탄합시다. 진드기는 세 가지 변용태에 의해 정의되는데, 이는 모두 진드기를 합성하는 관계를 따라 진드기가 감당할 수 있는 것들이죠. 3극(極)의 세계——이것이 전부예요! 〈빛〉이 진드기를 변용시키고, 진드기는 나뭇가지 끝까지 기어오릅니다. 〈포유류의 냄새〉가 진드기를 변용시키고, 진드기는 그 위로 떨어집니다. 〈털〉이 진드기를 가로막고, 진드기는 털이 없는 장소를 찾아 피부 아래로 파고들고 따뜻한 피를 빨아먹습니다. 보지도 듣지도 못하는 진드기는 광활한 숲에서 세 가지 변용태들만을 갖습니다. 그리고 나머지 시간 동안은 우연한 마주침을 기다리면서 수년간 잠을 잘지 모릅니다. 하지만 이 얼마나 대단한 역량입니까! 마지막으로 우리가 감당할 수 있는 변용태들에 상응하는 기관들과 기능들이 우리에게는 항상 있습니다. 극소수의 변용태만을 갖는 단순한 동물들——우리의 세계나 다른 어떤 세계 **내부에** 있는 것이 아니라, 자신들이 다듬고, 잘라내고, 수선할 줄 아는 세계, 그런 연결된 **세계와 함께 더불어** 있는 동물들에서 시작합시다. 가령 거미와 거미줄, 벼룩과 머리가죽, 진드기와 포유류의 피부 약간——철학적 동물은 미네르바의 부엉이가 아니라 바로 이런 것들이지요. 변용태를 촉발하고, 변용될 수 있는 힘을 실현하는 것을 신호(signal)라고 부릅니다. 가령 거미집은 흔들리고, 머리가죽은 주름지고, 피부는 [진드기에게] 노출됩니다. 광막하고 어두운 밤의 별들처럼 오직 약간의 기호(signe)들만이 있습니다. 거미-되기, 벼룩-되기, 진드기-되기, 강하고 모호하고 고집스러운 미지의 삶.

스피노자가 "놀라운 것은 몸체다……. 우리는 여전히 몸체가 무엇을 할 수 있는지 알지 못한다……"라고 말할 때, 그가 원한 것은 몸체를 모델로 만들고 영혼을 몸체의 단순한 부속품으로 만들려는 것이 아닙니다. 그가 하려 했던 것은 보다 미묘한 것입니다. 그는 몸체에 대한 영혼의 사이비-우월성을 깨뜨리고자 합니다. 영혼 **그리고** 몸체가 있는데, 둘 다 하나의 동일한 것을 실험합니다. 즉 몸체의 속성이란 영혼의 표현된 것(exprimé)——예컨대 속도——이기도 한 것이죠. 몸체가 무엇을 할 수 있는지 모르는 것처럼, 당신이 모르는, 즉 당신의 인식을 넘어서는 몸체에 많은 것들이 있는 것처럼, 마찬가지로 영혼에는 당신의 의식을 넘어서는 많은 것들이 있습니다. 이것이 바로 "몸체는 무엇을 할 수 있는가? 당신은 어떤 변용태들을 감당할 수 있는가?"의 질문입니다. 실험하세요. 그런데 실험하기 위해서는 상당히 신중해야 합니다. 우리는 대체로 불유쾌한 세상에서 살아갑니다. 이 불유쾌한 세상에서는 사람은 물론 기성 권력들도 슬픈 변용태/정동들을 우리에게 전하는 일에 이해 관계가 얽혀 있습니다. 슬픔, 슬픈 변용태/정동들은 모두 우리의 행위 역량을 감소시킵니다. 기성 권력들은 우리를 노예로 만들기 위해 우리의 슬픔을 필요로 하는 것이죠. 전제 군주, 사제와 같은 영혼의 포획자들에게는 삶이 짐스럽고 고된 것이라는 점을 우리에게 설파할 필요가 있습니다. 권력이 필요로 하는 것은 우리를 억압하는 것이라기보다는 불안하게 하는 것입니다. 혹은 비릴리오[8]가 말하듯이, 권력이 필요로 하는 것은 우리의 내밀한 작은 두려움들을 관리하고 조직하는 것이죠. 삶을 한탄하는 오래되고 보편적인 말이 있는데, 그것은 삶을 존재 결핍(manque-à-être)……[9]으로 생각하는 것입니다. 아무리 춤추자고 말해 봐야 소용없습니다. 우리는 그다지 행복하지 않으니까요. 또 아무리 "죽음이란 얼마나 불행한가"라고 말해 봐야 소용없습니다. 무엇인가를 잃으려면 먼저 살아야만 할 테니까요. 몸체만큼이나 영혼도 병든 사람들은 자신들의 신경증과 불안, 애지중지하는 거세, 삶에 대한 원한, 불결한 병균을 우리에게 전할 때에야 비로소 우리를 놓아줄 것입니다. 흡혈귀들처럼 말이죠. 모든 것은 피의 문제입니다. 자유로운 인간이 되기란 쉽지 않습니다. 다시 말해 역병(疫病)을 피하고, 마주침들을 조직하고, 행위 역량을 증가시키고, 기쁨을 변용하고, 긍정의 최대치를 표현하거나 감싸는 변용태/정동들을 다양화하기란 쉽지가 않아요. 몸체를 유기체로 환원되지 않는 역량으로 만들기, 사유를 의식으로 환원되지 않는 역량으로 만들기. 스피노자의 유명한 제1원리(모든 속성들에 대한 유일 실체)는 이러한 배치에 달려 있습니다. 그 반대는 성립하지 않죠. 〈스피노자-배치〉란 이런 것입니다. 즉 영혼과 몸체, 관계들, 마주침들, 변용될 능력, 이 능력을 채우는 변용태/정동들, 이 변용태/정동들을 규정짓는 슬픔과 기쁨. 여기서 철학은 하나의 기능, 하나의 배치 기술로 생성됩니다. 스피노자, 마주침과 생성의 인간, 진드기

---

8) 폴 비릴리오(1932-)는 프랑스 태생의 저명한 정치이론가이며 문화비평가이다. 근대 도시의 성장과 인간 사회의 발전에 대한 '전쟁 모델'로 특히 유명하다. 또한 그가 속도의 논리학을 뜻하는 '드로몰로지(dromology)'라는 신조어를 만들어 낸 사람이기도 하다. 메를로 퐁티의 현상학, 마리네티의 미래파 운동, 아인슈타인의 과학기술적인 저술들과 공명하는 바가 큰 비릴리오의 저작들은 보드리야르, 들뢰즈와 가타리, 리오타르 등의 저작과 자주 비교되곤 하지만, 이들 사이의 연관에 대해서는 논쟁의 여지가 있다. 비릴리오는 1984년 출간한 《전쟁과 영화》에서 전쟁에서 이미지와 정보의 중요성을 비중 있게 논한 바 있는데, 이는 후에 걸프전을 정확히 예견한 것으로 평가되기도 했다. 주요 저작으로는 《고고학 벙커》(1975), 《속도와 정치학——드로몰로지에 관한 에세이》(1977), 《정보 폭탄》(1998), 《기만의 전략》(1999) 등이 있다. 〔역주〕

9) 라캉이 만들어 낸 신조어로, 들뢰즈가 욕망을 생산으로 생각하는 반면, 라캉은 욕망을 결핍으로 여기는데, 이 'manque-à-être'는 글자 그대로 '……이기에 부족하다, 무엇인가가 결핍되어 ……이지 못하다'는 것을 의미한다. 〔역주〕

[의 성질을 가진] 철학자. 비록 유대인 공동체로부터의 도주, 권력자들로부터의 도주, 병자와 악한들로부터의 도주가 그리 대단한 것은 아니었지만, 언제나 도주중이며 언제나 한가운데에 있는 지각 불가능한 자인 스피노자. 그 역시 병들 수도, 죽을 수도 있을 것입니다. [하지만] 그는 죽음이 목적지도 결말도 아니라는 것을, 그렇기는커녕 죽음에서 문제가 되는 것은 자신의 삶을 다른 누군가에게 전하는 것임을 알지요. 로렌스가 휘트먼을 두고 한 말은 어느 정도까지는 스피노자에게도 잘 들어맞는데, 그것은 바로 [휘트먼의/스피노자의] 지속되는 삶에 대한 것입니다. **영혼** 그리고 **몸체**. 영혼은 위에 있지도 안에 있지도 않습니다. 그것은 '……와 함께 더불어' 있지요. 영혼은 모든 접촉들, 마주침들을 향한 채 길 위에 있습니다. 같은 길을 따르는 이들, 즉 "그들과 함께 느끼고, 그들이 지나갈 때 그들 영혼과 살(肉)의 진동을 포착하는" 이들과 동행하면서 말입니다. 이 길은 구원의 도덕과는 정반대되는 것으로, 영혼에게 제 삶을 구원하라고 가르치는 것이 아니라 [그저] 삶을 살라고 가르칩니다.

스토아학파에 대해. 왜 스토아학파에 대해 쓰는가? 일찍이 이보다 더 어둡고 더 동요된 세계는 제시된 적이 없었습니다. 그것이 바로 몸체들입니다……. 그러나 질(質)들 또한 몸체들이고, 숨결과 영혼도 몸체들이고, 능동/작용과 수동/정념들도 몸체들이지요. 모든 것이 몸체들의 혼합물입니다. 몸체들은 서로 침투하고, 서로 강요하고, 서로 중독시키고, 서로 간섭하고, 서로 빼내고, 서로 강화시키고, 서로 파괴합니다. 마치 불이 쇠에 침투하여 쇠를 벌겋게 달구는 것처럼, 마치 포식자가 먹이를 게걸스레 먹어치우는 것처럼, 마치 사랑하는 사람이 사랑받는 사람 속으로 깊숙이 파묻히는 것처럼 말입니다. "빵 속에 살이 있고, 식물 속에 빵이 있습니다. 이러한 몸체들과 그밖의 다른 많은 몸체들은 숨겨진 관(管)들을 통해서 모든 몸체들 속으로 들어갑니다. 그리고 다 함께 증발하지요……." 티에스테스[10]의 소름끼치는 식사, 근친상간들 그리고 식육(食肉)들, 우리의 옆구리에서 생겨나는 병들, 우리의 몸 안에서 자라나는 그토록 많은 몸체들. 어떤 혼합물이 좋거나 나쁘다고 그 누가 말할 수 있을까요?[아무도 그렇게 말할 수 없습니다]. 공감하는 '전체(Tout)'의 관점에서 보면 모든 것이 다 좋고, 서로 마주치고 서로 침투하는 '부분들'의 관점에서 보면 모든 것이 다 위험한 것이니까요. 대체 어떤 사랑이 오누이로부터 나오지 않으며, 어떤 향연이 식육적이지 않습니까? 하지만 자, 보세요. 이 모든 몸체적 투쟁들로부터 일종의 비몸체적인/비물질적인(incorporel) 증기(蒸氣)가 피어오르는 것을요. 비몸체적인 무형의 증기는 더 이상 질(質)들 속에, 능동/작용과 수

---

10) 티에스테스(Thyeste)는 그리스 신화에 나오는 인물로, 펠롭스와 히포다메이아의 아들이며, 미케네 왕위를 놓고 형 아트레우스와 벌인 다툼이 후손에까지 이어지는 형제간 싸움의 전형을 보여주는 인물이다. 아트레우스와 티에스테스는 이복동생을 죽이고 미케네의 스테넬로스왕에게로 도망갔는데, 후손 없이 죽은 스테넬로스왕의 왕위를 놓고 싸우게 된다. 티에스테스는 형의 아내 아에로페를 유혹하여 황금양을 몰래 빼낸 뒤, 황금양을 가진 사람에게 왕위를 넘겨주자고 제안하여 왕이 되었다. 이를 못마땅하게 여긴 제우스신은 태양이 서쪽에서 동쪽으로 지면 아트레우스에게 왕위를 넘겨줄 것을 명령하였다. 티에스테스는 이와 같은 일은 불가능하다고 믿고 승낙하였으나 태양이 거꾸로 뜸으로써 미케네에서 추방되었다. 그뒤 아트레우스는 티에스테스와 자신의 아내가 간통하였음을 알고 속임수로 그를 불러들인 뒤 그의 자식들을 죽여서 만든 요리를 먹게 하였다. 식사 후 이 사실을 알게 된 티에스테스는 시키온으로 가서 신탁에 따라 딸인 펠로피아와의 사이에서 아이기스토스를 낳았다. 그 뒤 성장한 아이기스토스는 아트레우스를 죽이고 아버지에게 왕위를 돌려주었다. [역주]

동/정념 속에, 서로에게 작용하는 원인들 속에 있지 않고, 그 결과들 속에, 이 모든 원인들로부터 생겨나는 효과들 속에 있습니다. 이 효과들은 사물들의 표면 위에 있는 무감각하고 비몸체적이고 순수한 사건들입니다. 또한 존재하는 것을 둘러싸는 열외-존재에 관여하기에, 그것들이 존재한다고 말할 수조차 없는 순수한 부정사들입니다. 가령 '붉어지다' '푸르러지다' '자르다' '죽다' '사랑하다' 와 같은 것들이 그 예들이죠. 또한 그러한 사건, 그러한 부정법 동사는 명제의 표현된 것이거나 혹은 사물들의 상태를 나타내는 속성이기도 합니다. 스토아학파의 힘은, 더 이상 감각적인 것과 지성적인 것 사이 혹은 영혼과 몸체 사이가 아니라, 이전까지 누구도 보지 못했던 곳인 물리적 심층과 형이상학적 표면 사이로 분리선이 지나가게끔 만들었다는 것입니다. 사물들과 사건들 사이로. 즉 사물들의 상태 혹은 혼합물들, 원인들, 영혼과 몸체들, 능동/작용과 수동/정념들, 질(質)과 실체들을 한편에 두고, 다른 한편에는 사건들 혹은 비몸체적이고 무감각하고 말로 표현할 수 없는/질화(質化)될 수 없는 (inqualifiable) 효과들, 앞서의 혼합물들에서 생겨나고, 사물들의 상태에 귀속되며, 명제에서 스스로를 표현하는 부정사들을 두어, 이 양편의 사이로 분리선이 지나가게 하는 것이죠. 이것이야말로 …… 이다/있다(EST)를 없애는 새로운 방식입니다. 즉 속성은 더 이상 직설법 동사 '이다(est)'로 인해 주체와 연결되는 질(質)이 아니라, 사물들의 상태에서 나와 그 위를 훑고 지나가는 임의의 부정법 동사인 것이죠. 부정법 동사들은 무한한 생성들입니다. 가능한 한 적어도 하나의 '나'를 본래적인 결함인 양 가리키는 것이 바로 존재 동사의 일인데, 이때 '나'는 그 존재 동사를 덧코드화하고 직설법 1

인칭으로 바꿉니다. 하지만 부정사-되기에는 주체가 없습니다. 부정사-되기들은 오직 사건의 '[막연한 비인칭 주어인] 그것(Ⅱ)'만을 가리킵니다(가령 비 온다는 표현인 프랑스어의 'il pleut'를 생각해 보세요). 또한 부정사-되기들은 오직 사물들의 상태에 귀속됩니다. 이때 사물들의 상태란 그 특이성의 정점에서조차 혼합물, 집단, 배치들이지요. **그-어딘가로-걷다, 유목민들-도착하다, 젊은-병사-도주하다, 정신분열증적인-언어-연구자-귀-막다, 말벌-난초-만나다.** 전보는 경제적인 수단이 아니라, 속도 빠른 사건입니다. 진정한 명제들은 광고 문구에서 나오며, 소설이나 사건의 기본 단위들이기도 합니다. 진정한 소설은 미규정의 것이 아닌 [즉 규정된] 부정(不定) 형용사나 부정 대명사들, 미분화(未分化)되지 않은 [즉 분화된] 부정사들, 사람/인격과 관련이 없는 고유 명사들로 작동합니다. 가령 스티븐 크레인[11]의 책에 등장하는, 펄쩍 뛰거나 도망치며 자신이 펄쩍 뛰거나 도망치는 모습을 보는 '젊은 병사,' 울프슨[12]의 작품에 나오는 '젊은 언어 연구자' ……들이 그 예이지요.

---

11) 크레인(1871-1900)은 미국의 소설가이자 시인. 일찍부터 스케치풍의 단편을 썼으며, 갈런드의 리얼리즘문학에 경도되었다. 1891년 대학을 중퇴하고 뉴욕에 나가 빈곤을 감내하면서 재학중에 쓰기 시작하였던 《거리의 여자 매기》를 완성하였다. 매춘부로 전락하여 자살할 상황에까지 몰리는 가엾은 여자의 운명을 그린 이 작품은 반도덕적으로 여겨져 93년 자비 출판할 수밖에 없었으나, 갈런드와 하웰스가 인정, 미국 자연주의문학의 선구적 작품으로 주목받았다. 95년 《빨강 무공 훈장》의 출판으로 일약 유명해졌다. 이 작품은 전쟁 체험 없이 완전한 상상력으로 씌어졌으나, 체험이야말로 진실 발견의 길이라고 믿는 그는 통신사의 요구에 따라 서부와 멕시코로 취재에 나서게 되었다. 이후 그리스-터키 전쟁, 미국-에스파냐 전쟁의 종군기자가 되었다. 97년 쿠바 혁명을 취재하러 가던 중 플로리다 앞바다에서 배가 난파해 가까스로 목숨을 구하였는데 그 체험을 바탕으로 쓴 것이 단편 《오픈 보트》이다. 이미지가 풍부한 간결한 문체와 인상주의적 수업은 E. 헤밍웨이 등에 영향을 주었고, 그의 시는 현대시에서 이미지즘의 선구로 평가되고 있다. [역주]

둘 사이, 즉 심층의 물리적 사물의 상태들과 표면의 형이상학적 사건들 사이에는 엄격한 상보성이 있습니다. 어떻게 사건은 몸체들 속에서 효과화되지 않을 수 있을까요? 사건은 자신의 원인인 몸체들의 상태와 몸체들의 혼합물에 의존하는데 말입니다. 사건은 몸체들에 의해 생겨나고, 지금 여기서 서로에게 침투하는 숨결들과 질(質)들에 의해 생겨나는데 말이죠. 또한 어떻게 사건은 자신의 효과화를 통해 고갈될 수 있을까요? 사건이란 효과이기 때문에 본성상 제 자신의 원인과는 다른데 말입니다. 사건은 **준-원인**(Quasi-cause), 그러니까 몸체들 위를 훑고 지나가고, 역-효과화 혹은 영원한 진리의 대상인 표면을 편력하고 그리는 그러한 준-원인으로 작용하는데 말예요. 사건은 항상 서로 충돌하고 서로 자르고 서로 침투하는 몸체들, 살(肉)과 검(劍)에 의해 생산됩니다. 하지만 이 효과 자체는 몸체들의 질서, 즉 자신의 고유한 실현 위로 불쑥 올라와 자신의 효과화를 지배하는, 무감각하고 비몸체적이며 꿰뚫고 들어갈 수 없는 전투에 속하지 않습니다. "전투는 어디에 있는가?" "사건은 어디에 있으며, 무엇으로 성립하는가?"와 같은 질문들이 끊이지 않고 제기되어 왔습니다. 모든 이가 무심코 "바스티유의 함락은 어디에 있는가?"라는 질문을 제기한단 말입니다. [하지만 정작] 사건이라는 것은 작은 물방울들로 이루어진 안개입니다. 만약 '죽다' '사

---

12) 루이 울프슨은 자신이 실제로 정신분열증을 앓던 미국인으로 《정신분열증과 언어들》(1970)이라는 책을 프랑스어로 출판했는데, 이 책의 서문을 들뢰즈가 써준 바 있다. 이후 이 서문은 수정되어 들뢰즈의 유고집 《비평과 진단》에 〈루이 울프슨 혹은 절차〉라는 제목으로 수록되었다. 울프슨은 자신의 어머니의 말을 프랑스어 · 독일어 · 러시아어 · 히브리어 등의 외국어로 번역하는 방식으로 글을 썼고, 책의 부제로 '정신분열증적인 언어의 연구자'라고 썼는데 본문에서 나오는 '젊은 언어 연구자'는 이를 두고 하는 말이다. [역주]

랑하다' '움직이다' '웃다' 등의 부정사들이 사건이라면, 이는 이 부정사들 속에 그것들이 충분히 실현시키지 못하는 어떤 부분이 있기 때문입니다. 3인칭 부정법, 4인칭 단수처럼 계속해서 우리를 기다리고 선행하는 그 자체로서의 생성이 있기 때문이지요. 그렇습니다. 〈죽음〉은 우리 몸체 안에서 발생하고 몸체 안에서 생산됩니다. 하지만 죽음은 유난히 비몸체적인 무형의 **바깥**으로부터 오지요. 죽음은 병사들 위를 훑고 지나가는 전투처럼, 전투 위를 미끄러지듯 날아가는 새처럼 우리 위로 들이닥칩니다. 〈사랑〉은 몸 속 깊숙한 곳에 있지만, 또한 그것을 발생시키는 비몸체적인 무형의 표면 위에 있기도 합니다. 그래서 우리가 무엇인가를 능동적으로 행하거나 수동적으로 겪을 때, 행위자로서든 피행위자로서든 우리는 항상 우리에게 닥치는 것에 걸맞도록 의연하게 처신해야 합니다. 두말할 나위 없이, 바로 이것이 스토아학파의 덕성이지요. 즉 사건보다 열등하지 않기, 저마다의 고유한 사건들의 자식이 되기. 〈상처〉는 특정 시간, 특정 장소에 내가 내 몸체 속으로 받아들이는 어떤 것인데, 여기에도 역시 비몸체적이고 무감동한 사건으로서의 상처가 지니는 영원한 진리가 있습니다. 즉 "나의 상처는 나 이전에 존재했었다. 나는 그것을 육화하기 위해서 태어났다"[13]라는 것이죠. 〈운명애(Amor fati)〉,[14] 사건을 원한다는 것은 한번도 체념하는 것이었던 적이 없으며, 익살을 부리거나 어릿광대짓을 하는 것은 더더욱 아니었습니다. 오히려 그것은 우리의 능동/작용과 수동/정념들로부터 표면의 섬광을

---

13) Joe Bousquet, *Traduit du silence*, éd. Gallimard를 참조할 것. 또 Joe Bousquet, *Les Caplitales*, Cercle du livre도 참조할 것. 사건에 대해 쓴 블랑쇼의 경이로운 문장들, 특히 Blanchot, *l'Espace littéraire*, éd. Gallimard에 나오는 구절들을 참조할 것.

끌어내 풀어주고, 사건을 역-효과화하고, 이 몸체 없는 효과, 즉 실현을 초과하는 이 부분, 티 없이 순결한 부분을 동반하는 것이었습니다. 죽음 앞에서 '네' 라고 말할 수 있는 삶에 대한 사랑. 이것이 진정 스토아적인 이행입니다. 혹은 루이스 캐럴적인 이행일 것입니다. 루이스 캐럴은 소녀에 매료되는데, 이때 심층에 있는 무수한 사물들이 소녀의 몸체에 영향을 미쳐 변모시키고, 두께 없는 무수한 사건들이 소녀의 몸체 위를 미끄러지듯 날아갑니다. 우리는 두 가지 위험 사이에 살고 있습니다. 그 위험 중 하나는 우리 몸체들이 내뱉는 영원한 〈탄식〉입니다. 이 탄식은 언제나 우리의 몸을 베는 예리한 몸체, 우리의 몸에 침투하여 질식시키는 너무 큰 몸체, 우리 몸을 해치는 소화 불량의 몸체, 우리 몸이 둔탁하게 부딪히는 한 점의 가구, 우리 몸에 종기를 만드는 병원균을 발견하지요. 다른 하나의 위험은 순수 사건을 흉내내고 그것을 환상으로 변형시키며, 불안, 유한성, 거세를 노래하는 자들의 〈연극증(演劇症)〉입니다. 우리는 "인간들과 작품들 사이에서 그것들의 존재를 쓰라림 이전의 상태로 일으켜 세워야" 할 것입니다. 육체적 고통의 비명들과 형이상학적 고뇌의 노래들 사이에서, 스토아적인 좁은 길은 어떻게 그릴 수 있

---

14) 운명(fatum)은 스토아학파의 중요 개념 중 하나이다. 스토아 철학자들은 신이 만물에 내재한다고 생각했다. 이들에 따르면 신, 즉 로고스는 불 · 기(氣) · 물 · 땅을 만들고 그것을 혼합하여 만물을 만든다. 로고스는 쇠에서는 단단함으로, 돌에서는 밀도로, 은에서는 하얀 광택으로 불리며, 모든 사물은 결국에는 원래의 것으로 돌아가 새롭게 만들어지는데, 이러한 순환이 주기적으로 되풀이된다. 스토아 철학자들은 이러한 현상이 운명적으로 이미 예정되어 있다고 생각하며 운명-필연의 중요성을 강조했다. 들뢰즈가 생각하는 스토아학파의 운명애에 대해서는 《의미의 논리》를, 이와 연결되는 니체의 운명애에 대해서는 《니체와 철학》, 특히 우연-필연, 우연-운명의 디오니소스적 짝을 내세우는 '주사위 던지기' 에 관한 장을 참조하자. 〔역주〕

을까요? 닥치는 일에 걸맞게 의연하고, 일어나는 일에서 무엇인가 유쾌하고 사랑스러운 것, 서광, 마주침, 사건, 속도, 생성을 끌어내 풀어주는 그런 좁은 길을 어떻게 그릴 수 있을까요? "나는 파탄 난 의지였던 내 죽음 취향을 의지의 극치라 할 죽음 욕망으로 대체할 것입니다." 나는 사랑받으려는 나의 천박한 욕망을 사랑할 수 있는 역량으로 대체할 것입니다. 누구든, 무엇이든 사랑하려는 부조리한 의지가 아니라, 스스로를 우주와 동일시하는 것이 아니라, 내가 사랑하는 것들/사람들과 나를 합일시키는, 또한 내가 그(것)들을 기다리지 않는 것처럼 이제는 더 이상 나를 기다리지 않는——그러한 〈순수 사건〉을 끌어내 풀어주는 의지로 대체하는 것이죠. 왜냐하면 오로지 사건만이 우리를 기다리니까요. 에벤툼 탄툼.[15] 아무리 작은 것일 망정 세상에서 가장 미묘한 것인 사건을 만드는 일은 드라마나 역사/이야기를 만드는 일과는 정반대입니다. [그러니] 다음과 같은 사람들을 사랑해야 합니다. 방에 들어설 때, 인격(personne)이나 성격(caractère), 주체로서가 아니라 분위기의 변화, 색조의 변화, 지각 불가능한 분자, 이산적(離散的) 군(群), 물안개로서 존재하는 사람들을 말입니다. 정말 모든 것이 변했습니다. 〈거대 사건〉, 즉 전투 · 혁명 · 삶 · 죽음……과 같은 것들도 달리 만들어지지 않습니다[즉 순수 사건과 같은 식으로 만들어집니다]. 진정한 **본체**란 개념이 아니라 사건인 것이죠. 사건의 견지에서 사유하기란 쉽지 않습니다. 이때 사유 자체가 사건이 되기 때문에 그만큼 더 쉽지 않죠.

---

15) ‘eventum tantum’은 하이데거와 들뢰즈가 모두 사용한 개념으로 본래는 ‘엄청난 사건, 굉장한 사건’을 의미하는 라틴어. 들뢰즈는 ‘eventum tantum’을 사건의 원형으로서 사유한다. [역주]

스토아학파와 영국인들 외에 이런 식으로 사유했던 이들은 거의 없습니다. **본체=사건**, 이는 공포이지만 또한 크나큰 기쁨이기도 합니다. 러브크래프트가 말했던 것처럼 본체, 부정사가 되기. 오싹 소름이 끼치면서도 반짝반짝 빛이 나는 [공포 소설 작가 러브크래프트의] 카터 이야기에는 동물-되기, 분자-되기, 지각 불가능하게-되기가 있습니다.

우리가 아는 한, 현재의 과학에 대해, 학자들이 하는 일에 대해 말하기란 매우 어렵습니다. 우리는 과학의 이상(理想)이 더 이상 공리계나 구조적인 것에서 나오지 않는다는 인상을 받습니다. 공리계는 스스로가 적용하는 가변 요소들을 동질화하거나 동족화하는 구조를 도출하는 것이었습니다. 그것은 재코드화를 조작하고 과학에서의 질서를 회복하는 것이었죠. 왜냐하면 과학은 끊임없이 정신 착란을 일으키고, 언제나 멀리 더 멀리로 뻗어 나가면서 완전히 탈코드화된 인식과 대상의 흐름이 도주선을 따라 지나가게 만들어 왔으니까요. 그리하여 이러한 선들을 봉쇄하고 질서를 확립할 것을 요구하는 정치학이라는 것이 존재합니다. 예컨대 물리학에서 비결정론이 너무 멀리까지 나아가는 것을 막기 위해서, 입자들의 광기를 가라앉히기 위해서, 루이 드브로이[16]가 담당했던 역할을 생각해

---

16) 루이 드브로이(1892-1987)는 전자의 파동역학을 연구하여 1929년 노벨 물리학상을 수상한 프랑스의 물리학자. 현대 물리학에서 입자와 파동의 이중성이라고 알려진 이론으로 가장 유명하다. 이 이론은 물질이 입자와 파동의 성질을 동시에 갖는다는 주장인데, 이 이론이 나온 뒤 실제로 미국의 데비슨과 제만 그리고 영국의 톰슨에 의해서 입자라고 믿었던 전자가 파동의 성질을 갖고 있음이 실험으로 증명되었다. [역주]

보세요. 그 역할은 바로 온전한 질서 회복이라는 것이었죠. 오늘날 과학은 다시 정신착란을 일으키는 것처럼 보입니다. 이는 단지 발견할 수 없는 입자들을 찾으려는 달리기 경주가 아닙니다. 과학이 점점 더 구조적이 아니라 사건적으로 되어가니까요. 과학은 공리계들을 구성하기보다는 선들과 회로들을 그리고 훌쩍 뛰어올라 도약합니다. 나무 모양의 도식이 사라지고 리좀적 운동이 나타나는 것이 이를 드러내는 하나의 징조입니다. 학자들은 특이한 사건들, 비몸체적인 본성에 점점 더 큰 관심을 기울이고 있습니다. 이것들은 [즉 학자들이 몰두하는 특이한 사건들은] 몸체들, 몸체의 상태들, 이들 사이에서 완전히 이질적인 배치들 안에서 효과화됩니다(바로 여기서 학제간 연구에 대한 요청이 생겨나지요). 이것은 임의의 요소들로 이루어진 구조와는 매우 다릅니다. 이것은 이질적인 몸체들로 만들어진 사건, 다양한 구조들과 명확히 종화(種化)된 집합들을 교차시키는 것과 같은 그러한 사건이죠. 더 이상 동형적인 영역들을 틀짓는 구조가 아니라 환원 불가능한 영역들을 가로지르는 사건인 것입니다. 가령 수학자 르네 톰이 연구한 것과 같은 '카타스트로피' 사건[17]이 그 예입니다. 아니면 젤라틴, 전염병, 정보에서 효과화되는 '증식하기,' 즉 증식-사건이 그 예이죠. 아니면 시내에서 택시의 진로에 영향을 미치거나 무리에서 한 마리 파리의 진로를 변용시킬 수 있는 **자리 옮겨 이동하기**가 그 예입니다. 이것은 공리가 아

---

17) 르네 톰(1923-2002)은 프랑스의 수학자로 1960년대 역동적인 시스템 이론 중 하나인 '카타스트로피 이론'을 발전시킨 것으로 유명하다. 카타스트로피 이론은 작은 변화가 커다란 변동을 일으키는 현상을 연구하고 분류짓는 것으로, 불연속적인 결과를 만들어 내는 연속적인 행위를 수학적인 방식으로 다룬다. 〔역주〕

니라 질화(質化)된 집합들 사이에서 죽 늘어나는 사건이죠. 과학자들은 이제 더 이상 임의의 요소들에 공통된 구조를 도출하지 않습니다. [대신에] 그들은 사건을 펼쳐 보입니다. 또한 상이한 몸체들을 자르고 다양한 구조들 속에서 효과화되는 사건을 역−효과화합니다. 여기에는 이를테면 부정법 동사들, 생성의 선들, 영역들 사이를 질주하고 한 영역에서 다른 한 영역으로, 계(界)들 사이로 성큼 뛰어 도약하는 선들이 있습니다. 과학은 점점 더 풀처럼 중간에, 사물들 사이에 그리고 또 다른 사물들 한복판에 있을 것입니다. 도주하는 사물들과 나란히 동행하면서 말입니다(맞습니다. 권력 기구들은 점점 더 질서 회복, 과학의 재코드화를 요구하게 될 것입니다).

영국식 유머(?), 유대인의 유머, 스토아학파의 유머, 선(禪)의 유머——이런 것들은 참으로 이상야릇한 파선(破線)입니다. 아이러니를 쓰는 사람은 원리에 대해 논하는 사람이죠. 그는 통상 일차적이라고 생각되는 것보다 훨씬 더 일차적인 제1원리를 찾거든요. 그는 다른 것들보다 훨씬 더 일차적인 원인을 찾습니다. 그는 끊임없이 올라가고 또 올라갑니다. 이는 바로 그가 질문의 방식으로 처리하기 때문입니다. 그는 대담과 대화의 인간으로, 언제나 시니피앙의 어조인 특정한 어조를 지닙니다. [하지만] 유머는 정반대입니다. 유머에서 원리들은 거의 중요하지 않고, 모든 것은 글자 그대로 취해지며, [유머를 듣는] 당신에게서 결과를 기대하게 됩니다(바로 이 때문에 유머는 말장난, 동음이의어로 부리는 익살로 통하지 않는 것이죠. 이런 말장난은 시니피앙에서 유래하고, 원리 속의 원리와 같은 것이거든요). 유머는 결과술(結果術) 혹은 효과술(效果術)입니다. 즉 "그래요, 그래, 뭐든지 다 옳아요. 이거 나한테 주는 거예요? 자, [당신이 던진 말에서] 무슨 일이 생기는지 한번 보세요"라는 태도이죠. 유머는 배반이고 뒤통수를 치는 것입니다. 유머는 무조적(無調的, atonal)이고 전적으로 지각 불가능하며 무엇인가가 실 풀리듯 풀려 질주하게 하는 것입니다. 그것은 언제나 중간에, 길 위에 있죠. 또한 올라가고 또 올라가고 하는 일일랑은 절대로 하지 않습니다. 유머는 표면에 있습니다. 즉 표면의 효과들로서, 유머는 순수 사건들의 기예/술(術, art)입니다. 선(禪)의 기예, 궁술(弓術), 원예술, 다도(茶道) 등은 순수 표면 위로 사건이 불쑥 솟아올라 섬광처럼 번뜩이게 하기 위한 훈련이죠. 그리스인의 아이러니 대(對) 유대인의 유머, 오이디푸스-아이러니 대 욥-유머, 대륙의 아이러니 대 섬의 유머, 플라톤의 아이러니 대 스토아학파의 유머, 불교의 아이러니 대 선(禪)의 유머, 사디즘의 아이러니 대 마조히즘의 유머, 지드(Gide)-아이러니 대 프루스트-유머 등등. 아이러니의 모든 운명은 표상에 연결되고, 아이러니는 표상되는 것의 개체화 혹은 표상하는 것의 주체화를 보증합니다. 사실 고전주의의 아이러니는 바로 이것입니다. 즉 표상에서 가장 보편적인 것이, 표상에게 원리 구실을 하는 표상되는 것의 극단적 개체성과 혼동됨을 보여준다는 것(고전주의의 아이러니는 신학적 긍정에서 정점에 달하는데, 이 신학적 긍정에 따르면 '가능한 것/가능태 전체'는 동시에 단독적 존재인 신의 실재성이기도 합니다). 낭만주의의 아이러니는 가능한 모든 표상의 원리가 지니는 주체성을 발견하는 것이죠. [낭만주의의 아이러니가 지니는] 이러한 문제들은 유머와는 상관이 없습니다. 유머란 효과들을 위해서 원리들, 원인들의 작용을, 사건을 위해서 표상의 작용을, 다양체를 위해서 개별화 혹은 주체화의 작용을 끊임없이 해체하는 것이니까요. 아이러니에는 견딜 수 없는 억지 주장이 있는데, 그 억지 주장이란 아이러니는 주인의 것이고, 우월한 인종에 속한다고 우기는 것입니다(르낭[18]의 유명한 텍스트는 아이러니 없이도 이런 말을 하는데, 왜냐하면 아이러니는 스스로에 대해 말하자마자 재빨리 멈춰 버리기 때문입니다). 반대로 유머는 마이너리티, 마이너리티-되기를 요구합니다. 다시 말해 유머야말로 언어를 더듬거리게 하고, 스스로에게 마이너 용법을 부과하거나 동일한 언어 내에 온전한 2개 언어 체제를 구성하지요. 그러니 문제는 말장난이 아니라(루이스 캐럴의 작품에는 단 하나의 말장난도 없습니다) 언어 활동의 사건들, 그 자체 사건들의 창조자가 된 마이너리티 언어 활동입니다. 그렇지 않으면 완성되는 대신에 생성되는 '무한정한' 말장난이 있을 수도 있겠지요?

배치란 무엇인가? 그것은 많은 이질적인 항들을 허용하고, 상이한 본성들, 즉 시대·성(性)·계(界)들을 가로질러 그 항들간의 연결들 및 관계들을 수립하는 하나의 다양체입니다. 그래서 배치의 유일한 통일성은 공동-작동에서 오는 것이죠. 즉 그것은 공생이고

---

18) 르낭(1823-1892)은 프랑스의 사상가이자 문헌학자·종교사가이다. 성직을 희망해서 신학교에 들어갔으나 헤겔·헤르더 등의 독일 철학의 영향을 받아 셈어문헌학과 성서 원전 연구에 열중하던 중 교회의 전통적 성서 해석에 의혹을 품게 되어 학문의 길을 택했다. 후에 실증주의의 대표적 과학자 베르텔로와 우의를 맺고 과학의 방법과 가능성을 신뢰하게 되어 1849년 《과학의 미래》를 썼다. 또한 그리스도교를 유대적 환경의 산물, 그리스도교 발생 이전의 사회·감정·사상·신앙의 산물로 설명할 목적으로 대표작 《그리스도교 기원사》를 장기간 집필하여 완성하였다. 텐과 함께 실증주의 사상가로서 19세기 후반의 사상계와 문학계에 많은 영향을 끼쳤다. 〔역주〕

'공감'입니다. 중요한 것은 혈연 관계(filiation)가 아니라 결연 관계(alliance), 혼합 관계(alliage)입니다. 유전, 혈통이 아니라 감염·전염·바람(風)이 중요한 것이죠. 마술사들은 이를 잘 알고 있습니다. 동물은 종(種)과 속(屬), 기관들과 기능들에 의해 정의되기보다 배치에 의해 정의되고, 이 배치들 속으로 들어갑니다. 인간-동물-제조품 유형의 배치를 한번 생각해 봅시다. 가령 **인간-말-등자**와 같은 배치를요. 과학기술 전문가들의 설명에 따르면, 등자(橙子)로 인해 말 타는 기사들은 횡적 안정성을 얻었고, 새로운 전쟁의 통일성이 가능해졌다고 합니다. 즉 한쪽 팔 아래 창을 고정할 수 있게 됨으로써, 이 창이 말의 전속력을 이용하고 전력질주하는 부동의 첨점(pointe)으로 작용한다는 것이죠. "등자는 인간의 에너지를 동물의 역량으로 대체했습니다." 이는 인간-동물의 새로운 공생, 전쟁의 새로운 배치로서, 자신의 역량 혹은 '자유'의 정도, 자신의 변용태들, 그 변용태들의 순환에 의해 정의됩니다. 즉 몸체들의 집합이 할 수 있는 것에 의해 정의되는 것이죠. 인간과 동물은 새로운 관계에 들어서고, 후자와 마찬가지로 전자도 변화하며, 전장(戰場)은 새로운 유형의 변용태들로 채워집니다. 그렇지만 등자의 발명으로 충분하다고 생각해서는 안 됩니다. 배치란 결코 과학기술적이지 않으니까요. 오히려 정반대이기까지 하죠. 도구는 언제나 기계를 전제하는데, 기계는 기술적이기 이전에 언제나 사회적입니다. 사용되는 기술적 요소들을 선별 내지 할당하는 사회적 기계가 언제나 있습니다. 사회적 기계가 존재하지 않는 한, 어떤 도구를 그것의 '문(門, phylum)'[19] 속에서 취할 수 있는 집합적 배치가 존재하지 않는 한, 그 도구는 거의 사용되지 않은 채 주변적으로 남을 것입니다. 등자의 경우, 새로운 기병대를 부과하고, 봉건제라는 복합적 배치 속에 [등자라는] 도구를 끌어들이려 하는 것은 바로 토지 증여입니다. 이 토지 증여는 수령자가 말을 타고 봉사해야 하는 의무와 관련 있습니다(이전에 등자는 이미 사용된 적이 있지만, 이때는 다른 식으로, 즉 전혀 다른 배치 속에서, 예컨대 유목민들의 맥락에서 사용되었습니다. 그렇지 않으면, 그것은 알려져 있었지만 사용되지 않았거나 아드리아노플 전투[20]에서처럼 매우 제한된 방식으로만 사용되었습니다).[21] 봉건제 기계는 땅, 전쟁, 동물뿐 아니라 문화, 놀이(기마시합), 여자들(기사도적 사랑)까지도 새로운 관계로 결합합니다. 즉 모든 종류의 흐름이 접합접속의 관계로 흘러 들어가는 것이죠. 어떻게 배치에 자신에로 귀착하는 이름인 '욕망'을 허용하지 않을 수 있을까요? 여기서 욕망은 봉건제적인 것이 됩니다. 다른 곳에서와 마찬가지로 여기서도, 이질적인 부분들의 공동-작동에 의해 정의되는 공생의 배치 안에서 변형되고 순환하는 것은 바로 변용태들의 집합인 것이죠.

무엇보다도 우선 배치에는 두 측면, 적어도 2개의 머리 같은 것이 있습니다. 그 중 하나는 **사물들의 상태들**, 몸체들의 상태들(몸체는

---

19) 동물과 식물을 분류하는 한 갈래. [역주]

20) 아드리아노플 전투는 역사상 고대와 중세의 획을 긋는, 다시 말해 중세의 시작을 알리는 전투로 알려져 있다. 375년 아시아에서 침입해 온 훈족의 압박을 받아 게르만족의 일부인 서고트족은 로마 제국과 맹약을 맺고 로마의 영토로 이주하였다. 그러나 로마 관리의 압박과 과중한 세금 부담으로 반란을 일으키게 되고, 378년 여름 아드리아노플에서 로마군을 격파하고 발렌스 황제를 전사시켰다. 이것이 게르만족의 대이동의 발단이 되었고 이로써 중세가 시작되었다고 역사학자들은 평가한다. [역주]

21) 등자와 봉건제에 대해서는 L. White Jr, *Technologie médiévale et trans-formations sociales*, éd. Mouton을 참조할 것.

서로 침투하고, 서로 뒤섞고, 서로 변용태들을 전달합니다)이고 다른 하나는 **발화체들**, 발화체들의 체제들이죠. 후자에서 기호들은 새로운 방식으로 조직되고, 새로운 공식들이 나타나고, 새로운 몸짓들을 위한 새로운 스타일이 등장합니다(가령 기사(騎士)를 개체화하는 문장(紋章)들, 서약의 문구들, '선언들'의 시스템, 심지어는 사랑의 시스템까지 기타 등등). 발화체들은 이데올로기에서 오는 것이 아니며, 이데올로기란 없습니다. 사물들의 상태들과 마찬가지로 발화체들도 배치 속의 부품들, 톱니바퀴들이죠. 배치에 하부 구조나 상부 구조 따위는 없어요. 통화(通貨)의 흐름은, 파롤의 흐름들이 제 편에서 화폐를 허용할 수 있는 것만큼 많이, 제 안에 발화체들을 허용합니다. 발화체들은 상응하는 사물들의 상태들을 묘사하는 데 만족하지 않습니다. 발화체란 오히려 두 가지의 비평행적 형식화, 즉 표현의 형식화와 내용의 형식화 같은 것이죠. 이는 우리가 말하는 것을 행하지 않고, 행하는 것을 말하지 않는 그런 식의 형식화이지만, 그렇다고 해서 우리가 거짓말을 한다거나 속거나 속이는 것은 아닙니다. 다만 동일한 기계의 이질적인 부품들인 기호들과 몸체들을 배치할 뿐인 것이죠. 유일한 통일성은 유일하고 동일한 기능(fonction), 유일하고 동일한 '기능소(fonctif)'에서 유래하는데, 그것은 발화체의 표현된 것이고 몸체 상태의 속성입니다. 즉 늘어나거나 수축하는 사건, 부정사 되기예요. 봉건화하기? 하나의 배치가 효과화하는 기계적인 배치임과 동시에 발화 행위의 집합적인 배치가 되는 것은 끊으려야 끊을 수 없는 확고한 방식을 통해서입니다. 발화 행위에서, 발화체 생산에서 존재하는 것은 주체가 아니라 언제나 집합적 행위자들이거든요. 그리고 발화체가 말하는 이것에서 발견되는 것은 대상이 아니라 오직 기계적인 상태들이고요. 이는 그 값들 내지 선분들을 끊임없이 서로 엇갈리게 하는 함수(fonction)의 변수들 같은 것입니다. 모든 배치가 지닌 이 상보적인 두 측면을 카프카보다 더 잘 보여준 사람은 없었습니다. 만약 카프카적인 세계라는 것이 있다면, 그것은 분명 이상하고 부조리한 세계가 아니라, 발화체들의 가장 극단적인 법률적 형식화(질의-응답, 이의 제기, 변론, 판결의 이유나 근거, 법률적 결론의 제출, 판결)가 가장 강력한 기계적 형식화인 사물들 및 몸체들의 상태들의 기계화(선박-기계, 호텔-기계, 서커스-기계, 성(城)-기계, 소송-기계)와 공존하는 세계일 것입니다. 집합적 행위자들과 몸체적 정념들을 지닌 유일하고 동일한 **K-기능/함수, 욕망**.

다음으로 여기에는 여전히 또 다른 축이 있는데, 이 축을 따라 우리는 배치들을 분할해야 합니다. 이번에 이 축은 배치들을 활성화하고 붙박거나 실어나르고, 욕망을 그 사물들의 상태들 및 발화체들과 함께 붙박거나 실어나르는 움직임들을 따르지요. 영토, 영토성, 모든 종류의 인공적 수단(artifice)을 아우르는 재-영토화 없는 배치란 없습니다. 그러나 탈영토화의 첨점도, 배치를 새로운 창조 아니면 죽음으로 이끄는 도주선도 없는 배치란 더더욱 없지요. 계속해서 **봉건제**의 예를 들어 봅시다. 문제가 되는 것은 땅의 새로운 분배와 예속-영지 수여(sous-inféodation)의 시스템 전체이므로, 봉건적 영토성들 혹은 그보다 재영토화에 대해 살펴보기로 하죠. 기사(騎士)는 마침내 등자 찬 자기 말[馬] 위에서 재영토화되기에 이르지 않습니까? 자기 말 위에서 잠을 잘 수 있으니까요. 하지만 동시에,

아니면 처음부터, 아니면 끝날 즈음에, 탈영토화의 거대한 움직임이 나타납니다. 다시 말해 제국의 탈영토화, 특히 **교회**의 탈영토화가 나타나죠. 여기서 교회의 토지 재산은 몰수되어 기사들에게 분배되고요. 그리고 이 움직임은 십자군 전쟁에서 출구를 찾지만, 십자군 전쟁은 제 차례에 제국과 교회를 재영토화시킵니다(정신적인 땅, 그리스도의 성지, 새로운 상업). 그리고 기사는 바람 따라 떠도는 자신의 여정, 말에 올라탄 자신의 탈영토화와 결코 분리된 적이 없습니다. 그리고 농노제 자체는 그것의 봉건적 영토성과 분리될 수 없을 뿐만 아니라, 이미 그것을 가로지르는 모든 전(前)자본주의적 탈영토화들과도 분리될 수 없지요.[22] 2개의 움직임이 [이렇게] 하나의 배치 안에 공존합니다. 하지만 그렇다고 해서 등가적이거나 상보적이거나 대칭적이지는 않습니다. 땅에 대해 혹은 오히려 쉼없이 만들어지는 인공적 수단의 재영토화에 대해 우리는 다음과 같이 얘기할 수 있겠네요. 즉 이것은 [다시 말해 땅 혹은 인공적 수단의 재영토화는] 내용에 어떠어떠한 실체를 부여하고, 발화에 어떠어떠한 코드를 부여하고, 생성에 어떤 항을 부여하고, 사건에 어떤 효과화를 부여하고, 시제에 어떤 직설법(현재·과거·미래)을 부여한다고 말입니다. 그러나 비록 다른 관점에서이긴 하지만 [재영토화와] 동시에 발생하는 탈영토화에 대해서 이야기할 때, 탈영토화가 땅을 덜 변용시킨다고 말할 수는 없습니다. 탈영토화는 순수 질료를 자유롭게 하고, 코드들을 해체하고, 표현과 내용들, 사물들의 상태와 발화체들을 지그재그의 끊어진 도주선 위로 끌고 가니까요. 또한 시제를

---

22) 이 모든 문제에 대해서는 **M. Dobb**, *Etudes sur le développement du capitalisme*, éd. **Maspero**의 1장과 2장을 참조할 것.

[직설법에서] 부정법으로 고양시키고, 더 이상 항을 갖지 않는 생성을 도출해 내니까요. 여기서 생성이 더 이상 항을 갖지 않는 이유는 무릇 모든 항이 훌쩍 뛰어넘어야 할 정류장이기 때문입니다. 언제 봐도 훌륭한 블랑쇼의 문구 "완성(accomplissement)될 수 없는 사건의 부분"을 도출하기. 즉 순수한 죽기, 웃기, 싸우기, 미워하기, 사랑하기, 떠나기, 창조하기…… 이원론으로의 회귀라고요? 아니오, 그렇지 않습니다. 2개의 움직임에서 하나는 다른 하나 안에서 이루어지고, 배치는 이 둘을 한데 편성하고, 모든 것은 이 둘 사이에서 일어나니까요. 거기에는 여전히, K-기능이, 카프카가 그린 또 다른 축이, 영토성들과 탈영토화의 이중 움직임 속에서 존재합니다.

분명 배치의 역사적인 문제라는 것이 있습니다. 즉 기능에 따라 취해진 어떤 이질적 요소들, 이런 요소들이 처해 있는 상황, 어떤 순간에 인간·동물·도구·환경을 통합하는 관계들의 집합——이런 것이 그 예이죠. 뿐만 아니라 인간은 이 배치들 안에서조차 다른 문제를 따르는 동물-되기, 도구-되기, 환경-되기를 멈추지 않습니다. 인간은 동물이 되는데, 오직 동물이 소리·색·선이 될 때에만 그러합니다. 이것은 언제나 비대칭적인 생성의 블록이죠. 두 항이 서로 교환되기 때문이 아닙니다. 두 항들은 절대 서로 교환되지 않지요. 그래서가 아니라 한 항이 다른 한 항으로 되는 것은 오직 다른 항이 [이와는] 또 다른 항으로 될 때에만 가능하기 때문입니다. 오직 항들이 서로 지워질 때에만 한 항은 다른 한 항으로 되기 때문이에요. 루이스 캐럴이 말하듯, 인간이 웃는 순간에 실제로 고양이가 될 수 있는 것은 바로 고양이 없이 웃음지을 때입니다. 이는 노래하거나 그림을 그리는 인간이 아니라, 동물이 되는 인간, 정확히 말해서 동물이 음악적으로, 순수한 색으로, 놀랍도록 단순한 선으로 되는 바로 그 순간에 동물이 되는 인간입니다. 모차르트의 새들에 대해 한번 생각해 보세요. 여기서 인간은 새가 되는데, 이는 새가 음악적으로 되기 때문이지요. [또 다른 예로] 멜빌의 작품에 나오는 선원은 [신천옹이라고 불리는 거대한 흰 새인] 알바트로스가 되는데, 바로 그때 알바트로스는 비상한 흰색, 흰색의 순수한 떨림이 되고요 (그리고 에이허브 선장의 고래-되기는 모비딕의 흰색-되기, 순수한 흰색의 커다란 벽과 블록을 이룹니다). 그렇다면 이것이 바로 그리기, 작곡하기, 글쓰기일까요? 모든 것은 선의 문제입니다. 그림과 음악과 글 사이에는 이렇다 할 차이가 없습니다. 이러한 활동들은 자신들이 지니는 실체들, 코드들, 각각의 영토성들에 의해 구별됩니다. 이러한 활동들이 그리는 추상적인 선에 의해 구별되는 것이 아니지요. 이 추상적인 선은 [그림, 음악, 글쓰기라는] 활동들 사이를 질주하며, 이러한 활동들을 공통된 운명으로 싣고 갑니다. 마침내 선이 그려질 때 우리는 '이는 철학에 관한 것이다' 라고 얘기할 수 있습니다. 철학이 궁극적인 분과 학문, 다른 것들의 진리를 담고 있는 최종적인 뿌리일 것이기 때문은 결단코 아닙니다. 대중적인 지혜이기 때문은 더더욱 아니죠. 이는 바로 철학이 화가·음악가·작가에 의해 바깥에서 태어나거나 만들어지기 때문입니다. 선율선(ligne mélodique)이 소리를 실어나르거나, 순수한 그림선(ligne tracée)이 색을 실어나르거나, 쓰기선(ligne écrite)이 분절된 말을 실어나를 때마다 그러하기 때문이에요. 여기에서는 어떤 것도 철학을 필요로 하지 않습니다. 각 활동이 제 자신의 탈영토화선을 발생시키는 곳에서, 철학은 필연적으로 생산됩니다. 철학을 벗어나기. 바깥에서 철학을 생산할 수 있기 위해서 무엇이든 하기. 철학자들은 언제나 다른 것이었고, 다른 것에서 태어났습니다.

글쓰기란 매우 단순한 것입니다. 그렇지 않으면 그것은 스스로를 재영토화하는 방식, 지배적인 발화체들의 코드와 이미 수립된 사물들의 상태들의 영토에 스스로를 일치시키는 방식이죠. 학파들과 저자들뿐 아니라 심지어 비문학적인 글쓰기의 전문가들도 이런 식입니다. 그렇지 않으면 정반대로, 글쓰기는 생성/되기, 작가와는 다른 것 되기입니다. 왜냐하면 [작가와 다른 것 되기와] 동시에 우리가 되는 것은 글쓰기와 다른 것으로 되니까요. 모든 생성이 글쓰기를 통과하는 것은 아닙니다. 하지만 모든 생성하는 것은 글·그림·음악의 대상이지요. 모든 생성하는 것은 순수한 선입니다. 그것이 무엇이든지간에 그 어떠한 것도 표상하지 않는 순수한 선이죠. 종종 소설 속 등장 인물이 반(反)-영웅일 때, 즉 눈멀고 귀먼 채 끊임없이 유랑하는 부조리하고 이상하고 갈피 잃은 존재일 때, 사람들은 소설이 절정에 다다랐다고들 얘기합니다. 하지만 소설의 실체란 이런 것입니다. 즉 영미 소설 전체를 경유하여 베케트에서부터 크레티앵 드 트루아[23]까지, 로렌스에서부터 [아서왕 이야기에 등장하는 인물인] 랜슬롯(Lancelot)까지 이르는 것이죠. 크레티앵 드 트루아는 유랑 기사(騎士)의 선을 끊임없이 그립니다. 유랑 기사의 선이란 창과 등자에 기댄 채 말 위에서 잠들고, 더 이상 자신의 이름도 행선

___

23) 《아서왕 이야기》를 쓴 중세의 작가. [역주]

지도 알지 못하며, 끊임없이 지그재그로 떠나고, 불명예스러울지라도 다가오는 첫번째 수레에 몸을 싣는 것입니다. 기사가 수행하는 탈영토화의 첨점. 유랑 기사들은 때로는 자신들을 싣고 가는 추상적인 선 위에서 흥분하여 서두르고, 때로는 병적인 긴장의 블랙홀 속으로 빨려듭니다. 때로는 우리를 재촉하고 때로는 우리를 부동자세로 있게 만드는 것——그것은 바람입니다. 바로 뒤뜰에서 불어오는 바람이죠. **어떤 기사 한 명 말 위에서 잠 자다.** 나는 가난하고 외로운 카우보이이다(I am a poor lonesome cow-boy).[24] 글쓰기에는 〈바람〉 외에 다른 목적은 없습니다. 우리가 움직이지 않을 때조차도 "내 정신을 도주시키고, 내 사유에 뒤뜰에서 부는 공기 한 줌을 건네주는 바람 속의 건반들"[25]——이것이 바로 글쓰기의 목적이죠. 삶에서 구원될 수 있는 것, 오로지 역량과 고집으로 스스로를 구원하는 것을 끌어내기, 사건에서 효과화를 통해 소진되지 않는 것, 하나의 항 속에 고정되지 않는 것을 끌어내기——이것이 바로 글쓰기의 목적이에요. 글의 선, 음악의 선, 그림의 선을 그리는 것은 참으로 괴상야릇한 생태학입니다. 그 선들은 바람에 흔들리는 가느다란 끈들이죠. 한 줄기 바람이 스쳐 지나갑니다. 하나의 선이 그려집니다. 비록 그 선이 형상도 없고 매우 절제된 간소한 것일지언정, 추상적인 만큼 그만큼 더 강한 선이 그려지지요. 글쓰기는 발동기를 돌리는 것 같은 흥분과 병적인 긴장으로 이루어집니다. 클라이스트가 그 예이죠. 그렇습니다——글은 오직 문맹자를 위해서, 읽을 줄 모르는 사람들을 위해서, 혹은 적어도 당신에게 글을 읽어 주

---

24) 본래 영문으로 되어 있음. (역주)
25) 1장 1절에 인용된 밥 딜런의 가사를 참조할 것. (역주)

지 않는 사람들을 위해서 씌어집니다. 호프만스탈이 자신의 목구멍에서 쥐를 느꼈다고 말하는 것처럼, 이 쥐가 이(齒牙)를 드러내는 것처럼, 글은 언제나 동물들을 위해, '결혼 혹은 본성에 반하는 참여'를 위해, 공생과 소용돌이 꼴로 말리는 회선(回線, involution)을 위해 씌어집니다. 우리는 오직 인간 속의 동물에게만 말을 겁니다. 이는 우리의 개, 우리의 고양이, 우리의 말(馬), 혹은 우리의 애완동물에 대해서 글을 쓴다는 의미가 아닙니다. 동물들이 말하도록 시킨다는 것을 뜻하지도 않고요. 이 말이 뜻하는 것은, 쥐가 선을 그리는 것처럼 혹은 쥐가 꼬리를 꼬는 것처럼, 새가 소리를 내지르는 것처럼, 고양이가 날렵하게 움직이거나 무겁게 잠자는 것처럼 쓴다는 것이죠. 쥐·말·새·고양이 등의 동물이 다른 것, 블록, 선, 소리, 모래의 색깔, 즉 추상적인 선이 된다는 점에서의 동물-되기. 모든 변하는 것은 이 선 즉, 배치를 경유하니까요. 때로는 훌쩍 뛰어올라 해변 전체를 바라보고, 때로는 단 한 톨의 곡식 알갱이에 코를 들이박고 있는 바다 기생충이 되기. 당신은 알고 있나요? 당신이 어떤 동물로 생성되는 중인지, 특히 그 동물이 당신 안에서 무엇으로 생성되는지를——러브크래프트의 사물 혹은 **본체**, 이름 지을 수 없는 것을?[26] 자신의 발굽과 청맹과니의 눈, 더듬이, 부리, 부재하는 얼굴, 당신 안에서 무엇인가를 추구하는 모든 무리, 마녀의 바람(風)과 함께 더불어 글을 쓰는 곤충보다는 훨씬 덜 지적인 그러한 '지적인 벌레'를?

---

26) '이름 지을 수 없는 것'이라는 뜻의 'l'innommable'은 베케트의 작품 제목이기도 하다.〔역주〕

제3장
송장이 된 정신분석학을 분석하시오

I

우리는 정신분석학을 비판하면서 딱 두 가지만 지적했습니다. 하나는 정신분석학이 욕망의 생산을 전부 바수어 버린다는 것이고, 다른 하나는 발화체의 형성을 모조리 박살낸다는 것입니다. 이로써 정신분석학은 배치의 두 측면, 즉 욕망 기계의 배치와 발화 행위의 집합적 배치를 부숴 버리죠. 정신분석학이 무의식을 많이 언급하고 심지어 그 무의식을 밝혀내기까지 한 것은 사실입니다. 그러나 실제로는 정신분석학이 무의식의 세계를 축소하고 파괴하며 악령을 몰아내듯 쫓아 버리기 위해서만 무의식을 언급하고 있음을 알 수 있습니다. 무의식은 부정적인 것으로 간주되어 적으로 규정되기까지 하니까요. 프로이트는 "Wo es war, soll Ich werden"라고 말했습니다. 이 문장은 "그것이 있었던 곳, 그곳에서 나는 주체로 들어서야만 한다"는 정도로 번역이 가능한데, 이렇게 번역해 놓고 그 의미를 새겨 보니 무의식에 대해 더 나쁜 인상만 갖게 되는군요('해야만 한다(soll)'라는 단어가 들어감으로써 풍기는 이 기묘한 '윤리적 의무' 때문에 말입니다).[1] 정신분석학에서 무의식의 생산이나 형성이라고 하면 기능 이상, 다양한 갈등, 여러 타협이나 말장난들을 의미합니다. 욕망도 이에 해당하는데, 정신분석학에서 볼 때 이 욕망은 '다형도 착자'가 보여주듯 언제나 지나치게 많습니다. 언젠가 여러분은 **결핍, 문화**와 **법칙**을 배우게 되겠죠. 그때 가르치는 자는 이론이 아니라 정신분석학의 유명한 실용 기술, 즉 해석하는 기술에 중점을 둘 터이고요. 이런 상황이 해석에서 의미 생성으로, 시니피에 탐구에서 시니피앙의 위대한 발견으로 옮아가 봤자 크게 달라질 것처럼 보이지는 않습니다. 프로이트의 가장 해괴망측한 글들을 읽다 보면, 어떻게 페니스가 암소의 젖으로 연결되고 암소의 젖이 다시 어머니의 젖가슴으로 연결되는지 '오럴 섹스'로 설명하는 부분이 나옵니다. 그 글의 논리에 따르면 이렇습니다. 즉 "오럴 섹스는 '진짜' 욕망이 아니다, 다른 것을 의미하고, 다른 것을 숨기고 있다." 늘 그렇듯이 은유나 환유로 어떤 것이 다른 어떤 것을 상기시켜야만 하는 것이죠. 정신분석학은 점점 더 키케로의 웅변조를 띠어가고, 그 가운데서 프로이트는 예나 지금이나 위대한 로마인으로 추대받고 있습니다. 여하간 정신분석학은 진짜 욕망과 거짓 욕망을 나누는 진부한 구별을 다시 하기 위해서 거기에 딱 맞는 완벽한 격자를 칩니다. 그러니까 욕망의 진정한 내용은 부분 충동이나 부분 대상이고, 욕망의 진정한 표현은 전체를 구조화하기 위한 하나의 심급(審級), 즉 오이디푸스 콤플렉스나 거세, 또는 죽음이라는 가설을 세워서 말입니다.

---

1) 《표준영역본》에 의하면 위 프로이트의 진술은 "Where id was, there ego will be"로 번역된다.(Freud, 1933a: SE XXII, 80) 라캉은 이 진술에서 'soll'을 윤리적 의무로 해석하면서 무의식의 위상은 존재론적인 것이 아니라 윤리적인 것이라고 주장한다. 이에 대해서는 다음 책을 참조하자. 딜런 에바스, 《라캉 정신분석 사전》, 김종주 외 옮김, 인간사랑, 1998, pp.299-303, 313-326.〔역주〕

욕망이 어떤 **바깥**, 생성과 관련하여 무엇인가를 배치하자마자, 사람들은 그 배치를 허물어 버립니다. 그렇기 때문에 오럴 섹스는 젖가슴을 빨고 싶은 구순(口脣) 충동+오이디푸스 구조의 우발적 증상이 되는 것입니다. 나머지도 다 이런 식이죠. 정신분석학이 생기기 전에는 노인의 혐오스러운 조광증(躁狂症)이 자주 언급되고는 했습니다. 그랬던 것이 정신분석학이 생기자 이제는 소아의 성도착적 행위가 거론되는군요.

우리는 반대로 풀어 보고자 합니다. 그러니까 무의식, 여러분은 그 무의식을 갖고 있지 않다고, 절대로 그런 일은 없다고, 그래서 '내(Je)'가 대신 들어서야만 하는 거기에 어떤 '그것이 있었던(c'était)' 적은 없다고 말입니다. 이 작업을 위해서는 프로이트의 공식을 뒤집어야만 합니다. 무의식, 여러분은 그 무의식을 생산해야만 하는 것이죠. 무의식은 억압된 추억과는 아무 상관이 없습니다. 심지어 환상과도 아무 상관이 없지요. 사람들은 어린 시절의 추억들을 재생산하는 것이 아니라, 늘 현재적인 **어린 시절의 블록들**을 가지고 어린아이-되기라는 블록들을 생산합니다. 저마다 자신과 동시대적인 숨겨 두었던 태반 조각을 실험 재료로 삼아 제조하거나 배치하는 것이지, 자신이 깨고 나온 알이나, 그 알을 낳은 부모나, 자신이 부모에게서 끌어낸 이미지들이나, 생식 구조 따위를 재료로 삼아 그리 하는 것은 아닙니다. 무의식을 만드세요. 물론 쉬운 일은 아니겠지요. 그것은 아무 데나 있는 것이 아니니까요. 실언, 재치 있는 말이나 심지어 꿈과 함께 있는 것도 아니고요. 무의식, 그것은 제조하여 흐르도록 해야 할 하나의 실체이고 정복해야 할 정치적이고 사회적인 한 공간입니다. 대상이 존재하지 않는 것처럼 욕망의 주체도 존재하지 않습니다. 발화 행위의 주체 역시 존재하지 않죠. 욕망 그 자체의 객관성은 흐름들에 의해서만 나타납니다. 욕망은 시니피앙 없는 기호들의 시스템인데, 이 기호들을 가지고 사람들은 한 사회적 장 안에 무의식의 흐름들을 만들어 놓습니다. 욕망은 기성 구조들을 문제삼지 않고서는 핵가족이든 동네 학교든 그 어떤 곳에서도 부화하지 않습니다. 이러한 욕망은 언제나 더 많은 연결접속과 배치를 원하기 때문에 혁명적입니다. 그런데 정신분석학은 이런 연결접속과 배치 전부를 차단하고 꺾어 버릴 정도로, 욕망을 증오하고, 정치를 혐오하지요.

우리가 가한 두번째 비판은 발화체의 형성을 방해하는 정신분석학의 방식에 대한 것입니다. 〈발화체의 내용〉에 부합하는 배치들은 생성과 강도(强度), 강한 순환, 어떤 다양체들(무리들, 군중들, 종들, 인종들, 군들, 종족들……)로 가득 차 있습니다. 그리고 〈발화체의 표현〉에 부합하는 배치들은 조금도 미규정적이지 않은 부정 관사나 부정 대명사('어떤(un)' 배〔腹〕, '몇 명의(des)' 사람들, '누가(on)' '한(un)' 아이를 때린다……), 미분화된 것은 아니지만 과정을 나타내는 부정법 동사(걷다, 죽이다, 사랑하다……), 또 사람이 아니라 사건을 지칭하는 고유 명사(여기에는 단체, 동물, 본체, 특이성, 집단, **어떤-한-스-말-되다**처럼 대문자로 표기된 모든 것이 해당될 수 있지요)를 다룹니다. 집합적 기계의 배치는 발화체를 표현하는 원인인 만큼 욕망의 질료적 생산이기도 합니다. 여기서 발화체를 표현하는 원인은 상대적으로 가장 덜 형식화된 내용을 담은 표현 연쇄들의 기호론적 분절이라고 설명할 수 있죠. 발화 행위의 주체는 존재하지 않으니 어떤 주체를 표상하려고 하지 말고 어떤 배치의 프로그램을 짭시다. 발화체들을 덧코드화하지 말고 반대로 이 발화체들이 이른바 시니피앙 작용을 하는 거장들의 압제에 휘둘리지 않도록 합시다. 그런데 참 기이한 일은, 그렇게 많은 논리로 거들먹거리는 정신분석학이 부정 관사, 부정법 동사와 고유 명사에 관한 논리를 전혀 이해하지 못하는 것입니다. 정신분석학자는 어떻게 해서라도 [부정 관사나 부정 대명사 등을 아우르는] 부정사들 이면에 숨겨진 한정사, 소유사, 인칭이 있다고 믿고 싶어합니다. 실제로 멜라니 클라인[2]이 담당한 아이들이 '배' '사람들은 어떻게 자라나요?' 라고 하면, 멜라니 클라인은 그 말을 '내 엄마의 배' '나는 아빠처럼 클 수 있을까요?' 라고 듣습니다. 또 그 아이들이 '히틀러 같은 사람' '처칠 같은 사람' 이라고 하면, 멜라니 클라인은 그 말에서 나쁜 어머니나 좋은 아버지라는 소유사를 봅니다. 군인과 기상학자도 전략적 작전이나 지리 현상의 과정을 나타낼 때 태풍 작전이나 태풍 작용과 같은 고유 명사

---

2) 비엔나에서 태어났지만 영국에서 활동한 멜라니 클라인(1882-1960)은 오이디푸스 이전 시기까지 관심을 넓히며 고전 정신분석학을 쇄신했다. 그녀는 아이가 현실의 부모를 내사하고 그 이미지를 통합하는 과정을 편집적 위치와 우울적 위치라는 개념으로 설명했다. 아이는 어머니의 좋은 젖가슴과 나쁜 젖가슴이라는 상반된 이미지를 내사하는데(편집적 위치), 좋은 젖가슴은 이상화되고 나쁜 젖가슴은 자신을 박해한다는 환상에 빠진다. 이 분리된 이미지는 그러나 젖가슴이 한 어머니의 두 측면임을 인정하는 것으로 통합된다(우울적 위치). 클라인은 정신분석학의 관심을 욕망에서 대상(젖가슴 등의 부분 대상)으로 돌려놓으면서 대상 관계 이론을 발전시킨 장본인이다. 하지만 들뢰즈는 《차이와 반복》《의미의 논리》, 특히 《안티 오이디푸스》 등에서 라캉과 마찬가지로 클라인이 부분 대상을 조명한 점을 높이 평가하면서도 이를 다시 좋은/나쁜 엄마-아빠라는 인격적 통합체, 그 가족 관계 속에 재통합시켰다고 비판한다. 들뢰즈에 따르면 부분 대상은 그 자체로 충족적인 욕망하는 기계이며 유기체화하지 않는 기관 없는 몸체에만 속하기 때문이다. [역주]

를 사용하는데 그들은 정신분석학자들보다는 적어도 고유 명사에 대한 감은 가지고 있습니다. 융이 자기가 꾼 꿈들 중 하나를 프로이트에게 말한 적이 있습니다. 그 꿈은 해골 더미에 관한 것이었죠. 프로이트는 꿈 이야기를 다 듣고 융이 어떤 사람의 죽음, 아마도 자기 아내의 죽음을 원하고 있다고 단언합니다. "그 말에 당황한 융은 해골이 단 하나만 있었던 것이 아니라 여러 개 있었다고 프로이트에게 주지시켰습니다."[3] 사실 프로이트는 해골의 개수뿐만 아니라 늑대 예닐곱 마리의 등장에도 주의를 기울이지 않았습니다. 뭐 주의를 기울였다 해도 그 늑대들을 아버지의 대리 표상으로밖에는 보지 못했을 테지만 말입니다. 어린 한스(Hans)의 경우에도 프로이트는 동일한 실수를 저지릅니다.[4] 그러니까 프로이트는 배치(건물—거리—인접한 창고—마차의 말—말 한 마리가 넘어진다—말 한 마리가 채찍을 맞는다!), 상황(아이는 거리로 나가는 것을 금지당했다 등등), 꼬마 한스의 시도(다른 출구가 모두 봉쇄된 이상, 말—되기. 즉 어린 시절의 블록, 한스의 동물—되기의 블록, 어떤 생성의 표시인 부정법, 도주선이나 탈영토화의 움직임)는 조금도 신경을 쓰지 않았던 것이죠. 프로이트에게 중요한 것은 오로지 말은 아버지라는 점, 그것이 전부입니다. 사실 주어진 한 배치에서 한 부분만을 발췌하거나 한 순간만을 따로 떼어 생각하는 것만으로도 충분히 욕망 전체와 진행중에 있는 생성을 허

---

3) E. A. Bennett, *Ce que Jung a vraiment dit*, éd. Stock, 80쪽.

4) 프로이트의 〈꼬마 한스의 공포증 분석〉(1909)은 유아기 성적 발달의 전형을 보여주는 사례 분석이다. 이에 따르면 어린 한스는 엄마에 대한 사랑과 3세 때 태어난 동생에 대한 질투 및 애정으로 신경증을 앓게 되며, 엄마와 떨어져 있기 싫어하는 감정이 아버지에 대한 두려움으로 전화되어 말에 대한 공포를 느낀다. 하지만 들뢰즈는 프로이트가 오직 오이디푸스 콤플렉스 도식 속에서 말=아버지의 결론밖에 끌어내지 못했다고 비판한다. 〔역주〕

물어 버릴 수 있고, 지나치게 상상적인 유사(내 아빠인-한 마리의 말)나 지나치게 상징적인 관계의 유비(말이 뒷발질하다=사랑을 나누다)가 그 배치의 자리를 차지할 수 있습니다. 모든 실재적인-욕망은 이미 전부 사라졌습니다. 사람들은 욕망의 실재가 있어야 할 자리에 하나의 코드를, 발화체들의 상징적 덧코드화를, 환자들에게 어떤 기회도 주지 않는 발화 행위의 허구적 주체를 위치시킵니다.

사람들은 정신분석을 받고 무엇인가 말을 한다고 믿으며 그 믿음에 기꺼이 돈을 지불합니다. 하지만 정작 사람들은 무엇인가를 말할 기회조차 갖지 못하죠. 정신분석학이 만들어진 목적은 전적으로 사람들이 말하지 못하도록 하고, 그들에게서 진정한 발화 행위의 조건들을 모두 몰수하는 데 있습니다. 우리는 다음과 같은 일을 하려고 소그룹 연구팀을 구성한 적이 있었죠. 즉 정신분석학의 보고서들, 특히 아이들에 관한 보고서를 읽고, 수집한 보고서 내용을 토대로 왼쪽에는 아이가 한 말을 놓고 오른쪽에는 정신분석학자가 듣고 취한 내용을 놓아 분류했습니다(참고로 언제나 '어쩔 수 없는 선택'이 되고 마는 마술사가 골라내게 하는 카드놀이를 생각해 보세요). 연구 결과는 정말 어처구니없는 것이었습니다. 우리는 프로이트의 어린 한스와 멜라니 클라인의 어린 리차드[5]를 주 텍스트로 삼았는데, 그

---

5) 10세 소년 리차드는 병약한 탓에 우울증에 시달렸으며, 어머니한테 의존하고 집착한 반면 다른 형제만큼 어머니의 애정을 받지는 못했다. 학교 생활에 적응하지 못했지만 또래 친구들 대신 어른들, 특히 여자 어른들을 상대하기 좋아했고, 영특한 대화술로 조숙함을 드러낸 아이였다. 클라인은 4개월간 매일 리차드를 관찰하고 분석하면서 그의 우울증 및 어머니에 대한 병적 집착을 치료해 갔다. 이에 대해서는 다음의 책을 참조하자. Melanie Klein, *Narrative of a Child Analysis*, éd. Free Press, 1984.〔역주〕

작업은 너무 차이 나는 체급간의 권투시합처럼 게임이 안 되는 것이었죠. 멜라니 클라인을 놀려대는 리차드의 초기 유머. 그에게 일어나는 욕망의 모든 배치들은 전쟁중에 이루어지는 지도 제작 활동, 고유 명사들의 배분, 영토성과 탈영토화 움직임들, 문턱들과 문턱 넘기들을 거쳐갑니다. 무감각하고 귀머거리이며 둔한 [멜라니 클라인 즉] K부인은 어린 리차드의 힘에 타격을 입히려고 합니다. 텍스트에 나오는 "K부인은 해석했다, K부인은 **해석했다**, K부인은 **해석했다**……"라고 반복되는 주제. 요즘에는 의미 생성이 해석을, 시니피앙이 시니피에를, 분석자의 침묵이 분석자의 주석들을 대신하였고, 거세가 오이디푸스 콤플렉스보다 믿을 만한 것으로 밝혀졌고, 구조적 기능들이 생식의 이미지들을 대신했으며, 아버지의 이름이 내 아빠를 대신하였기 때문에 더 이상 그런 주제는 통용되지 않을 것이라고 말들 합니다. 하지만 우리는 실제로 큰 변화를 감지하지는 못합니다. 정신과 환자가 "부쉬-뒤-론"이라고 중얼거리면 이는 반드시 "어머니의 입"으로 정정됩니다. 또 "나는 히피 무리와 떠나고 싶어요"라고 말을 하면, 이는 반드시 "당신은 왜 커다란 성기라고 발음하나요?"라고 추궁당하죠.[6] 이 두 예는 그 위대한 시니피앙에 근거한 분석들입니다. 사실 이런 트릭이 아니라면 대체 무엇을 가지고 분석을 할 수 있겠습니까? 피분석자도 정신분석가만큼 분석 방법을 잘 알고 있어서 따로 정신분석가가 말할 필요조차 없는 이런 트릭들이 아니라면 말입니다. 이렇게 해서 정신분석을 받는 피분석자(analysé)는 스스로 정신분석을 행하는 환자(analysant)가 됩니

---

6) 이 두 예에 대해서는 제1장 II부 초반에 나오는 설명을 참고할 것.〔역주〕

다──정말 웃기는 말이죠.[7] 우리한테 아무리 "당신은 아무것도 모르는군요. 오이디푸스 콤플렉스, 그것은 아빠-엄마가 아니라 상징적인 것이고 법칙이며 문화로의 통로입니다. 그러니까 시니피앙의 효과이고, 주체의 유한성이며, '삶 그 자체를 반영하는 존재 결핍'[8] 이죠"라고 말해 봤자 다 헛일입니다[우리한테 오이디푸스 콤플렉스는 앞서 말한 트릭들 중 하나에 불과하니까요]. 그것이 오이디푸스 콤플렉스가 아니라면 거세일 테고, 또 이른 바 죽음 충동들일 테지요. 정신분석가들은 한없는 체념을 가르치는 최후의 사제들입니다(아니, 최후의 사제들은 아니군요. 이후에도 정신분석학 사제들은 계속 배출될 테니까요). 정신분석가들이 매우 쾌활하다고 말할 수는 없습니다. 보세요, 저 생기 없는 시선과 뻣뻣한 목덜미를(오로지 라캉만이 웃을 줄 아는 어떤 감을 지니고 있었는데, 그런 그가 어쩔 수 없이 혼자 웃을 수밖에 없다고 고백하는군요). 정신분석학자들이 자신들이 들은 이야기를 감당하기 위해서 '보수받을' 필요가 있다고 주장하는 것은 틀린 말이 아닙니다. 하지만 그럼에도 불구하고 그들은 정신분석에서 돈이 차지하는 상징적이고 사심 없는 역할을 논문으로 발표하지는 않았죠. 권위 있는 한 정신분석학자의 글을 아무거나 하나 집어들어 펴봅니다. 2페이지 분량의 이 글은 "인간의 오랜 의존, 스스로를 돕지 못하는 인간의 무능…… 인간 존재의 선천적 열

---

7) '정신분석하다' 라는 의미의 동사 'analyser' 의 수동형인 'analysé' 와 그것의 능동형인 'analysant' 은 모두 정신분석 치료를 받는 '피분석자' 라는 의미를 갖는데, 여기서 들뢰즈는 이러한 말장난을 통해 정신분석의 한계를 지적하고 있다.[역주]

8) 1955년 결핍이라는 용어가 처음 등장한다. 라캉에 의하면 결핍은 언제나 욕망과 연관되는데, 욕망되는 것은 언제나 존재 자체이다. "욕망은 존재가 결핍과 맺는 관계이다. 정확히 말해 결핍은 존재의 결핍이다. (…) 그것을 통해 존재가 현존하게 되는 존재의 결핍이다."(S2, 223)[역주]

등…… 인간 실존에 내재되어 있는 자기 도취적 상처…… 비충족감, 갈등을 내포하는…… 인간 조건의 고통스러운 현실…… 인간에게 본질적인 고유한 불행, 물론 이 불행이 인간을 최고의 실현들로 이끄는 것이 사실이기는 하지만"이라는 내용을 담고 있습니다. 어떤 신부가 이처럼 별 내용도 없는 무지몽매한 이야기를 했다면 벌써 오래전에 교회에서 추방되었을 것입니다.

그래요, 맞습니다, 어쨌거나 정신분석학에서 많은 것이 변했지요. 그러니까, 정신분석학은 치료술, 적응 기술, 심지어 마케팅 기술까지 전 분야로 널리 퍼져 들어가 자취를 감추었습니다. 그로 인해 어떤 방대한 융합 안에서 정신분석학이 야기하는 독특한 색조가 드러나고, 집단 다성 음악에서 한 부분을 차지하는 정신분석학의 작은 선율이 울려 왔습니다. 공들여 정제됨으로써, 아주 고상한 프로이트에게로 '회귀'함으로써, 단일 화음을 냄으로써, 이제는 오직 언어학하고만 결연하고 싶다고 의기양양하게 명시함으로써(비록 그 역은 사실이 아닐지라도) 말입니다. 이러한 것들간에 현저한 차이가 있을지라도 우리가 보기에는 상반되는 이 두 지침 모두 여러 항목들에 걸쳐 있는 동일한 진화와 동일한 변화를 겪고 있을 뿐입니다. [여하간 어떤 변화들이 있었는지 차근차근 살펴보도록 할까요.]

① 가장 먼저 눈에 띄는 변화는 정신분석학이 그 중심을 가족 관계에서 부부처럼 쌍을 이룬 관계(conjugalité)로 옮긴 데 있습니다. 그러니까 정신분석학이 부모와 자식 사이에 끼어들어가는 경우보다 부부 사이, 애인 사이, 친구 사이에 자리를 잡고 그 분석을 행하는 경우가 더 많아진 것이죠. 아이들마저도 부모보다는 심리학자의 지

도를 받습니다. 아니면 부모 자식간의 관계는 라디오에서 방송하는 심리 상담을 통해서 조정되지요. 환상이 소중한 어린 시절의 추억을 망쳐 버렸습니다. 실제로 정신분석을 받으려는 사람들을 모집하는 방식에 주목해 봅시다. 예전에는 가족의 족보를 따라 정신분석을 받았는데 그 경우는 갈수록 줄어들고, 이제는 친구들의 인맥을 따라 정신분석을 받는 환자들이 늘고 있습니다("이봐, 너도 정신분석을 받아 볼 필요가 있겠어……"). 세르주 르클레르가 농담삼아 말했듯이 "요즘 정신분석 치료 상황을 보면, 뻔질나게 드러눕는 치료용 의자에 충성을 다하기로 맹세한 친구와 연인의 인맥이 혈족 관계를 대신하고 있는 것이죠."[9] 이는 착란 형태에도 중요한 영향을 미친다고 보지 않을 수 없습니다. 실제로 신경증이 전염의 도식들을 따르기 위해서 유전 모델들(비록 유전이 가족적인 '환경'을 거칠지라도)을 포기했으니까요. 신경증은 전례 없이 아주 위험한 힘을 획득하는데, 그 힘은 바로 전염성이 강한 확산력이었습니다. 다시 말해 "나는 널 놓아주지 않을 거야, 너와 내가 같은 상태가 되지 않으면 말야"라고 말하는 것이죠. 히스테리나 강박증 유형의 신경증에 시달린 옛날 환자들이 단독으로 일을 처리하거나 아니면 가족끼리 일을 해결하는 것을 보면 비밀을 엄수하는 그 신중함에 감탄하게 될 것입니다. 반면 요즘 유행하는 우울증 같은 신경증은 정반대로 흡혈귀처럼 여기저기로 확산되는 데다가 아주 유독하지요. 다시 말해서 요즘 신경증 환자들은 니체가 한 예언——그들은 '누군가' 건강한 것을 참지 못하고 계속해서 자신들이 쳐 놓은 그물에 우리들이

---

9) Serge Leclaire, *Démasquer le réel*, éd. du Seuil, 35쪽.

걸려들도록 할 것이라는 예언——을 실현시키고 있는 것입니다. 상황이 이렇기 때문에 그들을 치료하려면 먼저 그들 안에 있는 이러한 유독한 의지를 타파해야만 할 것입니다. 그런데 과연 어떻게 정신분석가는 이 일을 할까요? 정신분석가야말로 상상도 할 수 없을 정도로 정신분석에 자발적으로 응하는 이 사람들 덕분에 먹고사는데요? 일반적으로 68년 5월 혁명이 정신분석학에 치명타를 주었다고 믿고들 있습니다. 68년 혁명이 고유하게 정신분석적인 발화체들의 스타일을 그로테스크하게 만들었다고 믿고들 있지요. 그러나 아닙니다. 오히려 많은 젊은이들이 정신분석학으로 되돌아갔습니다. 왜냐하면 정신분석학이 평판이 낮아진 가족 모델을 포기할 줄 알았기 때문이죠. 훨씬 더 걱정되는 길이긴 하지만 어쨌든 '사적인' 거시-가계 대신에 '정치적인' 미시-전염을 취하기 위해서 말입니다. 정신분석학이 그때만큼 생기를 띤 적은 없었습니다. 이는 전 분야로 침투하는 데 성공해서 그런 것일 수도 있고, 선험적 태도, 정신분석 특유의 **질서**(Ordre)로 새로운 기반을 이루어서 그런 것일 수도 있지요.

② 역사적으로 정신의학을 살펴봤을 때 정신의학이 광기의 개념 주변에서 형성되었던 것 같지는 않습니다. 이 개념을 실제 적용하는 데 어려움이 있었던 점으로 미루어 보아 오히려 그 반대였던 것으로 보입니다[즉 광기의 개념이 정신의학의 주변에서 형성되었던 것은 아닌가 생각해 봅니다]. 실제로 정신의학은 지적 장애가 없는 여러 정신착란증들의 문제에 봉착한 적이 있었죠. 먼저, 세상에는 미친 듯 보이지만 '진짜' 미치지는 않은 사람들이 있습니다. 이들은 여러 능력들을 그대로 지니고 있는데, 특히 자기 재산과 소유물들을

잘 관리하는 능력을 발휘할 줄 알죠(파라노이아 체제, 해석 착란 등 등[10]). 그런가 하면, 겉으로 보기에는 멀쩡해 보이지만 '진짜' 미친 사람들도 있습니다. 이들은 어느 날 갑자기 방화, 살인 등 전혀 예측 못한 돌발 행동을 합니다(편집광적 체제, 정욕착란이나 호소망상 등등). 혹 정신과 의사가 양심의 가책을 느낀다면 그것은 애초부터 광기의 개념을 따로 떼어놓고 고려하지 않기 때문입니다. 그러니까 엄밀하게 봐서는 미치지 않은 사람들을 미친 사람 취급하고 실제로 미친 사람들의 광기를 시기 적절하게 포착해 내지 못해서 정신과 의사는 비난받는 것이죠. [이렇게 정신의학이 이 양극 사이에서 곤란해하고 있었을 때] 정신분석학이 이 양극 사이로 미끄러져 들어왔습니다. 우리 모두는 그렇게 보이지 않지만 사실 미쳤고 동시에 실제 그렇지 않으면서도 미친 척한다고 말하면서 말입니다. '일상 생활의 정신병리학'이라는 것이 만들어진 것이죠. 여하간 이상을 정리하면, 정신의학은 광기의 개념을 세우지 못한 채 구성되었고, 바로 그 때문에 정신분석학은 정신의학을 이을 수 있었습니다. 푸코의 분석과, 그 후에 나온 로베르 카스텔의 분석은 덧붙일 것이 하나도 없을 정도로 어떻게 정신분석학이 정신의학을 토양으로 삼고 자라날 수 있었는지 잘 보여줍니다.[11] 정신분석학은 지적 능력들을 충분히 갖추고 있는 데다가 정신착란 증세도 없는 신경증계(界)를 두 양극 사이에서 발견하고는 초기에 상당히 중요한 일을 해냈습니다. 그때까지만 해도 자유-계약 관계를 맺을 수 없었을 온갖 종류

---

10) 그 유명한 슈레베 재판장의 경우와 그에게 그의 권리를 되찾아준 판결을 참조할 것.

11) Robert Castel, *Le Psychanalysme*, éd. de Minuit를 참조할 것.

의 사람들('광기'에 사로잡힌 사람들은 그 어떠한 계약도 할 수 없었으니까요)이 계약을 맺을 수 있도록 해주었던 것이죠. 돈의 흐름 대(對) 파롤의 흐름이라는 정신분석학 특유의 계약으로 인해, 정신분석학자는 이런 종류의 애매한 경우와 연관되어 있는 사회의 온갖 빈틈에 끼어들어갈 수 있는 사람이 되었습니다. 하지만 정신분석학이 세(勢)를 넓혀 감에 따라, 또 신경증 아래에 숨겨진 여러 정신착란들로 거슬러 올라감에 따라, 정신분석학은 비록 표면상으로 유지되는 것이었을망정 계약 관계에 점점 더 불만을 품게 되었지요. 그래서 정신분석학은 프로이트가 말년에 무척 고민했던 문제를 실행했던 것입니다. 그 덕분에 정신분석학은 한없이, 법적으로 한없이 연장될 수 있었죠. 그러면서 동시에 '대중(masse)'적인 기능을 행사했고요. 이런 일이 동시에 가능한 이유는, 여기서 말하는 대중적 역할이 반드시 집합적 · 계급적 · 전체적인 성격을 띠지는 않기 때문입니다. 또 그 역할이 법적 자격 관련 계약의 법률적 통로로 규정되기 때문이고요. 여하간 그래서인지 갈수록 정신분석을 받은 환자가 일시적 **계약 관계**를 맺기보다 양도할 수 없고 침해할 수 없는 **법적 자격**(statut)을 획득하는 것처럼 보입니다. 정신분석학은 정신의학이 그 한계를 드러내었던 양 극 사이에 정확히 위치하여 그 양극 사이의 영역을 확장시키고 공고히 하면서, 계속해서 갱신되고 망을 통해서 전파되는, 정신병이나 심리적 고통의 어떤 법적 지위를 만들어 냈습니다. 정신분석학이야말로 전 일생의 사업이라는 새로운 야심을 우리에게 제시했던 것이죠.

이상의 연장선에서 파리 프로이트학파[12]의 중요성이 나옵니다. 이

학파는 처음으로 이론뿐만 아니라 규정에 따른 조직, 설립 행위들에 이르기까지 정신분석학에 새로운 질서를 요구했죠. 실제로 이 학파는 낡은 계약과 대조를 이루는 정신분석학의 법적 자격을 똑똑히 제안하고 있습니다. 그 일환으로 파리 프로이트학파는 명사(名士)관료주의(급진사회주의의 유형으로서, 정신분석학 초기에 통용되었던 관료주의)에서 대중관료주의로 이행하는 관료주의의 변동 계획을 세웁니다. 또 기한이 명시된 계약들과 대조를 이루는 시민권이나 주민등록증 같은 법적 자격들을 발급하는 이상적인 초안을 잡습니다. 정신분석학이 로마를 표방하고 키케로 숭배자가 되어서 **'명사의 신분'**과 '천민의 신분'[13] 사이에 경계를 긋는 것이죠. 만일 그 프로이트학파가 정신분석학계에 많은 문제를 불러일으켰다면, 그것은 이론의 거만함과 그 이론의 적용과 관련해서 뿐만 아니라, 새롭고 명확한 조직의 초안 때문이기도 합니다. 그 계획은 다른 정신분석학 기관들의 입장에서 봤을 때 환영받지 못할 만한 것이었겠지요. 왜냐하면 그것이 정신분석학 전체를 가로지르는 움직임에 관한 진실을 언급하고 있었던 반면, 다른 조직들은 계약을 내세우면서 조용히 입다물고 싶어했으니까요. 처음부터 위선적이었던 이 계약이라는 구실을 비난하려는 것은 아닙니다. 이제 정신분석학은 대중에 신경을 쓴다는 말을 할 생각은 더더욱 아니고요. 하지만 이것만은 지

---

12) 파리 프로이트학파(1964-1980)는 라캉이 프랑스 정신분석학회의 회원을 그만둔 후 창립한 학파이다. 라캉이 이 정신분석학 조직을 학파로 부른 이유는 그가 일종의 교회가 되었다고 주장한 국제정신분석학회를 탈퇴하기 위한 것이었다. 이 학파는 수련 기관일 뿐만 아니라 정신분석학에 관심을 가진 사람이면 누구나 가입할 수 있었고 모든 회원은 동등하게 투표할 권리를 가졌다.〔역주〕
13) 《오르니카》 1호에 실린 J. A. 밀러의 흥미로운 한 텍스트를 참조할 것.

적하고자 하는데, 그것은 공상적이었으며 또는 편협했던, '엘리트' 중심의 정신분석학이 그럼에도 불구하고 대중적 역할을 했다는 점입니다. 바로 이것이 정신분석학의 두번째 변화 양상입니다. 다시 말해서 정신분석학은 가족 관계에서 부부처럼 쌍을 이룬 관계로, 친족 관계에서 결연 관계로, 혈통에서 전염으로 이동했을 뿐만 아니라, **계약**(contrat)에서 **법적 자격**(statut)으로 변화한 것이죠. 정신분석학이 하도 오랜 세월 이어져 오다 보니 정신분석학을 근거로 사회노동자들에게 추가 '수당 포인트'를 주는 일이 생기기도 합니다. 또 사회 영역 여기저기로 정신분석학이 침투하는 것을 목격하기도 합니다.[14] 이런 현상이 대체로 동일한 상태로 유지되고 있는 이론과 실천보다도 우리한테는 중요하게 여겨집니다. 왜냐하면 바로 이런 현상에서 정신의학과 정신분석학과의 관계들이 뒤집혀지고, 공용어가 되고자 하는 정신분석학의 야망과, 언어학과 결연 관계(언어와 계약 관계를 맺는 것이 아니라요)를 이루려는 정신분석학의 열망이 생겨나기 때문이죠.

③ 어쨌거나 이론조차도 변했습니다, 아니 변했던 것 같다고 해야겠군요. 시니피에에서 시니피앙으로 이행한 것입니다. 시니피앙 작용을 하는 것으로 판단되는 증상들을 위해서 더 이상 하나의 시니피에를 찾지 않는다면, 반대로 이제는 시니피앙의 효과라고 밖에는 볼 수 없는 증상들을 위해서 그 시니피앙이 무엇인지 찾으려

---

14) Jacques Donzelot, *La Police des familles*, éd. de Minuit. 이 책에서 동셀로는 사적인 관계에서 시작한 정신분석학은 우리가 생각한 것보다 훨씬 더 일찍 '사회' 영역으로 침투해 들어갔을 것이라고 설명한다.

한다면, 또 해석이 의미 생성으로 대체된다면, [시니피에에서 시니피앙으로] 새로운 자리바꿈이 이루어진 것이라고 말할 수 있는 것이죠. 이 이행으로 정신분석학은 나름의 고유한 준거들을 갖추고, 더 이상 외부의 '지시 대상(référent)'을 필요로 하지 않게 됩니다. 정신분석학에서 일어나는 모든 일, 정신분석가의 사무실에서 일어나는 모든 일은 진실이 되지요. 반면 다른 곳에서 일어나는 일은 부차적인 것, 중요치 않은 것이 되고요. 참으로 기가 막힌 충성의 방식 아닙니까. 정신분석학은 공리계의 권리들을 획득하기 위해서 실험 학문이 되는 것을 그만두었습니다. 이러한 정신분석학에는 다음과 같은 **독특한 지침**이 있지요. 즉 정신분석학을 전제하는 조작에서 생기는 진실 외 다른 진실은 없다는 것, 그 결과 정신분석 환자용 침상은 법적으로 무한히 깊고 영원히 마르지 않는 우물이 되었다는 것——이것이 바로 그 독특한 지침입니다. 정신분석학은 진실을 찾으려는 노력을 그만두었습니다. 바로 그 정신분석학이 진실을 구성하니까요. 이를 아주 분명하게 정리해 주고 있는 세르주 르클레르의 말을 한번 더 인용해 봅시다. "원초적 장면은 부모의 침실에서보다 정신분석 사무실에서 훨씬 더 실감나게 이루어진다……. 우리는 상형(象形) 버전에서, 글자 그대로 조작된 실재를 드러내는 구조적인 준거 버전으로 옮아간다……. 정신분석 환자용 침상은 실재와 대결하는 놀이가 실제로 펼쳐지는 곳이 되는 것이다." 정신분석가는 기자처럼 되어 사건을 꾸며냅니다. 여하간 정신분석학은 서비스를 제공하지요. 정신분석학은 해석 작업을 했던 동안, 아니 해석 작업을 하는 동안(즉 시니피에를 추구하는 동안), 욕망들과 발화체들을 확립된 질서와 지배적 의미들과 관련해 정상을 벗어난 상태로 귀결짓습니다. 하지만 동시에 계약에 근거해서 번역 가능하고 교환 가능한 어떤 것인 양, 확립되고 지배적인 그 몸체의 모공들에서 그 욕망들과 발화체들의 위치를 정하지요. 정신분석학은 시니피앙을 발견하고서는 소위 정신분석학적 질서(시니피에의 상상적 질서에 대조되는 상징적 질서)를 내세우는데, 그 질서는 법규를 따르거나 구조적이기 때문에 그 자체만으로도 모든 것이 충족됩니다. 다시 말해서 바로 그런 질서가 하나의 몸체, 그 자체로 충족되는 하나의 자료체를 형성하는 것입니다.

우리는 틀림없이 권력의 문제, 정신분석학의 권력 기구에 관한 문제로 되돌아옵니다. 그 권력이 비록 제한적이고 국한된 것이고 어쩌고저쩌고할지라도 운운하는, 이전과 동일한 뉘앙스로 말이죠. 그런데 이 권력 문제는 다음과 같이 아주 일반적인 고찰들을 통해서만 제기될 수 있습니다. 즉 "모든 권력 형성은 지식을 필요로 한다. 그렇다고 지식이 권력 형성에 종속되어 있는 것은 아니나, 권력 없이 지식 자체로 효력을 발휘하지는 못할 것이다"라는 고찰 말입니다. 이것은 푸코가 한 말인데, 아주 맞는 지적이죠. 그런데 이 사용 가능한 지식에는 두 가지 모습이 있을 수 있습니다. 하나는 비공식적인 것으로, 확립된 기성 질서 안에 있는 이런저런 구멍을 막기 위해서 지식이 그 '빈틈들' 속에 자리를 잡을 때 보이는 모습입니다. 다른 하나는 공식적인 것으로, 지식이 보편화된 공리계를 기성 권력들에 부여하는 상징적 질서를 그 자체로 구성할 때 보이는 모습이죠. 일례로, 고대 사가들은 그리스의 도시와 유클리드 기하학의 상보성을 보여줍니다. 이는 기하학자들이 권력을 지녀서가 아니라,

유클리드 기하학이 지식, 추상 기계를 구성하기 때문이죠. 이때 지식이라는 추상 기계는 도시가 권력·시간·장소를 조직화하는 데 필요로 하는 것이고요. 사유의 이미지를 필요로 하지 않는 국가는 없습니다. 국가에 필요한 공리계나 추상 기계의 구실을 해줄 사유의 이미지를 필요로 하지 않는 국가란 없어요. 반면에 국가는 사유의 이미지가 작동할 수 있도록 힘을 부여하죠. 그렇기 때문에 이데올로기 개념이 부족하면 이 관계를 전혀 설명할 수 없습니다. 여하간 우리가 살펴봤던 바로 그 고전적인 철학의 어처구니없는 역할이란 이처럼 **교회**나 **국가**라는 권력 기구들에 적절한 지식을 제공하는 것이었죠. 그런데 오늘날 인문학이 이와 동일한 역할을 해왔다고 말할 수 있을까요? 다시 말해 인문학 특유의 방식으로 현대 권력 기구들에 어떤 추상 기계를 제공하는 역할을 해왔다고 말예요? 그러면서 권력 기구들로부터 원하는 대가를 받았다고 말할 수 있을까요? [아니요. 그렇지 않습니다.] 그래서 정신분석학이 제안을 하게 되었죠. 철학 대신에 공식적인 메이저 지식, 메이저 언어가 되고, 수학 대신에 인간의 공리계를 제공하며, **명사의 신분**과 대중의 기능을 내세우겠다고 말입니다. 하지만 이 제안이 받아들여졌는지는 확실하지가 않은 것이, 권력 기구들은 물리학·생물학 또 정보학에서 훨씬 더 큰 이익을 얻을 수가 있거든요. 여하간 정신분석학은 할 수 있는 일을 할 것입니다. 정신분석학은 비공식적으로 기성 질서에 봉사하는 일은 더 이상 하지 않고, **불변**의 지위를 차지하기 위해 특정하고 상징적인 질서, 추상 기계, 정신분석학이 언어학 일반에 용접하고자 하는 공용어를 제안하지요. 갈수록 정신분석학은 순수 '사유'에 전념합니다. 살아 있는 정신분석학을 위해서. 하지만 정신분석학은 생기를 잃고 송장이 되지요. 경쟁자들이 너무 많아서 야망을 성취할 기회가 거의 없으니까요. 그 사이에 마이너러티·생성·언어·예술이 전력을 다해 본래의 터전을 떠나 말하고, 사유하고, 행동하며, 다르게 생성될 테니까요. 모든 것은 다른 길로 지나가고, 정신분석학은 저지조차 할 수 없게 됩니다. 아니 오로지 멈춰 세우기 위해서만 저지합니다. 사실 바로 그 점에서 정신분석학은 배치들을 덧코드화하여, 기성 **질서**의 요청에 부응하는 작업으로서, 욕망들에 〈시니피앙의 연쇄들〉을 부과하고 발화체들에 주체의 심급들을 부과하자고 제안하지요. 우리가 지금까지 살펴보았던, 가족에서 인맥으로의 이행, 계약에서 법적 자격으로의 대치, 정신분석학 특유의 질서 발견, 언어학과의 결연이라는 4단계 변화는 욕망과 발화 행위의 배치들을 제어하는 데 관여하고자 하는, 아니 그보다는 이러한 제어의 작업에서 지배적인 자리를 차지하고 싶어하는 이러한 야망을 보여주고 있습니다.

사람들은 우리가 《안티오이디푸스》, 욕망하는 기계들, 욕망의 배치, 그 배치가 동원하는 힘들과 직면한 위험들을 가지고 헛소리를 지껄이고 있다고 생각했습니다. 하지만 헛소리는 우리가 한 것이 아니었죠. 우리는 욕망이 '**법칙**'과는 아무 관계가 없고 그 어떠한 본질적 결핍으로도 정의되지 않는다고 말해 왔습니다. 사실 욕망의 한복판에 존재하는 구성 법칙, 결핍으로서 구성된 욕망, 성스러운 거세, 갈라진 주체, 죽음 충동, 죽음에 대한 이상한 문화와 같은 것들은 신부나 할 법한 생각이니까요. 그리고 욕망을 주체와 대상 사이에 놓여진 다리로 여기는 것 역시 같은 맥락이 아닌가 합니다. 이 경우에 욕망의 주체는 분열된 상태로 갈라져 있고, 대상은 그 전에 이미 잃어버린 상태일 수밖에 없습니다. 우리가 밝혀 보이고자 애썼던 것은, 방금 설명한 바와는 반대로, 어떻게 욕망이 이 주체와 대상으로 이루어진 좌표들 바깥에 멀찌감치 떨어져 있는지 알아보는 것이었습니다. 우리가 보기에, 욕망은 하나의 과정으로서 **일관성의 판**, 내재성의 장, 다시 말해서 아르토가 말했듯이 대상들과 주체들로부터 새어나온 입자들과 흐름들이 편력하는 '기관 없는 몸체'를 연속적으로 펼쳐 보이는 듯했으니까요.[15] 그러니까 욕망은 대상을 지향하지 않을 뿐만 아니라 주체 내부에 있지도 않은 것이죠. 욕망은 이미 존재해 있는 것이 아니라서 구성해야만 하는 하나의 판, 입자들이 발산되고 흐름들이 결합하는 장소인 그 판에 완전히 내재되어 있습니다. 다시 말해서 욕망은 그런 하나의 장이 펼쳐지고, 그런 흐름들이 확산되며, 그런 입자들이 발산되는 경우에, 바로

---

15) 들뢰즈의 핵심 개념인 일관성의 판, 내재성의 장은 만물의 존재 기반이 되는 일관되고 균일한 판('고른판'으로 옮기기도 한다)이자, 선험적·초월적이 아닌 경험적·내재적인 어떤 평면이다. 다시 말해 만물은 신과 같은 외부의 초월적 근원에 기인하는 것이 아니라, 의식할 수는 없지만 존재하는(그래서 무의식인) 욕망들의 온갖 흐름을 생성케 하는(그와 더불어 생성되는) 어떤 잠재적인 실재에서 비롯한다. 이렇게 해서 형이상학적 개념들은 라캉의 '실재'를 전유한 들뢰즈의 정신분석 비판과 연관되며, 《안티오이디푸스》에서는 실재=무의식=기관 없는 몸체라는 연계를 통해 정치사회적으로도 확장된다. 기관 없는 몸체는 흔한 오해와 달리 기관이 없는 것이 아니라 기관들이 하나의 유기체로 통합되지 않고 부분 대상 혹은 욕망하는 기계들 자체로 접속될 뿐임을 강조하는 용어이다. 그 기계들이 등록되는 표면이 기관 없는 몸체이며 그것은 배아 상태의 알일 수도 있고 거대한 사회체일 수도 있지만, 하나의 동일성이 부여된 인격적 주체는 아니다. 주체는 욕망들의 연결과 분리를 통한 접합접속의 결과로 파생되는 효과일 뿐이며 그렇게 이해될 때 욕망은 인간적 구속, 가족 삼각형 및 사회 제도를 넘어 분열증적 흐름을 이어갈 수 있다. 들뢰즈의 정신분석 비판은 결국 욕망의 인간화에 대한 저항이자 그 좁은 가두리를 넘어 우주 전체의 규모로 욕망을 사유하려는 시도로 볼 수 있을 것이다. [역주]

그 경우에 한해서만 존재합니다. 욕망은 하나의 주체를 전제하기는커녕, 오직 누군가가 **나**(Je)라고 말할 수 있는 권리를 박탈당할 때에만 접근할 수 있습니다. 욕망은 하나의 대상을 향하기는커녕, 오직 누군가가 자신을 주체로 파악하지 않는 만큼 더는 대상을 추구하지도 붙잡지도 않는 때에만 접근할 수 있습니다. 이에 대해, 이러한 욕망은 완전히 미규정적인 것이고, 그렇기에 더욱더 그 욕망에서 결핍이 느껴지는 것 아니냐라고 반박들을 하지요. 그런데 도대체 누가 대상과 주체의 좌표들을 잃었다고 해서 여러분한테 무엇인가가 결핍되었다는 믿음을 갖게 합니까? 그리고 부정 관사와 부정 대명사들(어떤/하나의(un), 일반 사람들/누구(on)), 3인칭들(그, 그녀), 부정법 동사들——이런 것들이야말로 세상에서 가장 명확하게 규정될 수 있는 것들이라고 믿도록 누가 여러분한테 충동질합니까? 기관 없는 몸체로서 일관성이나 내재성의 판에는 공터들과 사막들이 있습니다. 그런데 이 공터와 사막은 욕망에 어떤 결핍 나부랭이를 파놓기는커녕 '충만하게' 욕망의 일부가 됩니다. 이런 공터와 결핍을 혼동하다니 참 희한하기도 하죠. 실로 우리에게는 일반적으로 동양의 한 입자, 즉 선(禪)의 한 알갱이가 부족합니다. [그런 점에서] 거식증이야말로 특히 정신분석학의 영향에 의해 가장 나쁜 평가를 받아 온 증상이 아닌가 싶군요. 그러나 거식증의 공터, 거식증을 보이는 기관 없는 몸체에만 있는 그 공터를, 결핍으로 여겨야 할 이유는 전혀 없습니다. 그것은 오히려 입자들과 흐름들이 편력하는 욕망의 장을 구성하는 한 일부이지요. 이 거식증에 관해서는 조금 후에 자세히 다루도록 하지요. 여하간 사막이 기관 없는 몸체로서 그 사막을 자주 오가는 부족들을 막은 적이 없듯이, 공터는 그곳에서 분주히 움직이는 입자들을 방해한 적이 없습니다.

 일반적으로 사막 하면, 목마른 탐험가와 공터의 이미지, 푹 꺼져 들어가는 땅바닥의 이미지가 떠오릅니다. 사자(死者)의 이미지들은, 욕망과 동일시된 일관성의 판이 정착할 수 없고 그 판이 만들어지는 데 필요한 조건들이 없는 경우에만 떠오르지요. 말을 바꿔서 일관성의 판 위에 있는 것이라면, 그것이 비록 아주 희박한 입자들과 점차 느려지거나 바짝 메마른 흐름들일지라도 어떠한 결핍도 나타내지 않으면서 욕망을, 욕망의 순수한 삶/생명을 이룹니다. 로렌스의 말대로 순결함은 하나의 흐름이지요. 일관성의 판이란 괴상야릇한 것일까요? 이를 이해하기 위해서는 다음 두 가지를 동시에 살펴보아야만 합니다. 당신에게는 이미 일관성의 판이 있습니다. 만약 일관성의 판이 이미 당신에게 있지 않으면, 또 그 판이 당신의 욕망과 동시에 길을 내지 않으면, 당신은 어떠한 욕망도 느끼지 못할 테니까요. 마찬가지로 당신에게는 일관성의 판이 없습니다. 당신의 장소들, 배치들, 입자들과 흐름들을 발견하고서도 그 판을 구성하지 못하거나 만들 줄 모른다면 당신은 욕망하는 것이 아니니까요. 다음 두 가지도 함께 살펴보아야 하지요. 일관성의 판은 혼자서 단독으로 만들어지는데, 당신은 그것을 볼 줄 알아야 합니다. 또 당신은 일관성의 판을 만들어야만 하는데, 이번에는 그것을 만들 줄 알아야 하고, 당신에게 닥친 위험과 위기들에도 좋은 방향을 취할 줄 알아야 합니다. 욕망, 신부들 말고 그 누가 이 욕망을 '결핍'이라고 부르겠습니까? 니체는 욕망을 **힘의 의지**라고 불렀지요. 저마다 다르게 욕망을 이름 지을 수 있습니다. 예컨대 은혜라고도 할 수 있고요. 욕망하기는 쉬운 일이 전혀 아니지만, 그것은 결핍되는 것이기는커녕 주는 것이기 때문에 '주는 미덕(vertu qui donne)'입니다. 욕망을 결핍과 연결시키는 사람들, 거세를 노래하는 사람들의 기다란 행렬은 오랜 원한과 한없는 허위의식을 잘 보여줍니다. 그런데 이는 실제로 무엇인가 결핍된 사람들의 불행을 잘 모르고 무시하는 것일까요? 실제로 무엇인가가 결핍된 사람들은, 정신분석학에서 논하는 사람들이 아닐 뿐만 아니라(그 반대로 정신분석학은 그 둘을 구분 지으면서, 실제적인 결여들에는 관심이 없다고 아주 소리 높여 얘기하죠), 욕망하게 만들어 주는 어떠한 일관성의 판도 가지고 있지 않습니다. 그들은 아주 갖가지 방식으로 일관성의 판을 갖지 못하게끔 방해를 받지요. 그러나 일단 그들이 일관성의 판을 하나 구축하기만 하면, 그 즉시 그들은 그 판 위에서 아무것도 결핍된 것이 없게 됩니다. 바로 그 판에서부터 그들은 바깥에서 결핍하고 있는 것을 향해 의기양양하게 출발하죠. 결핍은 욕망의 긍정성을 참조합니다. 하지만 욕망은 결핍의 부정성을 참조하지 않습니다. 판의 구축은 개체적임에도 불구하고 하나의 정치라서 필연적으로 어떤 '집단' 집합적 배치들, 일련의 사회적 생성들을 개입시킵니다.

2개의 판, 즉 판의 두 유형을 구분할 필요가 있습니다. 그 중 하나는 **조직**이라고 이름 붙일 수 있는 판입니다. 이 판은 형식들을 전개시키면서 동시에 주체들을 형성하는 데 관여합니다. 그래서 구조적**이고도**(et) 발생론적인 판이라고 하기도 하죠. 어쨌거나 이 판은 보충적 차원, 더해진 차원, 숨겨진 차원을 가지고 있어서, 단독으로 제시되지 않고 언제나 그것이 구축한 것으로부터 도출되고 추론되며 귀납되어야만 합니다. 이는 음악에서 작곡의 원리가 그 원리가 부여하는 것을 들음으로써 바로 파악될 수 있는 것이 아닌 이치와 같습니다. 따라서 이 판은, 그것을 **자연/본성**, 아니면 **무의식**의 심연에다 밀어넣고서 최대한의 내재성을 부여할 때조차도 인간이나 신의 정신에 담긴 일종의 구상, 초월성의 판입니다. 이런 종류의 판이 형식·장르·주제·동기들을 조직하고 발전시키며 주체·인물·성격·감정들을 할당하고 진화하도록 만드는 한, 다시 말해 형식들의 조화와 주체들의 교육을 담당하는 한, 그것은 **법칙**의 판이기도 하지요.

이와는 완전히 다른 판도 있습니다. 위에 열거한 것들에 전혀 신경을 쓰지 않는 판이죠. **일관성**의 판. 이 색다른 판은 흐름들에 쓸려가는 분자들이나 입자들처럼 형식화되지 않은, 비교적 형식화되지 않은 요소들 사이에서 일어나는 움직임과 정지의 관계들, 빠름과 느림의 관계들에만 관여합니다. 주체들은 관심 밖으로 밀려나고 대신 '개성(個性) 원리(heccéité)들' [16]이라고 불리는 것들이 부각됩니다. 실제로 모든 개체화는 주체의 모드뿐만 아니라 대상의 모드조차도 따르지 않습니다. 한 시간, 한 날, 한 철, 한 기후, 일 년이나 수년——열기의 정도, 강도, 구성되는 매우 차이 나는 강도들——이러

---

16) 영문판 역주: 'heccéité'는 스콜라 철학에서 나온 용어로 주로 '이것임'이라고 번역된다. 들뢰즈는 'heccéité'가 둔스 스코투스학파가 존재의 개체화를 지칭하기 위해 자주 사용하던 용어라고 말하면서, 이를 보다 특별한 의미로 사용한다. 다시 말해 물건의 개체화도 사람의 개체화도 아닌 사건의 개체화라는 의미로 사용하는 것이다(바람, 강, 날, 혹은 한 날의 어떤 시간). 모든 개체화는 사실 이러한 유형에서 나온다는 것이 바로 들뢰즈의 테제이며, 가타리와 함께 저술한 《천개의 고원》에서 전개된 테제이기도 하다. (역주)

한 것들에는 형식화된 대상이나 주체에 있는 개체성과는 혼동될 수 없는 완전한 개체성이 나타나지요. "이런 오후 5시잖아!" 이것은 순간도 아니고, 방금 언급한 유형의 개체화를 특징짓는 짧음도 아닙니다. 하나의 개성 원리는 한 형식이 전개되고 한 주체가 진화하는 데 필요한 시간만큼, 심지어 그 이상까지도 지속될 수 있습니다. 하지만 그렇다고 떠도는 시간, 즉 **크로노스**(Chronos)와 대조를 이루는 **아이온**(Aiôn)의 떠도는 선들과 같은 유형의 시간은 아닙니다.[17] 개성 원리들은 오로지 〈구성되는 역량의 정도〉로서, 변용하고 변용받는 능력, 능동적이거나 수동적인 변용태들, 강도들이 이에 속합니다. 버지니아 울프의 여주인공은 산책을 하면서 세상 만물을 가로질러 하나의 금속 날처럼 쭉 뻗어 들어가면서도, 단 하루라도 사는 것은 위험한 일이라 느끼며 바깥으로부터 응시합니다("나는 이것이거나 저것이고, 그는 이것이고, 그는 저것이야…… 앞으로는 절대로 이렇게 말하지 않으리라"). 여기서 산책 그 자체가 하나의 개성 원리입니다. 미규정적이지 않은 부정 관사와 부정 대명사들, 사람이 아니라 사건을 나타내는 고유 명사들, 미분화(未分化)되지는 않았지만 생성이나 과정들을 구성하는 부정법 동사들로 표현되는 것이 바로 개성 원리들이죠. 이러한 요소들로 이루어진 발화 행위를 필요로 하는 것도 바로 개성 원리이고요. **개성 원리=사건**. 이것은 삶의 문제입니다. 이런 판을 따라서, 아니 그보다는 이런 판 위에서 다음 문장에서 보여주는 식으로 살기. "그는 **바람만큼이나 자유분방하면서 밤일은 매우 비밀스럽게 진행한다……**"(샤를로트 브론테) 이 문장의 절대

---

17) 크로노스와 아이온의 시간에 대해서는 들뢰즈의 《의미의 논리》 계열 23을 참조하자. [역주]

적인 완벽함은 어디에서 오는 것일까요? 피에르 슈발리에는 그가 발견하고 그를 관통하는 이 문장에 전율합니다. 만일 슈발리에 자신이 이 문장을 관통하는 하나의 개성 원리가 아니었다면 과연 감격했을까요? 사물·동물·사람은 이제 움직임과 정지, 빠름과 느림(경도), 변용태, 강도(위도[18])에 의해서만 정의됩니다. 이제 형식들은 없고, 형식화되지 않은 요소들간에 이루어지는 운동학적 관계들이 있습니다. 이제 주체들은 없고, 집합적 배치들을 구성하는, 주체 없는 역학적 개체화들이 있습니다. 아무 일도 전개되지 않지만, 이런 저런 것들이 뒤늦게 혹은 미리 생겨나서, 나름의 속도 조성에 따라 그러한 배치로 들어갑니다. 아무것도 주체화되지 않지만, 개성 원리들은 주체성 없는 역량들과 변용태들의 조성에 따라 그 면모를 드러냅니다. 속도들과 강도들로 만들어진 지도. 우리는 이미 빠름과 느림에 대한 다음과 같은 이야기를 우연히 접한 적이 있습니다. 즉 빠름과 느림들은 공통적으로 한가운데서 생겨나고 〈언제나-사이〉에 있다는 이야기. 또한 이것들은 공통적으로 지각 불가능한데, 그것은 마치 일본 스모 선수들이 천천히 큰 동작을 취하다가 갑자기, 너무 빨라서 남들이 미처 알아차릴 겨를조차 없이 결정적인 동작을 취하는 것과 같다는 이야기. 빠름은 느림에 어떠한 특권도 가지고 있지 않습니다. 실제로 그 둘은 모두 신경을 뒤틀어 놓지요. 아니 더 정확하게는 신경을 길들여서 [오히려] 평정을 취하게 합니다. 앙투

---

18) **개성 원리**——또 경도, 위도——는 상당히 중세적인 개념들로서, 몇몇 신학자들·철학자들과 물리학자들이 아주 철저하게 분석해 놓았습니다. 그 덕분에 우리가 이 개념들을 사용할 수 있는 것이죠. 비록 상이한 의미로 그 개념들을 사용하고 있기는 하지만 말입니다.

안. 한 명의 소녀나 한 무리의 소녀들이란 무엇일까요? 프루스트는 그것을 느림과 빠름의 유동적 관계들, 또 개성 원리에 의한 주체적이지 않은 개체화들로 묘사합니다.

바로 이 판, 오로지 경도와 위도에 의해서만 정의되는 이 판이야말로 조직 판과 대조를 이룹니다. 이 판이야말로 진짜 내재성의 판이죠. 왜냐하면 이 판에는 그 위에서 일어나는 일을 보충하는 차원이 전혀 없거든요. 이 판에 속하는 차원들이라면 그 위에서 일어나는 일과 더불어 불어나거나 줄어듭니다. 물론 판으로서의 특성을 저해하지 않고서요(n차원의 판). 이제 목적론적 판, 하나의 구상은 사라지고, 기하학적 판, 추상적인 구상이 나타납니다. 이 기하학적 판은 그 차원이 어떠하든간에——즉 **플라노메논/평면태**(Planomène)나 [뿌리에 영향을 미치는 범위를 의미하는] **리좀구/근권**(根圈, Rhizosphère), [사차원 이상의 고차원으로의 확장을 의미하는] 초구(超球, hypersphère) 중 어떤 차원에 속하건 간에——어떤 온갖 형태들의 단면도 같은 것이지요. 이 판은 고정판(plan fixe)과 같습니다. 그런데 여기서 '고정'이라는 말은 부동(不動)의 의미가 아니라, 휴지(休止)라는 절대 상태와 마찬가지로 움직임이라는 절대 상태를 가리키는 것으로서, 이것과 관련지을 경우 상대 속도의 변화들은 그 자체로 전부 지각 가능한 것들이 됩니다. 내재성이나 일관성의 판에는 안개, 페스트, 공터, 도약, 움직이지 않게 되기, 일시 정지, 서두름들이 있습니다. 실패가 그 판 자체를 이루기 때문이죠. 그래서 실제로 언제나 [중단한 것을] 다시 해야만, 한복판에서 다시 해야만 합니다. 요소들이 배치를 바꾸도록 만들어 주는 빠름과 느림의 새로운 관계들을 그 요소들에 부여할 수 있도록 말입니다. 또 하나의 배치에서 다른 하나의 배치로 훌쩍 건너뛸 수 있도록 말이지요. 그리하여 그 판 위에 많은 판들이 놓여 다양체를 이루고, 침묵이 소리판의 일부를 이루는 것처럼, 공터들이 그 판의 일부를 이루어, 아무도 '무엇인가가 부족하다'고 말할 수 없게 됩니다. 불레[19]는 "1개의 테이프를 다시 돌릴 때마다 박자의 상이한 특성들이 나타나도록 기계를 프로그램하는 것"에 대해서 말합니다. 그리고 케이지[20]는 다양한 속도를 내는 괘종시계에 대해서 말하죠. [이처럼] 몇몇 현대 음악가들은 내재하는 판에 대한 실용적인 생각을 끝까지 밀어붙였습니다. 이 생각 속에서 숨겨진 조직 원칙은 더 이상 존재하지 않고, 과정은 그로부터 발생한 것만큼 들을 수 있어야 하며, 형태들은 소리의 입자나 분자들 간에 이루어지는 속도의 변화들을 해방시키기 위해서만 간직되고, 주제들·동기들·주체들은 떠다니는 변용태들을 해방시키기 위해서만 남아 있죠. 불레가 바그너의 라이트모티프를 다루는 특이한 방식을 보세요. 여기서 동양과 서양, 즉 동양에서 유래한 내재성의 판과 서양의 고질병이었던 초월적인 조직의 판을 대조

---

19) 피에르 불레(1925-)는 프랑스의 음악가로 작곡, 음악 분석, 오케스트라 단장, 음악 교육 등에서 이름을 떨쳤다. 처음에는 리옹에서 수학을 공부했으나 이후 파리 예술학교에 들어가 메시앙, 보라부르 아래에서 음악 교육을 받았다. 메시앙에게 영향을 받은 무조 음악을 계속해서 작곡했으며 음도(音度)는 물론 음의 지속, 역동, 악센트 등을 연속되는 방식으로 만들었다. 전후 추상예술과 실험예술로 향하는 예술계 움직임을 이끄는 중요한 인물 중 하나이다. [역주]

20) 존 케이지(1912-1992)는 미국의 전위 작곡가. 서양 음악이 옥타브라는 제한된 음가를 중심으로 구성되었다는 사실을 인정하지 않고, 피아노나 바이올린 등 18세기 악기가 내는 소리만을 음악의 영역으로 설정한 고정 관념에 반기를 든 가장 적극적인 전위 음악가이다. 동양 음악 특히 선에 관심을 가졌고, 여러 규정되지 않은 테크닉을 음악에 도입하였다. [역주]

하는 것만으로는 충분하지 않을 것입니다. 예컨대 동양의 시나 그림, 무술들은 아주 많은 경우에 순수 개성 원리들에 따라 이루어지고, '한복판'에서 생겨나지요. [하지만] 서양 그 자체에도, 형식들을 가져다가 거기서 속도 표시들을 끄집어내고, 주체들을 녹여서 거기서 개성 원리들만을, 오로지 경도와 위도들만을 추출하는 그 거대한 내재성의 판이나 일관성의 판이 스며들어 와 있기는 하니까요.

일관성의 판, 내재성의 판——이것은 이미 스피노자가 질서와 법칙의 옹호자들인 철학자나 신학자들을 반박하기 위해서 구상했던 것입니다. 또 횔덜린-클라이스트-니체, 이 3인조가 이미 그 판에 속하는 글쓰기, 예술, 새로운 정치까지도 구상했지요. 그 결과 괴테나 쉴러, 헤겔이 추구했던 형식의 균형잡힌 전개와 주체의 매우 질서 정연한 형성은 더 이상 보이지 않고, 그 대신 병적인 긴장과 서두름의 연속, 일시 정지와 화살 표시들의 연속, 다양한 속도들의 공존, 생성의 블록, 공터들을 훌쩍 뛰어넘는 도약, 하나의 추상적인 선 위에서 일어나는 무게 중심의 이동, 하나의 내재성 판 위에서 생기는 접합접속들, 입자들과 변용태들을 해방하는 아찔한 속도를 지닌 '답보 상태의 과정' 등이 나타났습니다(니체의 두 가지 비결. 하나는 영원 회귀로서, 이는 차라투스트라가 항상 변화하는 빠름들과 느림들을 선별하는 고정판입니다. 다른 하나는 아포리즘으로, 이는 단편적 글쓰기를 말하는 것이 아니라, 요소들 사이에 있는 빠름들-느림들이 변화하지 않고서는, 두 번 읽힐 수 없고 '다시 지나갈' 수 없는 배치를 말하죠). 이 모든 것, 이 모든 판은 단 하나의 이름을 갖는데, 그 이름은 바로 **욕망**입니다. 당연한 말이지만 결핍이나 '법칙'과는 아무 상관도 없는 것이죠. 니체의 말처럼 과연 누가 그것을 법칙으로, 뒷맛이 너무나도 도덕적인 그런 말로 부르고 싶겠습니까?

　지금까지 우리는 욕망이 입자들간의 빠름들과 느림들(경도), 역량의 정도들에 속하는 변용태들, 강도들과 개성 원리들(위도)과 관련되어 있다는 단순한 문제를 살펴보았습니다. **한-뱀파이어-낮에-자다-그리고-밤에-깨다.** 여러분은 욕망이 얼마나 단순한지 아십니까? 자다는 욕망입니다. **산책하다**도 욕망이고요. **음악을 듣다**, 아니면 **음악을 연주하다**, 아니면 **글을 쓰다**, 이 모두가 욕망입니다. 어느 봄과 겨울도 욕망이지요. 노년 역시 욕망입니다. 심지어 죽음도. 욕망은 해석할 필요가 전혀 없고 단지 경험하기만 하면 됩니다. 사람들은 정말 말도 안 되는 이유들로 우리를 반박합니다. 그러니까 우리가 쾌락의 낡은 숭배, 쾌락 원칙, 또는 축제의 발상(혁명은 축제가 될 것이다……)으로 다시 돌아가고 있다고들 말하지요. 그리고서 내적인 문제로 인한 것인지 아니면 외적인 문제로 인한 것인지 모르겠지만 잠을 못 자는 사람들, 잠을 잘 만한 능력도 시간도 없는 사람들, 또는 음악을 감상할 시간이나 소양이 없는 사람들, 산책할 권한도 없고, 병원 밖에서는 병적인 긴장에 빠지지도 못하는 사람들, 또는 끔찍한 늙음이나 죽음에 충격을 받는 사람들, 한마디로 고통받는 모든 종류의 사람들을 반론으로 내세우면서, "정말 이런 사람들에게 아무 '결핍'도 없다는 말입니까?"라고 우리한테 질문을 던집니다. 그들이 내세우는 반론의 압권은, 우리가 욕망을 결핍과 법칙으로부터 벗어나게 만들었기 때문에, 이제는 오직 자연 상태만을, 저절로 생겨나 자연 상태로 있는 실재로서의 욕망만을 내세울 수밖에 없다고 말하는 것이지요. 우리는 정반대로, **오로지 배치되거나 꾸며진 욕망만이 있을 뿐**이라고 설명해 왔는데도 말입니다. [한마디로] 여러분은 어떤 규정된 배치 밖에 있는 욕망, 즉 이미 존재해 있는 것이 아니라서, 구축되어야만 하는 어떤 판 위에 있는 욕망을 파악하거나 납득할 수 없는 것입니다. 여하간 단체이건 개체이건 각각이 나름의 삶과 기획을 이루는 터전, 곧 내재성의 판을 구축하는 것——이것이야말로 유일하게 중요한 일입니다. 이러한 여건 밖으로 나가면, 여러분은 실제로 무엇인가를, 정확하게 말해서 욕망을 가능하게 만드는 여건을 결핍하게 될 것입니다. 여러 형태의 조직들, 또 여러 주체의 형성들(다른 판)은 욕망을 '무력하게 만듭니다.' 왜냐하면 그러한 것들이 욕망을 법에 복종시키고, 결핍을 욕망에 끌어들이기 때문이죠. 만일 여러분이 누군가를 구속하고서, 그 사람한테 "이봐 친구, 네 생각을 말해봐"라고 한다면, 이 경우에 들을 수 있는 대답은 구속받고 싶지 않다는 것이 전부일 것입니다. 아마도 욕망에서 볼 수 있는 유일한 자발성이라면, 이 상황이 보여주듯 억압, 착취, 예속, 복종을 당하고 싶어지지 않는 것이겠죠. 그러나 비-의지(non-vouloir)들로 욕망을 이룬 적은 단 한번도 없었습니다. [이런 맥락에서] 예속되고 싶지 않다는 명제는 아무 쓸모가 없는 것이죠. 반면에 모든 배치는 욕망을 가능하게 만드는 판, 욕망을 가능하게 만듦으로 욕망을 실행하는 그 판을 구축하면서, 욕망을 나타내고 일으킵니다. 욕망은 특권자들의 전유물이 아닙니다. 일단 혁명이 일어나 성공했을 때에만 나타나는 것은 더더욱 아니고요. 욕망 그 자체에 내재적인 혁명의 과정이 있으니까요. **욕망은 구성주의의 산물이지, 절대로 자연혁명론의 산물이 아닙니**

다. 모든 배치가 집단을 이루는 이상, 욕망 그 자체도 하나의 집단이고, 그런 면에서 모든 욕망은 민중의 관심사, 즉 대중의 문제이고 분자의 문제라는 것은 정말 맞는 말입니다.

우리는 욕망을 불러일으키는 내적 충동들이 있다는 것조차 믿지 않습니다. 내재성의 판은 내부성과 아무 상관도 없습니다. 그 판은 모든 욕망이 비롯되는 **바깥**과 같은 것이니까요. 소위 죽음 충동처럼 터무니없는 이야기를 들을 때마다 에로스와 타나토스의 그림자 연극이 떠오릅니다. [여기서] 우리는 다음과 같이 물을 필요가 있습니다. "죽음 만세!"라는 발화체가 바로 그 일부를 이루고 거기서 죽음 그 자체가 욕망될 정도로 충분히 비틀리고 충분히 괴상망측한 배치가 있을 것인가? 아니면 그것은 어떤 배치의 역, 그 배치의 붕괴, 그 배치의 파탄은 아닐 것인가? [이 물음들에 답하기 위해서는] 그러한 욕망이 가능하게 되고 동원되며 진술되는 배치를 설명해야만 합니다. 그런데 [그 전에] 절대로 우리는 구조의 불변항들이나 발생론적 변항들을 가리키는 충동들을 내세우지 않을 것임을 밝혀 둡니다. 구강 성분, 항문 성분, 생식기 성분 등——우리는 이러한 성분들이 어떤 배치들로 들어가는지 매번 묻습니다. 이 성분들이 어떤 충동에 대응되는지, 이 성분들을 부각시키는 것은 어떤 추억이며 어떤 고착인지, 이 성분들은 어떤 사소한 사고들을 가리키는지에 대해서는 묻지 않고, 이 성분들이 어떤 외래 성분들로 구성되어 하나의 욕망을 만들고 스스로 욕망이 되는지를 묻지요. 이는 물론 어린아이에게도 마찬가지라서, 어린아이는 바깥을 가지고, 바깥을 장악함으로써 자신의 욕망을 꾸미지, 내부적 단계들에서나 초월적 구조하에서 그러지는 않습니다. 한번 더 꼬마 한스의 사례로 돌아가 봅시다. 그 사례에는 길·말·마차·부모, 친히 등장하는 프로이트 교수, '오줌 누기'가 나옵니다. 오줌 누기란 한 기관이나 하나의 기능이 아니라 기계 작동이고 기계의 한 부품이지요. 〈말 한 마리가 어느 날 길에〉라는 빠름들과 느림들, 변용태들과 개성 원리들도 나오고요. 어린아이에게조차도 배치의 정치들만이 있을 뿐입니다. 그런 의미에서 모든 것은 정치죠. 오로지 프로그램들, 더 정확하게 말하면 도표들이나 판들만이 있을 뿐, 추억들이나 심지어 환상들조차 없습니다. 오로지 생성들과 블록들, 즉 어린 시절의 블록, 여성성의 블록, 동물성의 블록, 현행하는 생성의 블록들만이 있을 뿐, 기억, 상상이나 상징이 될 만한 것은 아무것도 없습니다. 욕망은 상형적이지도 상징적이지도 않고, 또 시니피앙도 시니피에도 아닙니다. 단지 교차하고 서로 결합하거나 방해하고, 내재성의 판 위에서 이런저런 배치를 이루는 차이 나는 선들로 만들어진 것이죠. 이때 내재성의 판은 그 판을 구성하는 배치들과 그 판을 그리는 추상선들보다 먼저 존재하지 않습니다. 우리는 이 판을 항상 자연판/본성의 판이라고 부르는데, 이는 이 판의 내재성을 강조하기 위함입니다. 여기서 자연적 본성(nature)과 인공적 수단(artifice)을 구별하는 것은 전혀 타당하지 못한 일입니다. 개중에 다른 층위와 관련해서 [자연적] 본성의 층위라 부를 수 있는 것까지 포함하는 여러 층위들을 공존시키지 않는 욕망은 없습니다. 하지만 내재성의 판의 모든 인공적 수단을 동원하여 구축해야만 하는 것이 바로 자연적 본성이기도 하지요. 봉건제 배치의 여러 요소들 가운데에는 '말-등자(橙子)-창'이 있습니다. 기사가 취해야 하는 자연스러운 자세, 창을 잡는 자연스러운 방식이 등자를 세상에서 가장 자연스러운 것으로 만들고 말을 가장 인위적인 것으로 만드는 인간-동물의 새로운 공생 관계에 의존합니다. 이상의 것으로부터 욕망의 모습들이 생겨난 것은 아닙니다. 그 모습들은 이미 배치를, 배치에 의해 채택되거나 만들어진 요소들의 합을, 기사만큼이나 귀부인을, 성배를 찾아 유랑하는 행로만큼이나 잠자고 있는 기사를 그리고 있었으니까요.

우리는 내재성의 장이나 일관성의 판 위에서 **강도의 연속체(con-tinuum)들이 생겨나고, 흐름들이 결합하고, 변화하는 속도에 따라 입자들이 방출될** 때마다 욕망의 배치가 이루어진다고 말했습니다. 가타리는 슈만-배치에 관해 이야기합니다. 이렇게 한 고유 명사로 지칭되고 있는 음악 배치란 과연 무엇일까요? 이런 배치에는 어떤 차원들이 있을까요? 여기에는 여자-어린아이-명연주가인 클라라와의 관계, 클라라 선이 있습니다. 슈만이 가운뎃손가락을 동여매어 약지를 독립적으로 사용하려고 만든 소형 수동 기계가 있습니다. 리토르넬로——수많은 어린 시절의 블록들처럼, 슈만을 사로잡아 그의 전 작품을 관통하고, 주제나 형식의 안으로 말리는 회선, 절제, 빈곤화로 합의된 기획 전체를 가로지르는 작은 리토르넬로들이 있습니다. 여기에는 또한 그런 식의 피아노 사용, 탈영토화의 움직임이 있어서, 이 탈영토화의 움직임이 리토르넬로("날개들이 아이에게 돋아났다")를 본질적으로 단순하거나 단순화된 하나의 형식으로부터, 아주 복잡한, 빠름-느림, 더딤-이름의 변용태들과 역학 관계들을 생산할 수 있는 독창적인 폴리포니 배치로, 하나의 선율선 위로 데려갑니다. 여기에는 간주곡이 있습니다. 아니 더 정확히 말해서 슈만의 작품에는 간주곡들만이 있습니다. 이 간주곡들은 소리의 판이 조직 법칙이나 전개 법칙[21]에 휘둘리는 것을 막기 위해서 음악이 **한가운데**를 통과하게 하지요. 이상의 모든 것들은 욕망의 구성 배치 안에서 서로 결합합니다. 지나가고 움직이는 것은 바로 욕망 그 자체입니다. 슈만이라는 존재는 필요하지 않습니다. 슈만의 음악 듣기. 그 대신에 이 모든 배치가 흔들리도록, 소형 수동 기계가 손가락을 마비시키고, 그러고 나서 슈만의 미치광이-되기를 야기하고 ……와 같은 일이 일어납니다. 우리는 단지 욕망은 매번 조금씩 구축해야만 하는 일관성의 판과, 또 그 판 위에 있는 연속체들, 결합들, 방출들과 같은 배치들을 따로 떼어 생각할 수 없는 것이라고만 말했습니다. 결핍은 없으나, 분명 위험이나 위기가 없지는 않다고 말입니다. 욕망, 펠릭스는 그것을 하나의 리토르넬로라고 합니다. [단순한 듯 보이나] 이는 이미 상당히 복잡한 말입니다. 왜냐하면 리토르넬로란 이를테면 소리의 영토성과 같은 것이고, 어두운 곳에 있으니 무서워서, "아, 엄마 얘기를 해드릴게요……"[22](정신분석학이 그 유명한 '포르트-다(Fort-Da)'[23] 게임에서 리토르넬로를 발견하는 대신에 음운형의 대립을 보았다면 그 게임을 아주 잘못 이해했던 것입니다)라고 자신을 달래는 어린아이이기 때문입니다. 그러면서 또

---

21) 슈만에 관한 롤랑 바르트의 논문을 참조할 것. Roland Barthes, *Rasch*, in ⟨Langue, discours, société⟩, éd. du Seuil, 218쪽 이하.

22) 프랑스 전래 동요의 한 소절. (역주)

23) 독일어로 'fort' 는 '없어졌다, 사라졌다' 는 의미이고, 'da' 는 '여기 있다' 라는 의미. 프로이트는 요요처럼 끈이 달린 물체가 사라졌다가 다시 나타날 때 자신의 손주가 하는 말인 '포르트-다' 에 주목하고 이 포르트-다 게임을 잠깐씩 엄마가 부재중일 때 아이가 느끼는 두려움을 상쇄하려는 시도와 연결시켜 이를 통해 쾌락 원칙의 작용과 억압된 것의 회귀를 설명하고자 했다. (역주)

그것은 변화하는 속도들과 떠다니는 변용태들을 추출해 내기 위해서 하나의 형식과 하나의 주체를 장악하는 탈영토화의 모든 움직임이기도 합니다. 이때 음악은 시작되지요. 욕망에서 중요한 것——그것은 법칙과 자발성 중 하나만을, 자연적 본성과 인공적 수단 중 하나만을 취하는 잘못된 양자택일의 선택이 아니라 영토성들, 재영토화들, 탈영토화의 움직임들이 제각기 어우러지는 연주입니다.

  우리는 욕망을 다루면서도 쾌락과 그 쾌락의 축제들은 더 이상 생각하지 않았습니다. 분명히 쾌락은 기분 좋은 것이니까 당연히 우리도 그 쾌락을 힘껏 추구합니다. 그런데 가장 사랑스러운 형태의 또는 가장 없어서는 안 되는 형태의 쾌락이 내재성의 장을 구성하는 욕망의 과정을 중단시키려고 합니다. 배출-쾌락(plaisir-décharge)이라는 생각만큼 그 의미를 명확하게 드러내는 것은 없습니다. 쾌락을 얻고 나서 욕망이 재생되기 전에 사람들은 약간일지라도 고요를 누릴 것입니다. 쾌락 예찬에는 욕망에 대한 증오나 두려움이 많으니까요. 쾌락은 정동의 할당이고 한 사람이나 한 주체의 감정으로서, 한 사람이 그의 한계를 벗어나는 욕망의 과정 속에서 '자신을 되찾기' 위한 유일한 수단입니다. 쾌락들, 가장 아찔한 쾌락들, 또는 가장 인위적인 쾌락들조차도 재영토화에 속할 수밖에 없습니다. 욕망이 쾌락을 규범으로 여기지 않는다면, 이는 충족이 불가능해 보이는 내부적 **결핍**이라는 명목하에서가 아니라, 반대로 그 욕망의 긍정성, 다시 말해서 욕망이 진행 과정중에 그린 일관성의 판이라는 명목하에서 그런 것입니다. 욕망을 **결핍 법칙**과 **쾌락 규범**에 연결시키는 것은 동일한 실수를 저지르는 것이죠. 사람들이 본질적인 무엇인가의 결핍을 깨닫는 경우도 그들이 쾌락에, 얻어야만 하는 어떤 쾌락에 욕망을 계속해서 연결시킬 때이고요. 욕망-쾌락-결핍 사이에 이토록 굳게 맺어진 결연 관계를 끊으려면 우리는 이상야릇한 인공적 수단들을 대단히 모호하게 경유해야만 할 지경에 이릅니다. 예로 궁정풍 연애를 들까 하는데, 이 연애는 봉건제 말기와 연결되어 있는 욕망의 한 배치이죠. 한 배치의 연대를 추정하기——이것은 역사를 만드는 것이 아니라, 그 배치에 표현과 내용의 좌표들, 고유 명사들, 부정법-되기들, 관사들, 개성 원리들을 부여하는 것입니다(아니면 바로 이것이 역사를 만드는 것인가요?) 여하간 궁정풍 연애에 쾌락을 뿌리치는, 적어도 성교라는 결말을 뿌리치는 시험/시련들이 있다는 것은 잘 알려져 있는 사실이죠. 물론 이것은 결여의 방식이 아닙니다. 이것은 내재성의 장을 설립하는 것이죠. 그 내재성의 장에서 욕망은 자신의 고유한 판을 구축하고, 그 어떤 것도 결핍하지 않습니다. 욕망 그 자체로 너무 무겁다는 것을 증명해 주는 듯한 배출에 의해 욕망이 중단되지 않는 것과 마찬가지로 말입니다. 궁정풍 연애에는 두 가지 적이 있는데, 하나는 결핍의 종교적 초월성이고, 다른 하나는 쾌락을 배출로 소개하는 쾌락주의의 중단으로서, 이 두 가지는 뒤섞여 있습니다. 욕망의 내재적 과정은 스스로 충족하고, 강도들의 연속체와 흐름들의 결합은 최고 결정 기관-법칙과 중단-쾌락을 대신합니다. [그래서] 욕망의 과정은 결핍이나 요구가 아니라 '기쁨'으로 불리는 것이죠. 욕망의 완전한 과정, 배치를 부수려고 오는 것만 아니라면, 모든 것이 다 허용됩니다. "그것은 **자연적 본성**에 해당되는 일이지"라고 말하지 맙시다. 내부의 결핍, 상부의 초월적인 것, 허울뿐인 외부를 귀신 쫓듯 쫓아내기 위해서는 그 반대로 많은 인공적 수단들이 필요하니까요. 금욕이라고 왜 안 되겠습니까? [당연히 허용되지요.] 금욕은 언제나 욕망의 조건이었지, 욕망의 규율이나 금지는 아니었습니다. 여러분은 욕망을 생각하면 언제나 금욕을 떠올릴 것입니다. 그런데 '역사적으로' 어떠한 내면성의 장은 어떤 특정한 순간, 어떤 특정한 장소에서만 필연적으로 가능했습니다. 소위 기사도적이라는 사랑은, 용맹해야 사랑할 권리를 가진다는 의미에서, 두 가지 흐름, 즉 호전적 흐름과 에로틱한 흐름이 결합될 때에만 가능했습니다. 반면 궁정풍 연애는 새로운 문턱을 요구했는데, 그 문턱에서 용맹 자체는 그 사랑의 내부가 되고, 또 그 사랑은 시련/시험을 내포하고 있었지요.[24] 다른 여건에서라면 누구나 마조히즘의 배치에 대해서 똑같이 말할 것입니다. 그러니까 이 배치에서 굴욕들과 고통들의 조직은 기관 없는 몸체를 이루기 위한, 쾌락이 중단시키려고 하는 욕망의 연속적인 진행 과정을 그 반대로 전개시키기 위한 아주 교활한 절차로서 나타나는 데 비해, 극도의 불안을 귀신 쫓듯 쫓아내고 그리하여 금지된 것으로 가정된 쾌락에 도달하는 수단으로 나타나는 경우는 적다고 말입니다.

일반적으로 우리는 성욕이 욕망의 배치들 안에서 하부 구조의 역할을 담당한다고 생각하지 않습니다. 성욕이 변형, 아니면 중화와

---

24) 르네 넬리(René Nelli)는 《음유시인들의 에로티시즘 *L'Erotique des troubadours*》(10/18)에서 그와 같은 궁정풍 연애의 내재성의 판을 아주 잘 분석하여, 쾌락이 그 판에 밀어넣은 것 같은 중단들을 인정하지 않을 정도의 깊이로까지 나아갑니다. 그런가 하면 완전히 다른 한 배치에서 욕망의 내재성의 판을 구축하기 위해 도교(道敎)로부터 유사한 발화체들과 기법들을 발견하기도 하죠. 이에 대해서는 Van Gulik, *La Vie sexuelle dans la Chine ancienne*, éd. Gallimard와 J.-F. Lyotard, *Economie libidinale*, éd. de Minuit를 참조할 것.

숭고화를 가능케 하는 어떤 에너지를 형성한다고 생각하지도 않고요. 성욕이란 다른 흐름들과 접합접속을 이루고, 이런저런 빠름과 느림의 관계들하에서 다른 입자들의 **근방**으로 자발적으로 들어가는 그런 입자들을 방출하는 여러 흐름들 가운데 있는 하나의 흐름으로만 여겨질 수 있으니까요. 그 어떤 배치도 단 하나로 한정된 흐름에 따라 특징지어질 수 없습니다. 두 사람간에 사랑의 관계를 이루기, 필요하다면 둘 사이에 다른 사람들을 끌어들여서라도 그 관계의 단조로움을 극복하기——이렇게 생각하는 것은 사랑을 정말 한심하게 생각하는 것이죠. 변태적이거나 사디즘적인 소형 기계들——이러한 소형 기계들은 성욕을 환상 극장에 가둡니다——을 제조하는 것으로 성욕을 끌어내림으로써 사람의 영역을 떠날 생각을 한다고 해서 별반 나아지지는 않습니다. 왜냐하면 더럽고 곰팡내 나는 무엇인가가 정말로 지나치게 감상적이고 지나치게 자기 도취적인 그 모든 것으로부터 빠져나오니까요. 마치 하나의 흐름이 맴돌기 시작하고 또 괴어 썩기 시작할 때처럼 말입니다. 그래서 우리는 이러한 이유들로 인해 펠릭스의 훌륭한 용어, '욕망하는 기계들'을 포기해야만 했습니다. 성욕에 대해 다음과 같은 질문을 한번 던져봅시다. 이러저러한 개성 원리, 움직임-휴지의 어떤 관계들을 형성하기 위해서 성욕과 근방을 이루는 다른 것은 무엇일까요? 성욕은 다른 흐름들과 결합할 것이기에 그만큼 더욱더 성욕으로, 완전히 이상화된/관념화된 숭고화와는 거리가 먼 순수하고 단순한 성욕으로 남게 될 것입니다. [즉] 그만큼 더욱더 성욕은 창의적이고 경이로운 성욕 그 자체를 위해서 존재할 것입니다. 빙글빙글 맴도는 환상이나 공중으로 펄쩍 뛰어오르는 이상화/관념화 없이 말이죠. 사실 환상을 만드는 데에는 자위 행위만 있으면 되거든요. 정신분석학, 그것은 엄밀하게 보면 자위 행위이고, 일반화되고 조직화되고 코드화된 나르시시즘입니다. 성욕은 스스로가 숭고화되도록, 스스로에 대한 환상을 품도록 내버려두지 않습니다. 왜냐하면 성욕과 관련된 일은 다른 곳에, 시기와 배치에 따라 성욕을 고갈시키거나 촉진하는 다른 흐름들과 실제로 근방을 이루고 접합접속을 맺는 곳에 있기 때문이죠. 그런데 이러한 근방이나 접합접속이 오로지 두 '주체'들 상호 관계에서만 이루어지는 것은 아닙니다. 두 주체 각각에서도 여러 흐름들이 결합하여, 둘 모두를 예컨대 클라라의 음악-되기, 슈만의 여성-되기 혹은 아이-되기로 이끄는 하나의 생성 블록을 형성하니까요[클라라의 음악-되기, 슈만의 여성-되기에서 주목해야 하는 것은 바로 다음과 같은 것입니다]. 이항 기구 안에 갇힌, 생식기를 가진 수컷-암컷으로서의 남자와 여자가 아니라, 분자적으로 되는 생성, 음악에서 분자가 된 한 여자의 탄생, 한 여자 안에서 분자로 된 한 음향의 탄생. "실제 부부 관계는 해를 거듭할수록 심하게 변하는데도 당사자들은 대체로 그 사실을 알지 못합니다. 그 변화는 고통을 주기도 하고 때로는 어떤 기쁨을 주기도 하지만 말입니다……. 변화가 일어날 때마다 새로운 존재가 나타나고 새로운 리듬이 생기죠……. 성은 무엇인가 변화하는 것이라서 때로는 생기 왕성하고, 때로는 잠잠하고, 때로는 불타오르고, 또 때로는 시들어 버립니다……."[25] 우리는 시시때때로 변화하는 선들, 다른 식으로 조합을 이룰 수 있는 선들, 위도들과 경도들, 회귀선들, 자

---

25) Lawrence, *Eros et les chiens*, éd. Bourgois, 290쪽.

오선들 등의 선 다발들로 구성되어 있습니다. 단일-흐름은 없습니다. 무의식을 분석하는 일은 역사학보다는 지리학이 되어야 할 것입니다. 과연 어떤 선들이 차단되고, 석회화되고, 격리되고, 궁지에 몰려 꼼짝달싹 못하고, 검은 구멍/블랙홀로 떨어지거나, 고갈되는 것일까요? 또 다른 어떤 선들이 능동적으로 활동하거나 생생하게 살아 있어서, 그로 인해 무엇인가가 빠져나와 우리를 끌고 가는 것일까요? 다시 꼬마 한스로 돌아가, 어떻게 건물과 이웃들의 선이 꼬마 한스한테서 끊겼는가, 어떻게 오이디푸스의 나무가 전개되었는가, 프로이트 교수의 분기(分岐)는 어떤 역할을 했는가, 그 아이는 왜 말-되기의 선으로 도피했는가 등의 질문을 던져 봅시다. 정신분석학은 줄기차게 부모와 가족의 통로에 사로잡혀 있었습니다. 다른 분기를 택하지 않고 이 분기를 택했다고 정신분석을 비난할 수는 없지만, 그 분기로 막다른 골목을 만들었던 점, 어쨌거나 정신분석학이 야기한 새로운 발화체들을 사전에 분쇄하는 발화 행위의 여건들을 고안했다는 점에서 정신분석은 비난받아야 합니다. "너의 아버지, 너의 어머니, 너의 할머니, 다 좋아, 아버지의 **이름**이라는 것까지도 뭐 괜찮아, 출구만 여러 개 다양하게 있다면 어떤 입구라도 다 좋아"라고 말할 수 있어야 할 것입니다. 하지만 정신분석학은 이 모든 것을 다 만들었지만 출구들은 빼놓고 만들지 않았습니다. "어디로든, 정말이지 어디로든 이 길은 우리를 끌고 갈 것이다. **어쩌다 내 할머니 적에나 생겼을 오래된 갈림길 하나와 마주친다면**, 흠, 거 참 잘 된 일이지 뭐, 그냥 그 길에 접어들어 내처 그 길을 따라 가면서 과연 그 길이 어디로 뻗어 가는지 알아볼 것이다. 맹세컨대, 한두 해만 지나면 우리는 오랫동안 고대하고 고대한 대로 마침내 배를 타고 미시시피 강을 내려갈 것이다. 우리 앞에는 많은 길들이 있다. 한 인생을 채우기에 충분한 길들이. 나는 딱 바로 그만큼, **한 인생**의 시간만큼 그 길들을 모두 걸어 보리라."[26]

---

26) Bradbury, *Les Machines à bonheur*, éd. Denoël, 66쪽.

II

욕망에 대한 세 가지 오해가 있습니다. 첫번째 오해는 욕망을 결핍이나 법칙과 연결시키는 것이고, 두번째는 욕망을 자연 그대로의 실재이거나 자연 발생의 실재로 보는 것입니다. 그리고 마지막 오해는 쾌락과 욕망을, 심지어는 특히 축제와 욕망을 연결짓는 것이죠. 욕망은 언제나 내면성의 판이나 합성의 판 위에서 배치되고 꾸며지는데, 이 판 자체도 욕망이 배치하고 꾸미는 것과 동시에 저절로 구축되어야만 하는 것입니다. 우리는 욕망이 역사적으로 규정된다고 말하는 것조차 싫습니다. 역사적 규정은 법칙 아니면 원인의 역할을 할 구조적 심급에 호소하는데, 그로부터 욕망이 생겨날 터이니까요. 하지만 욕망은 실질적인 조작자로서, 한 배치의 변항들과 매 순간 뒤섞입니다. 욕망하도록 이끄는 것은 절대로 결핍이나 결여가 아닙니다. 우리는 우리가 배제된 배치에 대해서는 오로지 결핍만을 느끼지만, 우리를 포함하는 배치에 대해서는 오로지 욕망만을 느끼니까요(그것이 비록 약탈 조직이나, 혁명 단체일지라도 말입니다).

기계(machine), 기계화(machinisme), '기계의(machinique)' ——이것은 유기적 기계 장치(méchanique)도, 유기체(organique)도 아닙니다. 유기적 기계 장치란 종속항들끼리 점차 긴밀하게 연결되는 시스템이죠. 하지만 기계는 이와 정반대로 이질적 독립항들끼리 이루는

'근방'의 합입니다(위상 근방 자체는 거리나 인접성과 무관하죠). 기계 배치는 추상적인 선 위에서 무게 중심이 어떻게 이동하느냐에 따라 정의됩니다. 클라이스트의 꼭두각시를 봐도 알 수 있듯이, 바로 이러한 이동이 실선(實線)들이나 구체적 움직임들을 낳는 것이지요. 혹자는 그렇다면 이 기계란 기계 운전자(machiniste)라는 단위를 가리키는 것이 아니냐고 반론을 폅니다. 하지만 그렇지 않습니다. 기계 운전자는 기계 안에, '무게 중심 안에,' 아니 더 엄밀하게 말하면 기계 전체를 훑고 지나가는 〈전파 속도〉의 중심 안에 있으까요. 바로 이 때문에, "이 기계로는 그런 동작을 만들 수 없어"라고 말해 봐야 소용이 없습니다. 오히려 이와는 반대로 "인간을 부품으로 삼고 있기 때문에 이 기계는 저런 동작들을 만들어 내는구나"라고 말해야 겠지요. 예를 들어 부품으로 춤추는 댄서를 지닌 기계를 생각해 봅시다. 이를 두고 "사람만이 할 수 있는 그런 움직임을 기계가 만들어 낼 수는 없어"라고 말해서는 안 됩니다. 오히려 반대로 "사람이 기계 부품이 아니고서야 그런 움직임을 만들어 낼 수는 없지"라고 말해야 하지요. 동양에서 비롯된 몸짓은 아시아 기계를 전제합니다. 기계는 사람-도구-동물-사물이 이루는 근방의 합이죠. 기계는 사람·도구·동물·사물보다 일차적입니다. 왜냐하면 기계란 그것들을 관통하는 추상적인 선으로서 그것들을 다 함께 어우러지도록 작동시키기 때문이죠. 기계는 탱글리[1]의 구조물들처럼 언제나 여러 구조들에 걸쳐 있습니다. 기계는 근방들의 이질성을 요구하면

---

1) 장 탱글리(1925-1991)는 스위스의 화가이자 조각가로 다다이즘의 전통 속에서 조각적인 기계 혹은 움직이는 미술을 행한 것으로 유명하다. 그의 작품들은 공식적으로 "메타메카니크(metamechanics)"라는 이름으로 알려져 있다. [역주]

서, 근방들이 지닌 등질성의 조건은 최소한만 사용하여 그 구조들을 벗어납니다. 인간들과 동물들보다 기본이 되는 일차적인 사회 기계는 언제나 존재합니다. 그리고 이 기계의 입장에서 인간들과 동물들은 '문(門)'으로 분류되지요.

기술의 역사를 보면, 하나의 도구는 인간·동물·사물과 근방 관계를 이루게 해주는 가변적인 기계 배치 없이는 아무것도 아니라는 것을 알 수 있습니다. 예컨대 고대 그리스 시대에 장갑 보병의 무기들은 장갑 보병의 배치보다 앞서 만들어지는데, 이때 무기들은 전혀 다른 방식으로 사용되었지요. 또 말의 등자는 그것이 유목 전쟁 기계에 연결되었는지, 혹은 반대로 봉건 기계에 사용되었는지에 따라 각기 다른 기구가 됩니다. 도구를 만드는 것은 기계이지 그 반대는 아니죠. 인간에서 도구로, 도구에서 기술 기계로 이행하는 진화의 선은 순전히 상상에 불과합니다. 기계에 대해서 가장 우선적으로 해야 할 말은, 기계는 사회적이라는 것입니다. 그리고 기계는 그것이 관통하는 구조들, 배치하는 사람들, 선별하는 도구들, 추진하는 기술들에 비해 기본이 되는 일차적인 것이라는 점 하고요.

그리고 이는 유기체의 경우에도 마찬가지입니다. 유기적 기계 장치가 사회 기계를 전제하는 것과 같이, 유기체는 선들·축들·구배(句配)들에 의해서 정의되는 기관 없는 몸체를 전제하고, 또 유기적 기계 장치의 관계들만큼이나 유기체의 작용들과는 별개인 기계 작동을 전제합니다. 강도가 높은 알이란 절대로 난자를 일컫는 것이 아니고, 늘 우리의 조직과 동시대에 있으면서 우리의 전개에 잠재하는 것을 말하지요. 추상적인 기계들 혹은 기관 없는 몸체들——
이것은 바로 욕망입니다. 많은 종류의 욕망들이 있습니다. 하지만
그것들은 [전부] 강도의 연속체들, 생성의 블록들, 입자의 발산들,
흐름의 결합들 위에서, 또 그 내부에서 발생하는 것으로 정의됩니다.

그런데 바로 이러한 변항들(어떤 연속체들인가? 어떤 생성들, 어떤
입자들, 어떤 흐름들인가? 어떤 식의 발산이고 어떤 식의 결합인가?)
이 '기호 체제들'을 정의합니다. 체제는 기호들을 참조하지 않지만,
기호는 그런 체제를 참조하지요. 따라서 기호가 과연 의미 생성이
나 시니피앙의 우월성을 드러낼 수 있는지 의심스러워집니다. 오히
려 시니피앙이 기호의 특별한 한 체제——가장 중요하거나 가장 명
백한 것은 아닌 듯한 한 체제를 참조하니까요. 기호학이 하는 일은
체제들, 그 체제들의 차이들과 변형들을 연구하는 것이 전부라고 할
수 있습니다. 기호가 참조하는 특정한 것이라고는 하나도 없습니다.
욕망의 변항들이 들어가 이루는 체제들을 제외하면 말입니다.

무한히 많은 가능한 체제들 중에서 두 가지만 예로 들어 봅시다.
사람들은 하나의 중심을 기계 내부에 있는 내인성(內因性)의 힘
(force endogène)으로, 한 점에서 다른 한 점으로, 또 한 원에서 다른
한 원으로 계속해서 펄쩍펄쩍 뛰어다니는 기계공으로 생각하는 듯
합니다. 여기서 내인성의 힘은 사방으로 원을 그리며 퍼져 나가면
서 그 망 안으로 들어오는 모든 것을 전부 받아들이죠. 이때 사람들
은 하나의 체제를 정의하는데, 이 체제에서 '기호'는 모든 원 위에
있으면서 이 원에서 저 원으로 움직이는 기호를 계속해서 가리킵니

다. 여기서 기호들의 합은 움직이는 시니피앙이나 의미 생성의 중심을 끊임없이 드러내지요. 또한 이 체제에서 해석, 즉 시니피에의 할당은 마치 시스템을 다시 설치하여 그 엔트로피를 극복이라도 하려는 듯 계속해서 시니피앙을 재부여하고요. [그 결과] 사람들은 특별한 '지도(地圖)'를 그리는 강도들과 흐름들의 집합을 갖게 될 것입니다. 그 지도의 중심에는 전제 군주, 말하자면 신이 있고, 그가 사는 신전이나 성전이 있고, 흰 벽 위에 있는 검은 구멍으로서 전시된 정면 얼굴인 그의 얼굴이 있지요. 지도에는 사방으로 뻗어 나가는 원들의 조직과 한 원에서 다른 한 원으로의 이행과 관계들을 규제하는 온전한 관료주의(궁전, 길, 마을, 시골, 가시덤불로 뒤덮인 땅, 경계들)가 있습니다. 그 지도에서 사제가 맡고 있는 특별한 역할은 대변인이나 예언가처럼 행동하는 것입니다. 지도에 있는 시스템의 도주선은 분명 어떤 부정의 기호에 의해서 차단되고 귀신 몰아내듯 쫓겨나며 타격을 받을 것이고, 전제 군주의 반대 이미지인 희생양 같은 것으로 채워질 것입니다. 여기서 희생양의 역할은 기계 작동을 위협하거나 저하시키는 모든 것을 주기적으로 쓸어 버리는 것이죠. 사람들은 중력의 선이 돌연변이체와 같다는 것을 알게 되고, 그 중력선을 관통하는 중심인 '기계공'이 한 점에서 다른 한 점으로——다시 말해 율법학자들, 사제들, 주체들을 거쳐 신의 얼굴에서 얼굴 없는 속죄양으로 계속해서 펄쩍펄쩍 뛰어다닌다는 것을 알게 됩니다. 자, 이상이 시니피앙이라고 부를 수 있는 하나의 시스템입니다. 그런데 이 시스템은 흐름들과 강도들의 상태를 나타내는 한에서, 기호들의 특별한 한 체제를 따르지요.

이와는 확실히 다른 한 체제가 있습니다. 우리는 더 이상 기호 각각이 다른 기호들을 가리키고 기호들의 합이 어떤 시니피앙을 지시하는, 하나의 중심에서 주변으로 무한히 확장하는 원들의 동시성에 대해서 생각하지 않습니다. 우리가 생각하는 것은 기호들의 작은 묶음, 기호들의 작은 블록입니다. 이 다발, 블록은, 무한히 뻗어 나가는 직선 위를 질주하고, 그 위에서 시작과 끝이 있는 모든 진행 과정들과 유한 선분들의 연속을 표시합니다. 이 체제는 아주 다른 체제이고, 완전히 다른 기계입니다. 여기에는 전체로 퍼지는 내인성의 힘 대신에, 외부의 어떤 결정적 계기, 바깥과의 어떤 관계가 있는데, 이 관계는 관념보다는 오히려 감정으로, 상상보다는 오히려 노력이나 능동 작용으로 표현됩니다. 여기에는 의미 생성이라는 중심 대신에, 그 선에 출발지를 표시하는 주체화의 점이 있는데, 이 점과 관련해서 발화 행위의 주체가 구성되고, 이후 발화체의 주체가 만들어집니다. 그 발화체가 발화 행위를 다시 제공하더라도 말이지요. 이는 시니피에가 시니피앙을 재부여함으로써 생겨난 것과는 아주 다른 메커니즘입니다. 이번에는 한 진행 과정의 끝이 선의 연속선상에서 다른 진행 과정의 시작을 알리니까요. 동시성의 선형(扇形)성(segmentarité circulaire)은 연속의 선분(線分)성(segmentarité linéaire)으로 대체되었습니다. [그 과정에서] 얼굴의 작동은 유달리 많이 변했죠. 그것은 더 이상 정면을 보이는 전제적인 얼굴이 아니라, 고개를 돌려 옆면을 보이는 권위적인 얼굴입니다. 이는 오이디푸스 콤플렉스에 대한 횔덜린의 지적처럼 이중 외면이기도 합니다. 다시 말해 **주체화의 점**이 된 신은 계속해서 자신의 백성/주체(sujet)를 외면하고, 그 백성/주체 역시 자신의 신을 계속해서 외면하는 것이죠. 얼굴들은 선을 따라 질주하고, 고개를 돌려 옆면을 보입니다. 바로 거기서 배반이 속임수를 대신하지요. 시니피앙의 체제는 전제 군주의 얼굴을 포함해서 율법학자의 활동과 예언가의 해석에 들어 있는 속임수의 경제학이었습니다. 그러던 이 간계(machination)가 이제는 배반의 의미를 취합니다. 다시 말해 나를 외면하는 신을 외면함으로써 비로소 나는 신에 대한 주체적 사명을 완수하게 될 것입니다. 내 주체성에 대한 신의 사명이 그랬듯이 말입니다. 이중으로 외면하는 인간인 선지자가 사제·대변인·예언가를 대신했습니다. 도주선의 가치도 완전히 달라졌지요. 이제 도주선은 속죄양을 나타내는 부정의 기호로 낙인 찍히는 대신 긍정적인 기호의 가치를 갖게 되고, 기계의 중력이나 전파 속도에 합류합니다. 그러면서도 여전히 끊기고 분절되어 매번 블랙홀로 떨어지고 마는 유한한 진행 과정들의 연속으로 남지요. 자, 여기까지 설명한 것이 바로 또 다른 지도 제작법인 또 다른 기호 체제입니다. 시니피앙 체제와는 아주 다른, 주체적 체제 혹은 정념의 체제이죠.

당장은 이상의 두 체제에 대해 수긍하다가도, 조금만 지나면 사람들은 그 두 체제가 무엇을 가리키는지 궁금해합니다. 아, 그거요, 아주 다양한 여러 시대와 환경에서 아무것이나 가리키죠. 이 두 체제는 사회의 형성물들, 역사적 사건들에다, 병적인 형성물들, 심리 유형들, 예술 작품들 등까지도 가리킬 수 있으니까요. 약간의 환원도 절대로 하지 않는다면 말이죠. 사회의 형성물들을 한번 볼까요. 이를 위해서 로베르 졸랭[2]의 용어, 히브리인과 파라오를 사용하고자 합니다. 우리가 보기에 파라오는 정도가 높게 의미 작용을 하는 기계에도 속하고, 좀 전에 애써 정의했던 둥글게 원을 그리며 사방으로 퍼져 가는 식으로 강도들과 흐름들을 조직하는 전제 군주 체제에도 속합니다. 히브리인은 이와 달리 신전을 잃고서 그가 가장 높고 긍정적인 가치를 부여하는 도주선으로 과감히 뛰어들고는, 그 선을 분절하여 [시작과 끝이 있어] 유한하고 권위적인 '진행 과정들'로 연속을 이룹니다. 이제 방주로서의 교회(Arche)는 땅과 여러 종류의 물 **사이**로, 사막의 선 위로 그 선을 따라 질주하는 기호의 소형 다발일 뿐이지, 요소들이 조화를 이루는 곳이면 어디든지 부동 상태로 중앙에 존재하는 여호와의 신전은 더 이상 아닙니다. [이 경우에] 희생양이야말로 가장 강도 높은 형상이 됩니다. 신이 제물로 바친 동물이 된다면 우리는 숫염소와 어린양이겠죠. "그 죄악[의 책임]을 우리에게 돌리소서." 모세는 진행 과정을 내세우거나, 받아들이기엔 너무나 벅찬 **요구 사항**을 내세우는데, 이 요구 사항은 잇따라 이어지는 부분들로서 언제나 철회될 수 있는 계약−진행 과정으로 갱신되고 분배되어야만 합니다. 선의 이중 방향 전환이, 신과 그의 민족, 신과 그의 선지자를 연결하는 새로운 형상으로서 제시됩니다 (제롬은 요나를 통해서, 그것은 이미 카인의 기호이고, 또 그리스도의 기호가 될 것이라는 선의 이중 외면을 보여 주었습니다). 그리스도의 수난, 주체화.

여기서 우리는 완전히 다른 한 영역에서 완전히 다른 것을 생각해 볼까 합니다. 19세기에는 정신착란의 주요한 두 유형을 어떻게 구분

---

2) 로베르 졸랭(1928−1996)은 프랑스의 인류학자로 민족학 연구로 유명하다. 〔역주〕

할까요. 그 한 유형으로 파라노이아 착란과 해석망상이 있는데, 이 착란증은 의미 생성의 중심과 내인성의 힘에서 시작하여, 늘 하나의 기호가 다른 한 기호를, 기호들의 합이 핵심적인 시니피앙을 가리키도록 하면서 사방으로 퍼져 나갑니다(전제 군주, 발기한 남근, 거세, 모든 도약들과 더불어, 모든 돌연변이들, 거세하는 주인에서부터 거세된 숫염소에 이르기까지). 다른 한 유형은 편집광적 착란이라 일컫는 아주 다른 형태의 착란증으로서 정욕착란과 호소망상이 있어요. 여기에는 외부의 어떤 계기, 아무거나 다 될 수 있는 주체화의 한 점, 기호의 국지적인 소형 다발, 아치(arche), 눈짓, 물신(物神), 리넨 제품, 신발, 고개 돌린 얼굴이 속합니다. 열거한 것들 중 주체화의 한 점은 한 직선 위로 휩쓸려 들어가고, 이 직선은 곧 다양한 간격들로 분절되어 연속되는 진행 과정들을 이룰 겁니다. 정신과 의사들은 관념보다는 행위로 드러나는 착란을, 상상보다는 감정으로 드러나는 착란을, 자라날 하나의 씨앗보다는 하나의 '공리'나 간략한 공식에 기대어 이야기합니다. 앞에서 우리는 초기의 정신의학이 어떻게 이 두 유형의 착란증 사이에서 쩔쩔매었는지 살펴보았어요. 그것은 질병학의 문제가 아니었습니다. 하지만 완전히 새로운 한 연구 자료가 두 착란증 양쪽으로부터 만들어졌죠. 좀더 정확히 말하면, 그 연구 자료는 그때까지 '광기'로 불려진 것의 체제를 넘어섬으로써 그 시기에 자리를 잡을 수 있었던 것이죠. 정념에 빠지거나 주체적인 정신착란증 환자가 다음과 같이 주체화의 한 점으로부터 하나의 진행 과정을 시작합니다. 그는 나를 사랑해, 그래서 '그'가 내게 기별을 했어. 여기서 〈나〉는 자신을 발화 행위의 주체로 만듭니다(자존심의 흐름, 높은 강도). 그리고는 발화체의 주체라는 입장으로 다시 떨어집니다("그가 날 속여" "그 사람은 배신자야," 낮은 강도). 그러고 나서 또 다른 '진행 과정'이, 정념적인 것이 블랙홀에서 블랙홀로 이동하는 이 도주선 안에 박힘에 따라, 다시 시작됩니다. 트리스탄과 이졸데는 '트리스탄, 이졸데, 이졸데, 트리스탄……'[3] 식으로 그들을 태우고 가는 작은 배라는 정념의 선을 따라갑니다. 바로 여기에 정보 중복의 한 유형이, 그러니까 **시니피앙** 작용을 하는 **정보 중복**, 즉 빈도와는 아주 다른, 정념적이거나 주체적인 공명하는 정보 중복이 있습니다.

[지금까지] 우리가 한 구분들이 너무 단순해 보일 것입니다. [이제는] 구체적인 각각의 경우들을 들어보고, 각각의 경우에서 '기관 없는 몸체'라고도 하는 기계는 어떤 것인지 찾아보고 난 다음, 발생하는 일, 입자들과 흐름들, 기호 체제의 종류를 살펴볼 필요가 있을 듯합니다. 기계가 메커니즘이 아닌 경우에, 몸체가 유기체가 아닌 경우에 바로 그런 경우에 욕망은 배치합니다. 그런데 욕망이 배치하는 방식은 한 마조히스트가, 아니면 한 약물 중독자가, 아니면 한 알코올 중독자가, 그것도 아니면 한 거식증 환자가 배치하는 방식과 동일하지 않습니다. 파니에게 경의를. 파니는 거식증의 경우를 보여줍니다. 이 경우에는 음식물의 흐름들이 문제가 되지만, 이 흐름들도 예컨대 의복의 흐름들 같은 다른 흐름들과 접합접속을 이루지요(특히 거식증의 멋, 버지니아 울프, 무르나우[4] · 케이 켄들[5]이라는 파니

---

3) 켈트족의 전설을 바탕으로 한 유명한 중세의 사랑 이야기에 나오는 두 명의 주인공.〔역주〕

4) 무르나우(1888-1931)는 독일 출신의 표현주의 영화의 거장.〔역주〕

의 삼위일체). 거식증 환자는 비어 있음(空, vide)들과 가득 차 있음 (plein)들을 가지고 기관 없는 몸체를 구성합니다. 채워넣기와 비우기가 거식증 환자의 포식들과 여러 탄산 음료의 섭취들로서 번갈아 나타나지요. [하지만] 번갈아 나타나는 현상에 대해서는 언급조차 해서는 안 될 듯합니다. 비어 있음과 가득 차 있음은 강도의 두 문턱 같아서, 언제나 자신의 몸 안을 떠다니는 것이 문제가 되니까요. 문제가 되는 것은 몸의 거부가 아니라, 유기체의 거부, 즉 유기체가 몸이 감당하도록 만드는 것의 거부입니다. [또 문제가 되는 것은 정신분석에서 말하는] 퇴행이 절대로 아니고, 소용돌이 꼴의 회선, 다시 말해서 안으로 말리는 몸체입니다. 거식증 환자의 비어 있음은 결핍과 아무런 상관도 없습니다. [왜냐하면] 비어 있음은 결핍과 배고픔이라는 유기체적 결정과 식사라는 메커니즘적 시간으로부터 벗어나는 방식이니까요. 거식증 환자에게는 완전한 합성판이 있어서, 비유기체적 몸체(corps anorganique)(이는 성적 구조가 없는 몸체를 의미하지 않아요. 오히려 철저하게 거식증 상태에 있는 여성-되기로서의 몸체를 말합니다)가 만들어집니다. 거식증은 하나의 정치, 말하자면 미시-정치입니다. 자기 자신이 소비의 대상이 되지 않기 위해서 소비의 규범들로부터 벗어나기가 거식증이니까요. 그것은 몸이 작동되는 것을 원하기는 하지만 여자를 의존 관계에 얽매이게 하는 유기체적이고 사회적인 [몸의] 기능들은 조금도 원치 않는 한 여자에게서 나온 여성의 항의이기도 합니다. [그런데 그럼에도 불구하고] 여자는 자기 자신에게 반대하여 소비의 방향을 돌려서 때때로

---

5) 케이 켄들(1926-1959)은 영국 출신의 여자 영화배우. 〔역주〕

마네킹이 될 것입니다. [그리고] 때때로 요리사, 그것도 항시 대기하는 요리사가 되어, 다른 이들을 먹이거나, 아니면 아무것도 먹지 않고, 아니면 자잘한 것들, 자잘한 물질들의 섭취를 늘리면서, 식사하는 가운데 있는 것을 좋아할 것입니다. 요리사—마네킹이라는 혼합체는 이러한 배치, 이러한 체제 안에서만 존재할 수 있습니다. 그렇지 않으면 다른 것들 안에서 용해되어 버릴 테니까요. 그녀의 목적은 음식에서 입자들을, 그것도 미세한 입자들을 빼내는 것인데, 그녀는 그것들을 내보내거나 받아들임으로써 그것들을 가지고 그녀의 비어 있음과 가득 차 있음을 만들 수 있을 것입니다. 거식증 환자는 정념적인 사람이라서, 배반이나 이중 외면을 다양한 방식으로 겪습니다. [예컨대] 거식증 환자는 배고픔이 그녀를 유기체에 굴복시키면서 그녀를 배반하기 때문에 그녀 역시 배고픔을 배반합니다. 그리고 가족이 그녀를 가족의 식사와 가족의 정치 전반과 가족의 소비(가족의 소비를 부단하지만 중화되어 무미건조한 소비로 대체하기)에 굴복시키면서 그녀를 배반하기 때문에 그녀 역시 가족을 배반합니다. 마지막으로 그 환자는 음식을 배반하는데, 왜냐하면 음식은 본래 배반자이기 때문입니다(거식증 환자의 생각에 의하면, 음식은 유충이 바글거리고 독이 가득하며 벌레와 세균이 득실거리고, 본질적으로 오염되어서, 그 가운데서 입자들을 선별하고 추출하거나 입에 넣은 것을 도로 뱉어낼 필요가 있습니다). 그녀는 "나는 무지하게 배가 고파"라고, 두 통의 '다이어트 요구르트'에 달려들면서 말합니다. 그—배고픔을—속이기, 그—가족을—속이기, 그—음식을—속이기. 한마디로 거식증은 유기체, 가족이나 소비 사회로부터 〈안으로 말려들어가는〉 정치사(政治史)입니다. 강도의 연속체(거식증의 비어 있음과 가득 차 있음), 음식들의 입자들을 내보내기와 끌어들이기(다이어트나 유기체적 체제와는 대조되는 기관 없는 몸체의 구성), 그리고 특히 흐름들의 결합(음식물 흐름이 의복의 흐름, 언어의 흐름, 성의 흐름과 관계를 맺습니다. 그래서 여자이든 남자이든 간에 거식증 환자는 전부 분자로 존재하는 〈여성-되기〉가 됩니다)이 있는 그 순간부터 정치도 있습니다. 이상은 우리가 기호 체제라고 부르는 것이죠. [여기서] 절대로 문제가 안 되는 것이 부분 대상들입니다. 정신의학이나 정신분석학은 모든 것을 신경-유기체적 코드, 말하자면 상징 코드("결핍, 결핍······")로 끌어내리니까 이를 이해하지 못하는 것은 당연합니다. 다른 문제가 떠오르네요. 왜 거식증의 배치에는 상궤를 벗어나서 치명적인 것이 될 가능성이 많은가? 이 배치는 계속해서 어떤 위험들을 가까스로 모면하는가? 그리고 계속해서 어떤 위험들에 빠지는가? 이는 정신분석학과는 다른 방식으로 다루어야만 하는 문제입니다. 그러니까 실제 실험의 **한복판에서** 불쑥 나타나는 위험들은 어떤 것들인지 찾아보아야지, 이미-확립된 해석의 원리로 작용하는 결핍을 찾아봐서는 안 되는 것이죠. 사람들은 늘 어떤 기획의 한가운데 있는데, 그 기획에서는 근원으로 지정될 수 있는 것이 아무것도 없습니다. 그것은 언제나 서로 교차하는 것들이지, 환원되는 것들은 절대로 아니니까요. 그것은 지도 제작법이지 절대로 상징 이론이 아니니까요.

이상이 거식증에 관한 여담으로서, 우리는 이 여담이 우리가 한 작업을 좀더 명확하게 해주리라 생각했습니다. 들 수 있는 예가 무한히 많기 때문에 어쩌면 다양한 방향으로 예를 더 늘려서는 안 될 듯합니다. 거식증은 결과적으로 점점 더 중요해지겠죠[지금까지 해

온 우리의 작업을 다시 꼼꼼하게 설명하고 정리해 볼까 합니다]. 첫번째로, 우리는 기호 체제 안에서 **그 체제를 결정하는 추상 기계와 그 체제가 들어가는 구체적인 배치들**을 구별해야만 합니다. 더불어 주체화 기계와, 히브리인들의 역사 안에서, 게다가 정욕착란의 흐름 안에서, 한 작품의 구성 안에서, 기타 등등의 안에서, 그 기계를 실행하는 배치들도 구분해야겠죠. 이렇게 아주 다른 여러 시대에 아주 다른 환경들 안에서 작용하는 배치들 사이에는, 인과적 의존 관계는 전혀 없고, 분기가 되는 상호 접속들, 거리나 시-공간의 인접과는 무관한 '근방들' 만이 있게 될 겁니다. 동일한 판이, 여러 가지 것들이 '내' 몸체 위에서, 사회의 몸체 위에서, 지리의 몸체 위에서 (그런데 내 몸체 역시 하나의 지리, 말하자면 한 민족이고 민족들이죠) 발생함에 따라, 매우 상이한 판들에서 포착되고 또 포착될 것입니다. [왜냐하면] 각각의 층위가 세계사의 일부를 재현하기 때문이 아니라 우리가 우리의 기획이, 아주 멀리 떨어져 있는 세계적 규모의 기획이, 상당히 멀리 떨어져 있는 지리적 환경들이 공유하는 강도나 흐름의 한 지대 안에 늘 있기 때문이죠. 이로부터 형성되는 정신착란의 비밀, 이는 임의로 선택되지 않은 역사의 몇몇 일대를 사로잡고는, 정신착란은 개인적이거나 가족적인 것이 아니라 세계적이고-역사적인 것임을 보여줍니다("나는 짐승이고, 흑인이다……. 나는 십자군들, 어떤 관계도 없는 정찰 여행들, 특별한 문제 없는 공화국들, 숨막히는 종교 전쟁들, 관습의 혁명, 인종들과 대륙들의 이동들을 꿈꿨다"). 그리고 그 역사의 일대들은 인과나 상징주의의 관계들이 확립될 수 없도록 하면서 정신착란들과 작품들을 사로잡지요. 여기에 건강염려증에 걸린 몸체라는 사막이, 거식증에 걸린 몸체라는 대초원이, 파라노이아에 걸린 몸체라는 수도가 있을 수 있겠죠. 이 몸체들은 사회들과 유기체들 사이에 형성된 은유들이 아니라 한 민족, 한 사회, 하나의 환경이나 하나의 '자아' 안에서 작용하는 기관 없는 집단들입니다. 동일한 추상 기계가 아주 상이한 배치들 안에 있습니다. 사람들은 계속해서 역사를 다시 만들고 있고, 또 역으로 역사가 역사 고유의 몸체 위에서 우리 각각에 의해서 계속해서 만들어지고 있습니다. 여러분은 어떤 인물이 어떤 시대에 살았으면 좋겠습니까? 그리고 여러분이 만일 식물이나 풍경이라면 어떻겠습니까? 사실 여러분은 이미 식물이나 풍경인데 답을 구하다 보니 착각을 하고 있는 것입니다. 여러분은 언제나, 다른 배치들 안의 다른 곳에서 효력을 발휘하는 한 추상 기계를 위한 하나의 배치입니다. 여러분은 언제나 식물, 동물이나 풍경과 같은 어떤 것의 한복판에 있고요. 우리는 우리의 친족과 동포는 알아보면서, 다른 행성에서 왔을 수도 있는, 사실 대개 다른 행성 출신인 이웃은 알아본 적이 없습니다. [하지만] 이웃만이 의미가 있습니다. 역사는 정신착란으로 가는 도입이고, 마찬가지로 정신착란만이 역사로 가는 도입입니다.

두번째로, 엄청나게 많은 기호 체제들이 있습니다. 우리는 그 중 매우 한정된 두 체제를 받아들였죠. 즉 한 체제는, 제국의 전제적 배치 안에서, 또 다른 여건하에서는 해석의 파라노이아 배치 안에서 작용하는 것으로 가정되는 〈시니피앙 작용을 하는 체제〉이고, 다른 한 체제는, 계약의 권위적 배치 안에서, 또 정욕에 불타거나 요청하는 편집광적 배치 안에서 작용하는 것으로 가정되는 〈주체의 체제〉입니다. [이 두 체제말고도] 추상 기계들의 층위와 그 기계들이 이루는 배치들의 층위에 동시에 존재하는 매우 많은 기호 체제들이 있습니다. [사실] 거식증조차도, 오로지 편의상 우리가 받아들인 두 체제의 도식에 맞춰 설명하기는 했으나, 다른 종류의 체제를 그리고 있었지요. 기호 체제들은 셀 수 없을 정도로 많습니다. 예컨대 '원시인들'의 다양한 기호학들, 유목의 기호학들(사막의 유목민은 대초원의 유목민과 같지 않고, 히브리인의 여행 역시 다른 것이지요), 정주(定住)의 기호학(얼마나 많은 정주의 조합들과 정주-유목의 조합들이 있는지 모릅니다) 등이 있습니다. 의미 생성과 시니피앙은 어떠한 특권도 누리지 못합니다. [어쩌면] 순수한 기호 체제들이 작동시키는 추상 기계들의 관점에서, 또 모든 구체적인 배치들이 만들어 내는 혼합들의 관점에서, 모든 순수한 기호 체제들도 같이 연구할 필요가 있을 듯합니다. 구체기호학은 혼합체로서, 여러 기호 체제들을 혼합시킨 것입니다. 모든 구체 기호학은 키 작은 흑인이나 자바인에게서 비롯되지요. 히브리인들은 그들이 완전히 변형시킨 유목의 기호학과, 신전을 다시 지으면서 새로운 토대들 위에다 재건시키고자 꿈꾸는 제국의 기호학에 걸쳐 있습니다. 정신착란증에서, 순수한 정욕 착란은 없고, 그 착란 안에는 언제나 파라노이아의 씨앗이 담겨 있지요(두 가지 형태의 정신착란증을 판별하는 데 최고 권위자인 정신과 의사 클레랑보[6]는 이미 그 두 착란의 혼합에 세심한 주의를 기울이고 있었습니다). 사람들이 회화의 기호학들에서 얼굴-기능을 살펴보기

---

6) 클레랑보는 프랑스의 정신의학자로 정신자동증 혹은 클레랑보 증후군으로 불리는 증상을 연구한 것으로 유명하다. 그는 정신분열병에 나타나는 사고 장애, 작위 체험, 망상 기분, 환청 등의 증상이 의식이나 의지와는 관계 없이 정신 활동으로 일어나는 증상이라고 주장했다. [역주]

위해 세부 묘사에 주의를 기울인다면, 다음과 같은 혼합들이 어떻게 이루어지는지 잘 관찰할 수 있을 것입니다. 장 파리는 비잔틴 제국 황제의 정면 얼굴이 그림 밖에, 그러니까 그림과 관람객 사이에 깊이를 남기는 반면에, 15세기 이탈리아 화가는 얼굴에다 측면의 비율이나 심지어 고개 돌리는 비율까지 계산해서 깊이를 만들어 내는 것을 보여주었습니다. 그리고 두초[7]의 〈갈릴리 호수에서의 부름〉과 같은 그림에는, 제자들 중 한 명은 여전히 비잔틴 양식의 얼굴을 하고 있는 반면에 다른 한 제자는 그리스도와 함께 진정한 정념적인 관계를 맺고 있는 식의 혼합이 이루어지고 있는 것도 보여주었습니다.[8] '자본주의'나 '사회주의'처럼 광범위한 배치들에 관해서는 무슨 말을 할 수 있을까요? 각각의 경제 활동과 자금 조달은 여러 유형의 기호 체제들과 아주 다양한 추상 기계들을 작동시킵니다. 정신분석학은 그 자체로는 기호 체제들을 분석할 수 없는데, 왜냐하면 정신분석학 그 자체가 의미 생성과 주체화가 동시에 이루어짐으로써 일을 수행하는 혼합물이기 때문입니다. [그런데도] 정신분석학은 그 자체가 가지고 있는 이러한 혼합의 특징을 알아차리지 못합니다 (정신분석학의 활동은 무한한 전제적 의미 생성에 의해서 이루어지는 반면에, 그것의 조직들은 정념적이라서, 선의 진행 과정들의 무한한 연속을 이루는데, 이 가운데서 정신분석학자는 그가 같은 이든 아니면 새로 온 이든 간에 고개를 돌릴 때마다 '주체화의 점'의 역할을 하니

---

7) 두초(1278-1317)는 이탈리아 시에나를 중심으로 활동했던 후기 고딕 화가의 대표적인 인물. 화려한 색채와 섬세하고 우아한 선율로 주제와 등장하는 인물들의 내면성에 치중, 시에나화파를 창시했다.〔역주〕

8) Jean Paris, *L'Espace et le regard*, éd. du Seuil.

다. 요컨대 끝없이 이중으로 만들기가 바로 정신분석학인 셈이죠). 그러므로 일반기호학에서 **발생** 성분은 분명 첫번째 성분일 겁니다. 이 경우에는 하나의 구체적인 배치가 어떻게 여러 개의 순수한 기호 체제들이나 여러 개의 추상 기계들을 작동시키는지 보이는 것만이 문제가 되겠죠. 그 외의 다른 추상 기계들은 유기적 기계 장치들의 일부분으로 작동시키면서 말입니다. 두번째 성분은 **변형** 성분이 될 것입니다. 이 경우에는 하나의 순수한 기호 체제가 어떤 변형들을 겪고, 소화될 수 없는 어떤 찌꺼기들을 남기고, 어떤 변화들과 혁신들을 거치면서, 어떻게 다른 기호 체제 안에 나타날 수 있는지 보이는 것이 문제가 되겠죠. 이 두번째 관점이 좀더 깊이가 있어 보입니다. 이 관점은 기호학들이 어떻게 혼합되는지뿐만 아니라, 새로운 기호학들이 어떻게 부각되고 만들어지는지, 또는 추상 기계들이 어떻게 새로운 배치들을 불러일으키면서 스스로 변형될 수 있는지를 보여주고 있는 것 같으니까요.

세번째로, 기호 체제를 절대로 언어 활동(langage)이나 랑그(langue)와 혼동해서는 안 됩니다. 사람들이 언어 활동(정보, 표현, 의미 형성, 입법 등)을 전제하는 추상적인 유기체의 작용들을 밝혀볼 수는 있지요. 랑그와 관련된 것은 아무것도 전제하고 있지 않은 추상 기계를 소쉬르와 특히 촘스키의 방식으로 이해하는 것도 가능하고요. 이때 사람들은 등질성과 불변성을 전제하면서도, 그 불변 요소들을 구조주의적인 것으로 여겨야 할지 아니면 '발생론적인' 것(세습 코드화)으로 여겨야 할지 상관하지 않습니다. [여하간] 그와 같은 기계는 정말로 통사론적 체제들이나 심지어 의미론적 체제들까지도 구성할 수 있으므로, 같은 하나의 랑그에 영향을 끼치는 아주 다양한 변항들과 배치들을 '화용론'이라고 불리는 일종의 쓰레기 처리장에 다 밀어넣을 것입니다. 그와 같은 기계를 사람들은 추상적이라고 비난하는 게 아니라 그 반대로 충분히 추상적이지 않다고 비난하겠죠. 왜냐하면 기호 체제들을 결정하는 것은, 언어 활동의 유기적 작용들도 아니고, 게다가 심지어 랑그의 '오르가논(organon)'도 아니니까요. 이와는 반대로 기호 체제들(화용론)은 표현의 흐름으로서 한 랑그 안에 있는 발화 행위의 집단 배치들을 결정하고, 이와 더불어 내용의 흐름들 안에 있는 욕망 기계의 배치들을 결정합니다. 그러므로 하나의 랑그는 이질적 흐름들과의 상호적 전제, 그 흐름들간의 상호적 전제, 또 랑그 그 자체와의 상호적 전제와 연결되어 있는 만큼 랑그 그 자체가 하나의 이질적 흐름이 됩니다. 추상 기계는 절대로 언어가 아닙니다. 그것은 아주 다양한 흐름들의 결합들, 배출들과 연속들의 동체이지요.

언어 활동과 기관의 기능들이나 랑그의 자료체들은 없으나, 집단 배치들과 기계 작동들은 있습니다. 문학, 그것은 **민족의 사업**, 카프카는 왜 가장 고독한 존재이면서 그렇게 말한 것일까요? [왜냐하면] 화용론은 언어학 전체를 떠맡게 되어 있으니까요. 롤랑 바르트는 기호학을 나름대로 발전시키는 과정에서 무엇을 만들어 냈을까요? 그는 '시니피앙'에 대한 이해로부터 출발하여 갈수록 '정념적'으로 되어져서, 개방적이면서 동시에 비밀스럽고, 그것이 바르트 개인의 체제인 것 이상으로 집단적인, 한 체제를 고안한 듯합니다. 이를 달리 표현하자면, 개인이 사용하는 어휘의 총체라는 겉모습들 밑에서,

한 통사론의 망이 나타나고, 이 망 밑에서, 입자들과 흐름들로 이루어진, 지도제작법과 같은 한 화용론이 나타나는 것이죠. 뒤집어엎을 수 있고, 수정할 수 있으며, 온갖 방식으로 색칠할 수 있는 지도제작법 말입니다. 머릿속으로만 색칠해야 하는 한 권의 책 만들기, 아마도 그것은 바르트가 언어의 금욕을 실천하는 로욜라[9]에게서 발견했던 것인지도 모릅니다. [이상에 의하면] 바르트는 '자기 자신의 생각을 밝히는' 것처럼 보이지만, 실제로는 랑그의 화용론을 만들고 있었던 것입니다. 펠릭스 가타리는 우리가 곧 살펴볼 언어학의 원칙들에 관한 글을 썼는데, 이 원칙들은 나름의 방식대로 바인리히와 특히 라보프의 몇몇 견해들을 취하고 있습니다. 1° 화용론이야말로 핵심이다. 왜냐하면 화용론은 언어 활동의 참된 정치인 미시-정치이기 때문이다. 2° 세계의 모든 언어에 공통적으로 나타나는 특성, 랑그의 불변 요소들, '언어 수행들'과 구별되는 '언어 능력'은 존재하지 않는다. 3° 랑그 내부에는 추상 기계가 없다. 추상 기계들은 랑그에 어떤 발화 행위의 집단 배치(이 경우에 발화 행위 주체는 없다)를 부여함과 동시에, 내용에 어떤 욕망 기계의 배치(그 욕망의 시니피앙은 없다)를 부여한다. 4° 그 결과 하나의 랑그 안에 여러 언어 활동들이 있는 것과 동시에, 발송되고 결합되며 지속되는 내용들 안에 온갖 종류의 흐름들이 있다. 문제는 '2개 국어의 사용'이나 '다국어 사용'이 아니라, 모든 랑그가 그 자체로 2개 국어를 사용하고 다국어를 사용해서, 사람들은 본인의 고유한 랑그 안에서

---

9) 로욜라(1491-1556)는 예수회 교단의 수도사로 1528년 파리대학에서 신학과 철학을 연구하였으며, 34년 파베르와 사비에르를 권유하여 예수회 교단을 조직하고 가톨릭 교회를 부흥시켰다. [역주]

도 말을 더듬을 수 있고, 본인의 고유한 랑그 안에서도 이방인이 될 수 있는 것, 다시 말해서 배치들의 탈영토화 첨점들을 언제나 보다 멀리 밀어낼 수 있는 것입니다. 하나의 랑그를, 그 랑그의 어휘와 통사법을 가져가는 도주선들이 가로지릅니다. 어휘의 풍성함과 통사의 풍부함은, 이와는 반대로 절제, 간결함, 심지어 추상화로 평가되는 하나의 선에, 그러니까 한 문장이나 한 텍스트에 나타나는 굴곡들을 규정하고, 모든 정보의 중복들을 가로지르고, 특정한 시대 양식의 형태들을 무너뜨리는 하나의 선에 활용되는 수단들에 불과합니다. 이렇게 중력이나 빠른 속도로 이루어진 화용론의 선에서 보이는 완벽한 빈약함이 다른 것들의 풍부함을 지배합니다.

　언어 활동의 기능들은 없고, 오로지 기호 체제들만이 있어서, 표현의 흐름들과 내용의 흐름들을 한꺼번에 한데 결합하고, 내용의 흐름들 위에서 욕망의 배치들을, 표현의 흐름들을 위에서 발화 행위의 배치들을 결정하는데, 이 배치들은 서로서로 얽혀 있습니다. 언어 활동만이 표현의 유일한 흐름인 것은 절대로 아닙니다. 표현의 흐름은 절대로 단독으로 있지 않고, 언제나 기호 체제에 의해 결정되는 내용의 흐름들과 관계를 맺고 있습니다. 사람들이 언어 활동을 완전히 단독으로 행해지는 것으로 여길 경우, 그들은 진정한 추상화를 이루지 못하고, 추상 기계의 할당을 가능하게 만들어 줄 수 있는 여건들을 스스로 포기하고 맙니다. 사람들이 글쓰기의 흐름을 완전히 단독으로 이루어지는 것으로 여길 경우, 그들은 자기 자신의 주변에서 맴돌다, 블랙홀로 떨어질 수밖에 없는데, 그 곳에 빠지는 순간부터 그들은 아무 소리도 들이지 않고 오로지 "글쓰기란 무엇이지? 글쓰기란 무엇이지?"라는 질문만이 무한히 메아리치는 것을 듣게 됩니다. 라보프가 구조 및 전개로도 환원될 수 없는 내재적인 변이인 랑그 안에서 발견해 낸 것은, 내용과 표현 안에 있는 흐름들의 결합 상태들을 가리키고 있는 것처럼 보입니다.[10] 하나의 단어가 다른 의미를 취하거나, 아니면 다른 통사법 안으로 들어가는 경우에, 사람들은 그 단어가 다른 흐름과 교차했거나 다른 기호 체제 안으로 들어갔다고 확신할 수 있을 것입니다(예컨대 다른 데서 유래한 한 단어가 취할 수 있는 성적 의미, 또는 그 역). 이는 절대로 은유의 문제가 아닙니다. 은유는 존재하지 않고, 오로지 결합들만이 있을 뿐이니까요. [그렇기 때문에] 프랑수아 비용의 시에서, 비상, 동성애, 놀이라는 세 흐름들과 단어들의 결합을 볼 수 있는 겁니다.[11] "랑그들을 가지고 연구하는 정신분열증에 걸린 젊은이"인 루이 볼프슨의 이상한 시도가, 결국 관습적인 정신분석학과 언어학에 기대어 평가되어지는 잘못이 저질러졌지요. 볼프슨이 모국어를 다른 랑그들의 혼합 안으로 전속력으로 옮기는 방식——모국어의 의미와 음은 남겨두기 때문에 모국어에서 벗어나는 방식이 아니라, 모국어를 도주시키거나 탈영토화시키는 방식——은, 음식 섭취의 거식증 흐름과도 분리될 수 없고, 그가 이 흐름에서 입자들을 빼내고 그 입자들을 **전속력으로** 합성하며 그 입자들을 모국어에서 빼낸 언어의 입자들과 결합시키는 방식과도 절대로 분리될 수 없습니다.[12] [한마디

---

10) W. Labov의 주요 저서인 다음의 책을 참조할 것. W. Labov, *Sociolinguistique*, éd. de Minuit.

11) Pierre Guiraud, *Le Jargon de Villon*, éd. Gallimard.

12) Louis Wolfson, *Le Schizo et les langues*, éd. Gallimard.

로 그것은] 음식 입자들 등의 '근방'으로 들어가는 언어의 입자들을 방출하기[인 것이죠].

랑그의 화용론을 통사론적이고 의미론적 측면들과 관련해서 명시하는 것이 있다면, 그것은 절대로 심리학이나 발화 상황의 결정들과의 관계, 또 상황들이나 의도들과의 관계는 아니고, 그 화용론이 기계 성분들의 질서 안에서 가장 추상적인 것과 조화를 이루는 일인 듯합니다. 기호 체제들이 마치 2개의 좌표 시스템들을 동시에 가리키는 것 같군요. 그렇지 않으면 그 기호 체제들이 결정하는 배치들은, 기성 질서와 지배적인 의미에서 권력 조직 및 주요 성분(예컨대 전제적인 의미 형성, 발화 행위의 정념적 주체 등)으로 끌어내려집니다. 그렇지 않으면 그 배치들은 움직임 안에 사로잡힐 것입니다. 여기서 움직임은 보다 멀리 있는 배치들의 도주선들이라도 늘 한데 결합하고, 하나의 랑그에다 다른 하나의 랑그를 파놓는 새로운 내포들이나 방향들을 배치들이 발견하도록 만드는 것이지요. 그렇지 않으면 추상 기계는 덧코드화하는 것이라서, 하나의 시니피앙을 가지고, 하나의 주체를 가지고, 기타 등등을 가지고 배치 전체를 덧코드화할 것입니다. 그렇지 않으면 그 기계는 돌연변이를 일으켜 돌연변이가 되고서, 각각의 배치 밑에서, 다른 배치 안으로 배치가 질주해 들어가도록 만들고 주요 조직을 해체하는 첨점을 발견하겠죠. 그렇지 않으면 모든 것은 **조직의 판**과 구조주의적이거나 발생론적인 **전개의 판**, 즉 형식이나 주체에 연결됩니다. 그렇지 않으면 모든 것은 다양한 속도들과 개성 원리들만을 가지는 **일관성의 판**으로 돌진합니다. 한 좌표 시스템에 따라서, 사람들은 오늘날 미국 영어가 전 세계의 언어를 오염시키는 제국주의를 행하고 있다고 언제든지 말할 수 있습니다. 그러나 다른 준거에 따르면, 영미 언어야말로 흑인-영어, 황인 영어, 인디언 영어나 백인 영어처럼 가장 다양한 체제들에 의해서 오염되어 있고, 말이 필요 없는 도시, 뉴욕과 같은 전역에서 도주하는 언어인 것입니다. 이와 같은 딜레마를 이해하기 위해서는 세번째 성분을 끌어들여만 하는데, 그 성분은 변형 발생적일 뿐만 아니라 **도표적**이기도 하고 **화용론적**이기도 합니다. 각각의 체제와 각각의 배치 안에서 실재하는 도주선들의 고유한 가치를 밝혀낼 필요가 있습니다. [다음과 같은 질문을 통해서 말이죠.] 이쪽에 있는 도주선들은 어떻게 한 부정의 기호에 의해 타격을 받는가, 저쪽에 있는 도주선들은 어떻게 실증성을 획득하고, 절단된 다음, 연속되는 진행 과정들로 협상되는가, 다른 곳에 있는 도주선들은 어떻게 블랙홀들로 떨어지고, 다른 곳에 있는 도주선들은 또 어떻게 전쟁 기계로 활용되고, 아니면 어떻게 하나의 예술 작품에 활기를 불어넣는가. 나열한 이 모든 것을 도주선들이 동시에 충족하기 때문에, 이 도주선들은 막히고 덧코드화되거나, 반대로 돌연변이를 일으키고 막힌 상태에서 자유로운 상태로 벗어나고 있고 일관성의 판을 위해 이런저런 조각을 그리고 있는 것을 가지고 매번 도표를 만들고 지도 제작을 합니다. 도표주의는 랑그를 앞서 언급한 일관성의 판으로까지 밀어붙이는 것입니다. 이 일관성의 판에서 '내재하는' 변이는 더 이상 한 구조나 전개에 의존하지 않지만, 돌연변이를 일으키는 흐름들의 결합, 그 흐름들의 속도 조성들, 그 흐름들의 입자 조합들에는 의존합니다(음식, 성, 언어 등의 입자들이 그것들의 근방이나 식별 불가능성의 지대인 추상 기계에 이를 정도로).

【질 들뢰즈의 노트: 내 생각에 바로 그것이 자허-마조흐, 프루스트나 루이스 캐럴과 같은 작가들을 공부하고 있을 때 내가 하고 싶었던 것이다. 내 관심을 끌었던 것은, 아니 그랬을 것이 틀림없는 것은, 정신분석학이나 정신의학도 아니고, 언어학도 아니었다. 그것은 오로지 이런저런 저자의 기호 체제들이었다. 그것은 펠릭스가 들어와 함께 카프카에 관한 책 한 권을 썼을 때 비로소 분명해졌다. 어떤 저자에 관한 글을 쓸 경우 내 이상은, 무엇이 그 저자를 슬프게 할 수 있는지, 또는 그가 죽는다면 무엇이 가장 애통할지, 이런 것들을 한마디도 언급하지 않는 것이다. 집필하고 있는 저자를 생각하기. 너무나 생각해서 더 이상 대상이 될 수 없을 정도로, 너무나 생각해서 더 이상 동화할 수 없을 정도로, 그 저자에 대해서 생각하기. 학자와 친지가 가하는 이중의 치욕을 피하기. 한 저자에게 그가 줄 줄 알았고 만들어 낼 줄 알았던 이러한 기쁨, 이러한 힘, 쉽게 사랑에 빠지고 정치적인 이러한 삶을 약간만 돌려주기. 고인이 된 많은 작가들은 분명 자신에 관한 글을 읽고 눈물을 흘렸을 것이다. 카프카도 우리가 그에 관해 쓴 책을 읽고 기뻐했기를 바란다. 그리고 바로 그런 이유로 이 책은 아무한테도 기쁨을 주지 않았다.】

비평과 **진단**이 완전히 한데로 뒤섞인다면 좋을 것입니다. [그러면] 비평은 한 작품에 속한, 또 방출되거나 사로잡힌 입자들, 결합된 흐름들, 진행중에 있는 생성들을 걸러내는 하나의 체에 속한 일관성의 판의 도면과 같은 것이 되겠죠. 그리고 진단은, 그 단어의 정확한 의미를 따르자면, 어떤 선들이 막다른 골목에 처하거나 차단되어 있고, 어떤 선들이 빈 곳들을 가로지르고, 어떤 선들이 연장되고,

특히 최대 경사선, 이 선은 어떻게 어떤 방향으로 다른 선들을 끌고 가는지를 [나타내는], 일관성의 판 위에 있는 선들의 도면이거나, 이 선들이 그 판을 그리는 방식이겠죠. 정신분석학이나 해석이 개입되지 않은 진단, 언어학이나 의미 형성이 개입되지 않은 비평. 자의적인 운동(déclinaisons)의 기술이 진단처럼 결합의 기술인 비평. 이제 다음 사항들을 살펴보도록 하지요.

　1° 고유 명사의 기능(여기서 고유 명사는 저자나 발화 행위의 주체인 사람을 지칭하는 것이 아니라, 한 배치나 배치들을 지칭합니다. 그리고 고유 명사는 주체성에 의해서가 아니라, '개성 원리'에 의해서 개체화를 실행합니다). 샤를로트 브론테는 사람보다는 바람의 상태를 말하고, 버지니아 울프는 치세, 나이와 성의 상태를 말하지요. 오래 전부터 존재해 온 배치가 있을 수 있어요. 이 배치는 고유 명사를 받아들이기 이전부터 존재하고 있는 배치이지요. 이 배치에다 고유 명사는, 마치 일종의 자율성을 얻기 위해서 보다 일반적인 체제로부터 떨어져 나온 양, 특별한 일관성을 부여합니다. 예컨대 '사디즘' '마조히즘' 처럼요. 고유 명사는 배치를 고립시킬까요, 왜 고유 명사는 배치를 **변형** 성분에 따라서 특별한 기호 체제로 만드는 것일까요? 일반화된 진단에 따라, 다시 말해서 반-정신의학적이고 반-정신분석학적이고 반-철학적인 기호 체제들의 기호학에 따라 [만들어진] '니체주의' '프루스트주의' '카프카주의' '스피노자주의' 도 있어야 하지 않을까요? 그리고 왜 기호 체제는 그 체제를 이끄는 현행 진단 안에서 고립되고 거명되어갈까요? 의학이 매력적인 이유는 의학용 고유 명사가 증상들의 집합을 지칭하는 데 사용될 수

있기 때문입니다. 그 예가 파킨슨·로저 등과 같은 것이죠. 바로 거기서 고유 명사는 고유한 명사가 되거나 그 작용을 발견합니다. [그런데] 이상이 가능했던 것은 의사가 새롭게 증상들을 한 무리로 모아 다시 개체화하여 새로운 개성 작용을 만들고, 그때까지만 해도 뒤섞여 있던 체제들을 분리시키며, 그때까지만 해도 분리되어 있던 체제들의 정보 배열들을 연결시켰기 때문입니다.[13] 과연 의사와 환자 사이에는 어떤 차이가 있을까요? 환자 역시도 고유 명사를 부여하는 데 말입니다. 니체의 견해에 따르면, 작가, 예술가는 한 문명의 의사-환자와 같은 존재입니다. 여러분은 자신의 고유한 기호 체제를 만들면 만들수록 점점 더 한 사람이나 주체로 있지 못하고 하나의 '집단'이 되어갈 것입니다. 이 집단은 다른 집단들과 만나 서로 결합하고 교차하고, 개인적이지 않은 개체화들을 다시 활성화시키고 고안하고 미래로 이끌고 실행합니다.

2° 기호 체제는 더 이상 정신분석학이나 언어학으로 규정되지 않습니다. 오히려 기호 체제가 표현의 흐름들 안에 있는 어떤 발화 행위의 배치를 규정하고, 내용의 흐름들 안에 있는 어떤 욕망의 배치를 규정지으려고 할 것입니다. 내용을 통해서, 우리는 작가가 다루는 주제들과 등장시키는 인물들이라는 이중 관점에서 작가가 말하고 있는 것과 작가의 '주체들'을 이해합니다. 하지만 그보다 훨씬더 많이 작품 외부나 내부에 있는 욕망의 모든 상태들, 작품과 '근방'을 이루는 그 상태들을 이해합니다. 절대로 단 하나의 흐름만이

---

13) 예컨대 의학사에서, 이 문제를 제기한 유일한 책은 다음의 것으로 생각된다. Cruchet, *De la méthode en médicine*, P.U.F.

있다고 생각하지 맙시다. [사실] 내용과 표현의 구분조차도 너무나 상대적이라서, 내용의 흐름이 다른 흐름들과 만나 발화 행위의 배치 안으로 흘러들어가는 도중에 표현의 안으로 흘러들어가는 일이 생기기도 하니까요. 모든 배치는 집단적입니다. 왜냐하면 모든 배치는, 사람들과 사물들을 가져가고, 오로지 다양체로만 나누어지거나 다양체로만 모이는 여러 개의 흐름들로 이루어지기 때문이죠. 예를 들어 자허-마조흐 작품에서, 고통과 굴욕의 흐름은 계약의 한 배치, 마조흐의 계약들로 표현됩니다. 그런데 [표현으로서] 이 계약들은 권위적이고 전제적인 여성의 표현과 마주침으로써 또한 내용이 되기도 합니다. 매번 우리는 글쓰기의 흐름이 무엇과 연결되는지 물어봐야만 합니다. 예를 들면 발화 행위의 배치로서 연애편지. 한 통의 연애편지는 아주 중요합니다. 우리는 그 편지의 내용을 묘사하며 그것이 어떻게 작용을 했고, 카프카의 경우에 무엇과 연결되었는지 보이고자 했습니다. [하지만] 제일 먼저 해야 할 일은 저자에 의해 사용된 기호 체제들을 연구하고 저자가 이루어 놓은 혼합들은 무엇인지(**발생 성분**) 살펴보는 것이었죠. [그런 맥락에서] 〈시니피앙 작용을 하는 전제적 체제〉와 〈정념적인 주체적 체제〉라는 우리가 구분했던 중요하지만 간략한 두 체제만을 가지고, 카프카의 작품에서 이 두 체제들이 어떻게 결합하는지 보면, 성(城)은 사방으로 퍼져 나가는 전제적 중심으로 나타날 뿐만 아니라, 잇달아 이어진 인접한 조각들 안에 있는 시작과 끝이 분명한 **진행 과정들**의 연속으로도 나타나는 것을 알 수 있습니다. [그렇다면] 프루스트 작품에서는 이 두 체제가 어떻게 다른 식으로 결합되는지 살펴보도록 하죠. 샤를뤼스와 관련해서 보면, 그는 한 성운의 중핵부로서, 그 성운의 나선들은 발화체들과 내용들을 포함하고 있지요. 그리고 알베르틴과 관련해서 보면, 그는 샤를뤼스와는 반대로 시작과 끝이 있는 선의 진행 과정들, 즉 잠의 진행 과정들, 질투의 진행 과정들, 투옥의 진행 과정들의 연속을 거칩니다. 프루스트와 같은 저자는 거의 없습니다. 그는 자신의 작품을 만들어 내기 위해서 다수의 기호 체제들을 작동시켰죠. 작품이 만들어질 때마다 매번 새로운 체제들이 탄생합니다. 그리고 이 체제들 안에서 이전 체제들에서 표현이었던 것이 새로운 표현 형식들과 마주침으로써 형식이 되는 일이 일어납니다. 랑그의 새로운 사용이 언어 활동 안에다 새로운 랑그를 파놓은 것이죠(**변형 성분**).

3° 핵심은 요컨대 지금까지 말한 모든 기호 체제들이, 각 저자에 따라 변화하는 경사선을 따라 질주하고, 어떤 작품이나 어떤 작품들의 집합을 특징지어 주는 일관성의 판이나 합성의 판을 그리는 방식입니다. [이에 한 가지 더 첨부하면] 여기서 언급하는 판은 머릿속에서나 존재하는 판이 아니라, 미리 만들어져 있지 않은 내재적이고 실재하는 판으로서, 모든 선들을, 모든 체제들의 교차를 다시 자릅니다. 버지니아 울프의 **파도**, 러브크래프트의 **초구**(超球), 프루스트의 **거미줄**, 클라이스트의 **프로그램**, 카프카의 **K-작용, 리좀구/근권**(根圈)…… 바로 이러한 것들에서는 내용과 표현을 구분하는 것이 불가능해지죠. 독주에 취하고, '단어들보다도 더 직접적이고 더 유려하며 더 열정적인 재료들'로 말하는 이상, 그것이 단어의 흐름인지 술의 흐름인지 더 이상 알 수가 없습니다. 마찬가지로 거식증이 하나의 기호 체제이고 기호들이 하나의 칼로리 체제인 이상, 그

것이 음식의 흐름인지 말의 흐름인지 알 수가 없지요(너무 이른 아침에 누군가 고요를 깨면 나가게 되는 말의 공격. 니체, 프루스트나 카프카가 글쓰기를 이해하는 방식으로서, 음식 체제는 또한 글쓰기입니다. 먹기–말하기, 글쓰기–사랑하기. 여러분은 이 가운데서 단 하나만의 흐름은 절대로 잡아내지 못할 것입니다). 한쪽에 입자들이 있고 다른 한쪽에 통합체들이 있는 것이 아니죠. 그게 아니라 내재성의 판을 따라 서로서로 근방을 이루는 **미립자들**만이 있을 따름입니다. 버지니아 울프는, "지금 하고 싶은 일이 생각났어. 원자마다 포화 상태로 만드는 거야"라고 말합니다. 이 말처럼 구조에 따라 조직되고 발생 양식에 따라 전개되는 형식들은 없습니다. 그리고 할당되어 형성되고 전개되는 인격들이나 성격들을 갖춘 주체들도 이제는 없지요. 단지 입자들, 미립자들만이 있을 따름입니다. 이 입자들, 미립자들은 오로지 움직임과 정지의 관계들, 빠름과 느림의 관계들, 다양한 속도의 조성들에 의해서만 정의되어집니다(그렇다고 반드시 앞지르는 빠름일 필요도 없고, 그렇다고 반드시 가장 빠르지 않은 느림일 필요도 없지요). 그리고 주체 없는 정밀한 개체화인 개성 원리들만이 있지요. 이 개성 원리들은 오로지 변용태들이나 역량들에 의해서만 정의되어집니다(그렇다고 반드시 승리하는 가장 강한 것일 필요도 없고, 반드시 가장 많은 변용태들을 가지고 있을 필요도 없지요). 우리가 보기에, 카프카의 작품에서 가장 중요한 것은, 카프카가 그가 사용하거나 재촉하는 모든 기호 체제들(자본주의, 관료주의, 파시즘, 스탈린주의, 모든 "미래의 악마적 역량들") 각각을 두루 거치면서, 그 체제들을 일관성의 판 위에서 도주하거나 그 판을 따라 질주하도록 만드는 방식이죠. 여기서 일관성의 판은 욕망의 내재적인 장과 같은 것으로서, 언제나 미완성 상태로 있으나 아무것도 결핍하고 있지 않고, 그 어떤 법칙도 정하지 않으며, 그 무엇도 주체화시키지 않습니다. 문학? 카프카가 그 문학을 마이너리티의 기계, 독일어를 위한 새로운 발화 행위의 집단 배치(오스트리아 제국 안에 있는 마이너리티의 배치, 다른 방식으로 다루어졌지만 마조흐의 생각에 이미 있던 것이죠)에 바로 연결하는 것을 보십쇼. [그리고] 클라이스트가 문학을 전쟁 기계에 바로 연결하는 것도 참조하기 바랍니다. 요컨대 진단-비평은 한 작품의 최대 경사선을 따라가야만 하고 동시에 그 선의 일관성의 판에 도달해야만 합니다. 나탈리 사로트는 아주 중요한 구분을 했는데, 그것은 형식의 조직들과 인물이나 캐릭터의 전개에, "수은의 작은 방울들처럼, 아주 조그만 알갱이들로 나누어지도록 만드는 각각의 겉껍질들을 가로질러 끊임없이 서로 다시 만나 뒤섞여 한데 뭉쳐져 이루는 한 덩어리가 되려고 하는"[14] 미지의 질료 입자들이 퍼져 있는 완전히 다른 판을 견준 것입니다. 발화 행위의 집단 배치, 탈영토화된 리토르넬로, 욕망의 일관성의 판, 바로 이러한 것에서 고유 명사는 인격의 특성을 완전히 상실하고 아주 강한 개체성에 도달하여, **새앙쥐 조세핀**(Joséphine la souris)이라는 〈지각 불가능한 것-되기〉가 됩니다.

---

14) Nathalie Sarraute, *L'Ere du soupçon*, éd. Gallimard, 52쪽.

제4장

정치들

I

개체이건 무리이건 간에, 우리는 선들로 이루어졌습니다. 그것도 본래 그 종류가 매우 다양한 선들로 말이지요. 우리를 구성하는 첫 번째 종류의 선은, 여러 개의 선분으로 이루어진 선으로서, 강한 분절성을 보입니다(이런 종류의 선들은 이미 많이 있지요). 가족—[1]직업;[2] 일—휴가; 가족—그러고 나서(puis)[3] 학교—그러고 나서 군대—그러고 나서 공장—그러고 나서 퇴직. 한 선분에서 다른 한 선분으로 옮아갈 때마다 사람들은 우리한테 말하죠. 너는 이제 아기가 아냐; 그리고 학교에서, 여기서는 이제 집에 있는 것처럼 행동하면 안 돼요; 그리고 군대에서, 저기 군대는 이제 학교와 같은 곳이 아냐······. 요컨대 도처에 깔려 있는 분명하게 규정된 모든 종류의 선분들이 우리를 온갖 방향으로 절단하여 분절된 선의 꾸러미로 만드는 것이

---

1) 이 문장 부호는 연결 부호로서 독립된 단편 같은 단어를 하나로 이어 주는 역할을 한다. 〔역주〕

2) 이 문장 부호는 문장 속에서 절을 끊을 때 사용한다. 즉 하나로 쭉 이어진 선을 분절하는 역할을 하는 것이다. 〔역주〕

3) 이 접속사는 앞뒤 요소들을 연속적으로 이어 주는 역할을 한다. 〔역주〕

죠.──동시에 우리는 분절성을 보이기는 하나 훨씬 더 많이 유연한 선들을, 말하자면 분자선들을 가지고 있습니다. 이런 종류의 선이라고 해서 보다 은밀하거나 개인적인 것은 아닙니다. 왜냐하면 이선도 다양한 사회를, 개체들만큼이나 무리들을 가로질러 가니까요. 이 선은 자잘한 변형들을 그리고, 굴곡을 만들며, 낙하나 도약들을 스케치합니다. 그렇다고 [어디로 향할지 종잡을 수 없는] 그리 분명하지 않은 선이라고 할 수 없는 것이, 역행하지 않고 한 방향으로만 진행하는 과정들을 이끌기도 하니까요. 그래도 이 선은 〈선분들로 이루어진 그램 분자선〉보다는 〈문턱이나 양자들(量子)로 이루어진 분자의 흐름〉에 보다 더 가깝습니다. [분자의 흐름을 이루는] **건너가야 하는 문턱은, 보다 가시적인 선을 이루는 선분과 똑같지 않으니까요.** 이 두번째 종류의 선 위에서는 생성, 미시-생성들 같은 많은 일들이 일어납니다. 이 선에서 발생하는 생성은 우리의 '역사'에서 볼 수 있는 리듬과는 다른 리듬을 가지고 있습니다. 그래서 [우리의 변화를 알아보고자] 가족사를 뒤지고, 중요 지점에 표시를 달고, 기억을 떠올리게 하는 것들을 모으는 일이 너무나 고통스러운 거지요. 정작 우리의 진정한 변화들은 모조리 다른 곳에서, 다른 정치, 다른 시간, 다른 개체화에서 일어나니까요. 직업, 예컨대 선생, 아니면 판사·변호사·회계원·가정주부로 존재하기, 그것은 하나의 굳고 단단한 선분이지만, [다음과 같은 질문을 가능하게 만들기도 합니다.] 그 밑에서 무슨 일이 벌어지는가, 어떤 연결접속들이 있는가, 선분들과 일치하지 않는 어떤 유혹들과 혐오들이 있는가, 비밀스러우면서도 공권력들과 결합하는 어떤 광기들이 있는가?──또 동시에 세번째 종류의 선이 있는데, 이것은 훨씬 더 이상한 선입니다. 그러니까 마치 뭔가가, 우리의 선분들을 가로지르는데도, 또 우리의 문턱들을 가로질러서, 예상할 수도 없고 이미 존재해 있지도 않은 미지의 한 방향으로 우리를 데려가는 듯이 말이죠. 이 선은 단순하고 추상적인 선이면서도, 그 어떤 선들보다 가장 복잡하고 가장 많이 뒤틀려 있는 선입니다. 이에 속하는 선들이, 중력선이나 전파 속도의 선이고, 도주선이며, 최대 경사선이지요("무게 중심이 움직이면서 그리고 있는 선은 물론 아주 단순한 선이고, 그 무게 중심에서 보면, 대개의 경우 일직선이다……. 그러나 다른 쪽에서 보면, 이 선은 극도로 신비한 무언가를 지닌 선이다. 사실 다른 쪽에서 이 선은 댄서의 영혼이 천천히 앞으로 가고 있는 그 영혼의 진행으로밖에는 보이지 않으니까……").[4] 이 선만 두드러져 보이는 때가 오는데, 그럴 때 보면, 이 선이 나중에 불쑥 솟아올라 다른 선들에서 떨어져 나가는 것처럼 보이죠. 이는 아마도 이 선 말고 다른 두 선만 가지고 있거나, 이중에서 단 한 선만 가지고 있는 사람, 또 단 한 선 위에서만 살고 있는 사람이 있을 수도 있으니까 그럴 겁니다. 어쨌거나 다른 식으로 접근해 보면, 비록 [앞으로 어찌될지 전혀 알 수 없는] 운명과 대치하는 선이기는 하지만, 늘 언제나 저기 한 곳에 있는 이 선을 볼 수 있죠. 그렇다면 이 선이 다른 선들에서 떨어져 나간 게 아니겠죠. 차라리 이 선을 가장 기본이 되는 선으로 하고, 이 선에서 다른 선들이 파생된 것이라고 하는 것이 더 적절하지 않을까요. 여하간 이 세 종류의 선은 모두 내재적이고 서로서로 얽혀 있습니다. 우리는 손만큼이나 복잡하게 얽혀 있는 선들을 가지고 있는 것이죠. 우리는

---

4) Kleist, *Du théâtre de marionnettes*.

손보다 훨씬 더 복잡하고요. 우리는 지금까지 정신분열-분석, 미시-정치, 화용론, 도표주의, 리좀학, 지도 제작, 이렇게 다양한 명칭들을 사용해 가며 무엇인가를 설명해 왔습니다. 그것이 바로 개체 안이나 무리 안에 있는 이러한 선들에 대한 연구입니다.

정말 훌륭한 한 단편 소설에서, 피츠제럴드는 항상 여러 리듬과 속도에 맞춰 흘러가는 것이 인생이라고 설명합니다.[5] 한 편의 드라마 같은 삶을 산 피츠제럴드가 인생을 파괴되고 해체되어 폐허가 되는 한 과정으로 봐서 그런지, 문장 하나하나가 사랑을 불러일으키는 그의 글은 표본이 될 정도로 참으로 우울하지요. 그런 그가 천재성을 잃었다고 말했을 때만큼 천재성을 발휘했던 적도 없습니다. 그가 말하길, 그한테는 기본적으로 굵직굵직한 선분들이 있다고 합니다. 그 선분들은 예컨대 부자-빈민, 젊은이-늙은이, 성공-성공의 실패, 건강-질병, 사랑-[사랑의] 메마름, 창조력-[창조력의] 고갈로서, 사회 사건들(경제 위기, 주식 대폭락, 소설을 대신하는 영화의 상승세, 환상의 형성, 필요에 따라서는 서로 이질적인 것들이라 할 수 있지만, 서로 응수하고 촉진하는 선분들로 구성되어 있는 모든 것들)과 연결됩니다. 피츠제럴드는 그 선분들을 **절단들**이라고 부르는데, 각각의 선분은 하나의 절단을 나타내거나 나타낼 수 있지요. 이것은 선의 한 유형입니다. 그러니까 어떤 날짜와 어떤 장소에 있는 우리 모두와 관련된 〈분절된 선〉이지요. 이 선이 어떤 강등이나 몰락을 향해 내려가든 어떤 상승이나 향상을 향해 올라가든 뭔가 크게

---

5) Fitzgerald, *La Fêlure*, éd. Gallimard.

달라지는 것은 없습니다(그래서 이 선 위에서 성공한 삶을 더 나은 삶이라고 볼 수 없는 겁니다. 아메리칸 드림은 백만장자가 되려고 청소부에서부터 시작하는 것인 만큼 백만장자에서 시작해서 청소부가 되는 것이기도 하니까요. 결국 이거나 저거나 다 똑같은 선분이에요). 피츠 제럴드는 또 말하기를, 그한테는 **균열**의 선들도 있다고 합니다. 이 선은 여러 개의 선분으로 이루어진 큰 절단의 선과는 좀 다른 선이죠. 이 균열은 마치 [잘못해서] 접시에 간 금처럼 보입니다. 하지만 이 새로운 선에 균열이 생기는 경우는 [이처럼 뭔가 잘못된 경우라기보다는] 오히려 이 선 위에 있는 모든 게 다 잘 풀리거나 호전되고 있을 때이지요. [여기서 이 새로운 선의 특성을 좀 언급하면], 이 선은 비밀스럽고, 지각 불가능하며, 저항을 줄이는 문턱을 나타내거나, 전에는, 그러니까 바로 어제까지만 해도 참을 수 있었던 것이지만 더는 못 참겠다는 식의 강경한 요구의 문턱이 상승세에 있는 것을 나타냅니다. 우리한테 일어나는 욕망의 분배가 변화되었고, 우리의 빠름과 느림의 관계들이 변경되었지요. 그러면서 우리한테 새로운 종류의 걱정이 생기고, 동시에 새로운 평정도 생깁니다. 흐름들은 [진행 경로를 바꾸는] 변성을 겪었습니다. 삐거덕하는 작은 소리와 함께 선은 비스듬히 돌아가기 시작하는데, 이 소리는 여러분이 최상의 건강을 누리고 있을 때, 여러분이 좀더 확고한 부를 움켜쥘 때, 여러분이 자신의 재능을 좀더 드러내 보일 때, 바로 그때 만들어지죠. 아니면 이와는 반대로, 여러분의 상황이 나아지기 시작하고, 여러분이 엄청난 위안을 받게 되는 경우는, 다른 선 위에 있는 모든 것이 삐거덕거리는 소리를 낼 때입니다. 더 이상 뭔가를 참지 못하는 것, 이것은 일종의 진보일 수도 있지만, 노인이 느끼는 두려움일 수도 있고, 파라노이아가 진행되는 것일 수도 있어요. 전적으로 정당한 정치적이거나 감정적인 평가일 수 있는 거죠. 한 선에서 다른 한 선으로 옮아간 사람은 [이전 선에서와] 동일한 식으로 변화하지 않고 또 동일한 식으로 늙지도 않습니다. 그럼에도 불구하고 이제 유연한 선은 더 이상 은밀하거나 개인적이지 않습니다. 미시-균열들도 집단적이고, 거시-절단들만큼이나 개인적이죠——그러고 나서 피츠제랄드는 또 세번째 선을 말하는데, 그는 그 선을 **단절**이라고 부릅니다. 아무것도 변한 것 같지 않지만, 어쨌거나 모든 것이 다 변했습니다. 확실한 것은 이 선을 만드는 것들이 굵직굵직한 선분들, 변화들이나 심지어 여행조차도 아니라는 점이죠. 보다 비밀스러운 변이들도 아니고, 부드럽게 흘러가는 문턱들도 아니고요. 비록 이 문턱들이 선에 접근하고 있기는 하지만 말이죠. 아니 그보다는 오히려 선이 '절대적인' 한 문턱에 도달했던 것 같네요. 더 이상 비밀은 없습니다. [누군가를 특별히 지칭하지 않고 일반적으로 말하는] 사람들이 세상의 모든 사람들을 말하는 것처럼 되었지만, 정확하게는 사람들이 '세상의-모든-사람들'을 하나의 **생성**으로 만들었던 것이죠. 사람들은 지각 불가능한 것이 되었고, 비밀스러운 것이 되었습니다. 사람들은 이동하지 않는 이상한 여행을 했습니다. 어조가 서로 다르기는 하지만, 이상은 키에르케고르가 **나는 오로지 움직임에만 주의를 기울여**라고 하는 신앙의 기사를 묘사하는 바[6]와 약간은 비슷합니다. 기사(騎士)는 더 이상

---

6) Kierkegaard, *Crainte et tremblement*, éd. Aubier(그리고 키에르케고르가 영화 제작에 이미 기반이 되고 있는 한 시리즈의 각본을 움직임과 관련하여 개괄적으로 기술하는 방법).

체념의 선분들을 가지고 있지 않지만, 그렇다고 시인이나 댄서의 유연성을 갖추고 있는 것도 아닙니다. 이 기사는 자신을 세상에 드러내지 않습니다. 그런 그는 부르주아, 차장, 점포주인과 오히려 닮은 듯합니다. 그는 너무나도 정확하고 세심하게 춤을 춰 마치 그냥 걷는 것도 같고 움직이지 않고 가만히 서 있는 것도 같습니다. 그가 벽과 한데 뒤섞입니다. 벽이 생명을 얻었던 것이죠. 기사는 회색 덧칠을 하며 자신을 그렸습니다. 아니, 그는 핑크 팬더처럼 자기만의 색으로 세상을 칠했습니다. 기사는 손상시킬 수 없는 어떤 것을 손에 넣었습니다. 그리고 알게 됩니다. 사랑하고 있는, 아니 사랑하고 있고 사랑하려고 하는 사람들은 자족해야만 하고, 사랑과 자아를 단념해야만 한다는 것을……(이것은 신기하게도 로렌스가 몇 페이지에 걸쳐 쓴 글과 참 흡사하네요). 이제 그는 하나의 추상적인 선이고, 알아채기 어려운 순수한 움직임일 뿐입니다. 그는 절대로 시작하지 않고, 상황의 한복판에서 그 상황을 받아들이죠. 이렇게 그는 늘 한복판에, (다른 두 선들의 한가운데에?) 있습니다. "나는 오로지 움직임에만 주의를 기울여."

들리니가 자폐아의 행동을 예의 주시하고서 오늘날 제안하고 있는 지도 제작법은 다음과 같습니다. 먼저 관습선들과 유연한 선들로 지도를 구성합니다. 그 선들에서 자폐아는 하나의 고리를 만들고, 무언가를 발견하고, 손뼉을 치고, 리토르넬로를 흥얼거리고, 왔던 길을 되돌아가지요. 그러고 나서 서로 얽혀 있는 '떠돌며 방랑하는 선들'을 가합니다.[7] 이상의 모든 선들은 전부 뒤죽박죽 엉클어져 있습니다. [이상에 의하면] 들리니는 지리 분석을, 선의 분석을 행하고 있는 것입니다. 정신분석학에서 멀리 떨어져 제 갈 길을 가고 있는 이 분석은, 자폐아뿐만 아니라 모든 아이들과 모든 어른들도 포함시키고(누군가가 길을 걷고 있다고 합시다. 만일 그가 강한 분절성에 지나치게 사로잡혀 있지 않다면, 어떤 종류의 자잘한 발명들을 길에다 벌여 놓을지 생각해 보세요), 그리고 [그들의] 보행뿐만 아니라 몸짓, 정서, 사용 언어, 스타일까지도 포함시킵니다. 일단은, 이 세 가지 선이 어떤 위치에 있는지 보다 분명하게 해둘 필요가 있을 듯합니다. 강한 분절성을 보이는 그램 분자선의 경우, 거기서 꽤 많은 특징들을 뽑아낼 수 있죠. 그러면 그 특징들은 그램 분자선의 배치를, 아니 좀더 정확하게는 그 분자선이 속하는 배치들 안에서 이루어지는 그램 분자선의 작동을 설명해 줍니다(그리고 그램 분자선을 포함하지 않는 배치란 없고요). 어라, 하다 보니 첫번째 종류의 선을 설명하는 특징을 약간은 미리 말하고 말았네요.

1° 이 선분들은 이항 기계에 의존합니다. 이 이항 기계는 필요하다면 아주 다양한 종류로 나누어질 수 있죠. 예컨대 사회 계급 이항 기계, 남자-여자로 된 성별 이항 기계, 아이-어른으로 된 나이 이항 기계, 백인-흑인으로 된 인종 이항 기계, 공공-민간으로 된 분야 이항 기계, 우리한테 속한 것-우리한테 속하지 않는 것으로 된 주체화 이항 기계처럼 말입니다. 이러한 이항 기계들은 서로 교차하거나 서로 부딪칠수록 그만큼 더욱더 복잡해집니다. 그리고 이 기계들은 우리를 온갖 방향으로 절단하지요. 이상의 이항 기계를 단

---

7) Fernande Deligny, *Cahiers de l'immuable*, éd. Recherches.

순히 이원 기계라고 할 수는 없습니다. 그보다는 차라리 이분 기계라고 하는 편이 좋겠어요. 이항 기계는 통시적으로 작동할 수 있으니까요(*a*도 *b*도 아니라면 너는 *c*다라는 식의 이원 체제가 이동하여, 그중에서 선택해야 하는 연립 요소들하고는 이제 관련을 맺지 않습니다. 대신에 연이은 선택들하고 관련을 맺고 있지요. 백인도 흑인도 아니라면 너는 혼혈이구나. 남자도 여자도 아니라면 너는 여장 남자구나. 이처럼 이항 요소들로 이루어진 기계는 매번 이항의 선택들을 만들어 낼 것입니다. 처음에 오려 내버린 것에는 속하지 않는 요소들 중에서 이루어지는 이항의 선택들을 말이죠).

2° 이 선분들은 아주 다양한 권력 장치들도 내포하고 있습니다. 선분에 속한 권력 장치 각각은 상응하는 선분의 코드와 영토를 고정시키죠. 이 권력 장치는 푸코가 단순히 기존 국가 기구의 소산으로 보기를 거부하고 상당히 심도 깊게 분석했던 바로 그 권력 장치입니다. 권력 장치 각각은 복잡한 코드이자 영토이지요(내 영토에 접근하지마, 여기서 명령하는 사람은 바로 나야……). 샤를뤼스 씨는 베르뒤랭 부인 저택에서 좌절하고 맙니다. 왜냐하면 그가 자기 영토 밖에서 모험을 감행했기 때문이고, 그의 코드가 더 이상 작동하지 않기 때문이죠. 카프카 작품에 나오는 인접한 사무실들이 보이는 분절성. 푸코가 현대 권력에서 바로 이러한 분절성과 이질성을 발견했기 때문에, 국가와 '그' 법이라는 공허한 추상 개념을 버리고, 기존에 있던 정치 분석의 기본 조건 전부를 교체할 수 있었던 것입니다. [그렇다고] 국가 기구가 무의미하다는 것은 아닙니다. 사실 국가 기구는 아주 특별한 작용을 합니다. 국가 기구가 이러이러

한 때에는 안으로 받아들이고, 또 밖에 내버려두기도 하는 선분 모두를 덧코드화하는 점에서 말이죠. 이런 점에서 국가 기구는 사회의 덧코드화 기계를 실행하는 구체 배치입니다. 그러면 이 덧코드화 기계가 국가 그 자체이냐, 그건 물론 아니죠. 이 기계는 추상 기계로서, 우세한 발화체와 사회의 기성 질서, 지배 언어와 지배 지식, 규범에 맞는 행위와 감정, 우세한 선분들을 조직합니다. 이 덧코드화 추상 기계는 여러 가지 선분들의 동질성, 전환성, 번역 가능성을 고정시킵니다. 그리고 선분들간의 이행을 조절하고 그 이행이 어떤 세력 아래로 들어갈 것인지 결정하지요. 이 기계는 국가에 종속되어 있지 않지만, 그 효력을 발휘하기 위해서 국가에 의존하고, 또 그 기계를 사회장에서 실행하는 배치에 의존합니다(예컨대 여러 종류의 화폐 선분, 다양한 종류의 화폐는, 서로서로 전환되고 재산과도 전환되는 전환의 규칙을 가지고 있지요. 그런데 이 규칙은 국가 기구인 중앙은행으로부터 나온 것입니다). 그리스 기하학은 하나의 추상 기계로 작용하여 도시 권력의 구체 배치에 기대어 사회의 공간을 조직했지요. 오늘날 사람들은 어느것이 현대 국가의 형태에 따라 작용하는 덧코드화 추상 기계인지 물을 것입니다. 사람들은 심지어, 국가에 조력 제의를 하고, 국가 일에 자청하며, 국가의 과업이나 목적에 따라 필요한 최상의 기계들을 제공하겠다 주장하는 '지식들'을 고안해 낼 수도 있습니다. 그것이 오늘날 정보학이겠죠? 인문학도 그렇고요? 국가의 학문이란 없습니다. 하지만 국가와 상호 의존 관계를 취하는 추상 기계들이 있죠. 그러므로 사람들은 강한 분절성을 보이는 선 위에서 다양한 선분들을 코드화하는 **권력 장치들**, 그 선분들을 덧코드화하고 선분들간의 관계들을 조정하는 **추상 기**

계, 이 추상 기계를 실행하는 **국가 기구**를 구별해야만 합니다.

3° 마지막으로, 완전히 굳어 버린 분절성은, 강한 분절성을 보이는 모든 선은, 어떤 한 판을 포장하듯 에워쌉니다. 이 판은 동시에 형식과 그 형식의 전개와 관계하고, 주체와 그 주체의 형성과 관계하죠. **조직의 판**. 이 조직의 판은 언제나 자유롭게 사용할 수 있는 추가된 차원을 가지고 있습니다(덧코드화). 주체의 교육과 형식의 화합은 끊임없이 우리 문화에 출몰하면서, 선분으로 나누기, 판짜기, 절단하는 이항 기계와 그 이항 기계가 절단한 것을 다시 절단하는 추상 기계를 계속해서 불러일으켰죠. 피에레트 플뢰티오가 한 말처럼, 어떤 윤곽이 떨리기 시작하면, 어떤 선분이 흔들리면, 사람들은 소름끼치는 절단 렌즈나 레이저를 찾습니다. 이 물건이 [잃어버린] 형식을 다시 만들고 주체를 제자리로 돌려보내니까요.[8) [이상의 선과] 다른 종류의 선이 놓여 있는 위치는 [앞서 설명한 위치와는] 완전히 다른 것처럼 보이네요. 이 선을 구성하는 선분들은 [앞서 본 선분들과] 달라서, 문턱에 따라 일을 처리하고, 생성을, 생성의 블록을 만들고, 강도의 연속체를, 흐름의 결합을 나타냅니다. 이 선에 있는 추상 기계도 [앞서 본 추상 기계와] 달라서, 변이를 일으키고 덧코드화하지 않으며 각각의 문턱과 결합에서 그 기계의 돌연변이를 드러냅니다. 판도 [앞서 본 판과] 다른 **일관성의 판**이나 **내면성의 판**으로서, 형식에서, 서로 빠름이나 느림의 관계만을 맺는 입자들을 뽑아내고, 주체에서, '개성 원리'로 개체화만을 일으키는

---

8) Pierrette Fleutiaux, *Histoire du gouffre et de la lunette*, éd. Julliard.

변용태를 뽑아냅니다. [그런데] 이항 기계만은 더 이상 이 실재하는 선에 관여하지 않습니다. 이는 주요한 선분(예컨대 사회 계급, 성별……)이 바뀔지도 모르고, 또 계급이 뒤섞이고 양성애 같은 유형의 혼합체가 부과될 수도 있기 때문은 아닙니다. 그 진짜 이유는, 분자선에 의해서 탈영토화의 흐름이 분자 사이를 빠르게 뚫고 흘러가기 때문이지요. 이제는 이쪽저쪽 어느쪽에도 속하지 않는 이 탈영토화의 흐름은 그 둘의 비대칭 생성을 구성합니다. 그 생성의 예가, 남자나 여자의 성과는 다른 분자의 성, 계급의 윤곽을 가지고 있지 않은 분자의 무리들, 그램 분자의 큰 저항에 더 이상 반응하지 않는 보잘것없는 계통과 같은 분자의 일족들입니다. 여기서 두 항의 합이, 그러니까 1과 2의 합이 문제가 되는 것은 당연히 아닙니다. 문제가 되는 것은 바로 제3의 항이지요. 다시 말해서 언제나 다른 곳에서 유래하고, 둘이라는 이원성을 뒤흔들어 놓고, 두 항이 이루는 보완이나 대립 중 그 어느것에도 끼지 않는 제3의 항 말입니다. 이것은 또 선 위에 있는 기존 선분들에다 새로운 한 선분을 첨가하는 문제가 아닙니다(제3의 성, 제3계급, 제3의 연령). 이것은 여러 개의 선분으로 된 선의 한복판에다, 즉 선분들의 한복판에다 또 다른 선을 그리는 문제입니다. 즉 다양한 빠름과 느림에 따라 선분들을 도주나 흐름의 움직임으로 가져가는 또 다른 선을 말이죠. 이상을 이어서 지리적으로 말해 보도록 하죠. **동서 관계**에 어떤 분절성이 자리잡았다고 합시다. 이 분절성은 이항 기계 안에서 대립을 이루고, 국가 기구 내부에 배열되고, 세계 질서의 바탕이 되는 추상 기계에 의해 덧코드화된 것이죠. 여하간 그로 인해 **남북 전역**에, 지스카르 데스탱이 침울하게 말한 것처럼, '정치경제의 불안정화' 가 찾아오고, 한 흐름의 줄기가, 그 바닥이 약간 깊기까지 한 한 흐름의 줄기가 만들어집니다. 이 흐름의 줄기는 모든 것을 재검토하고 조직의 판을 이탈시키죠. 여기에 한 명의 코르시카 사람이 있으면, 다른 곳에는 팔레스티나인, 항공기 납치범, 부족 운동의 고조, 페미니스트 운동, 녹색 생태학자, 반체제를 주장하는 러시아 사람, [이런 식으로] 남쪽에서 갑자기 불쑥 튀어나올 수 있는 사람도 계속해서 나올 것입니다. 그리스인과 트로이인을 서로 마주 보고 대립하고 있는 두 선분으로 상상해 보세요. 그때 갑자기 아마존의 여전사 부족이 들이닥쳐 트로이인을 격퇴하기 시작합니다. 이를 보고 그리스인은 '아마존의 여전사는 우리 편이야' 라고 소리치죠. 하지만 여전사 부족은 그 외침을 배반하고 그리스인의 배후를 무자비하게 공격합니다. 이렇게 클라이스트의 《펜테질리아》는 시작하죠. 큰 단절들간에는, 또 큰 대립들간에는 언제든지 협상이 가능합니다. 그러나 작은 균열, 남쪽에서 유래한 지각 불가능한 단절들은 그렇지가 않습니다. 방금 우리가 '남쪽' 이라고 했지요. 그런데 그곳에 정말 뭔가 있어서 말한 것은 아닙니다. 우리가 남쪽이라고 말한 이유는, 〈선분들로 된 선〉이 향해 가는 방향과 다른 방향을 나타내기 위해서죠. 사실 각각은 다 나름의 남쪽을 가지고 있습니다. 여기서 그 남쪽이 정작 어디냐는, 그러니까 경사선이냐 아니면 도주선이냐는 중요치 않지요. 그래서 국민·계급·성별이 다 나름의 남쪽을 가지고 있는 것입니다. 고다르는 말합니다. 큰 선 위에서 마주보고 대립하는 두 진영만이 중요한 것이 아닙니다. 중요한 것은 경계이기도 하죠. 모든 것이 이 경계를 통해서 가고, 또 모든 것이 이 경계를 통해서 다른 방향으로 향하는 꺾인 분자선을 따라 그 선 위로 질주해 가니까요. 68년 5월, 그것은 그러한 분자선의 파열이고, 아마존 여전사의 침입이며, 또 방향을 상실한 뽑혀진 블록들 같은 선분들을 이끌고 가는, 예상치 못한 선을 그리는 경계입니다.

사람들은 우리가 이원론을 벗어나지 못하고 있다고 비난합니다. 지금까지 논한 두 종류의 선을, 각기 다른 식으로 잘려지고 다른 판으로 짜여지며 다른 기계로 만들어지는 그 두 종류의 선을 근거로 제시하면서 말이죠. 그러나 이원론을 정의하는 것은 항의 개수가 아닙니다. 다른 항을 더한다고($x>2$)해서 이원론에서 벗어나는 것은 아니니까요. 이원론에서 실제로 벗어나려면 이원론을 짐 옮기듯 [다른 곳으로] 옮겨 놓기만 하면 됩니다. 그리고 2개의 항이든 2개 이상의 항이든 여하간 그 항들 사이에서 가장자리나 경계와 같은 좁다란 협로를 찾아낼 때, 그때야말로 정말 이원론에서 벗어나게 되는 것이죠. 이때 가장자리나 경계는 항들의 집합을 그 항의 개수와 상관없이 하나의 다양체로 만듭니다. 우리가 배치라고 하는 것은, 정확하게 말해서 하나의 다양체입니다. 그래서 그 어떤 배치이든간에 반드시 이항의 강한 분절성을 보이는 선들을 포함하고, 또 그만큼 반드시 분자선들이나 가장자리 선들, 도주선들이나 경사선들을 포함하는 것이죠. [이런 점에서] 우리가 보기에, 권력 장치는 정확하게 배치를 구성하는 것이 아니고, 한 차원 안에서 배치의 일부를 이루는 것입니다. 그때 그 차원 위에 있는 배치 전체는 균형을 잃고 기울어지거나 하나로 접힐 수 있죠. 여하간 바로 이 차원에 이원론들이 속해 있습니다. 그렇기 때문에 이 차원은 배치의 다른 차원과 이원론을 형성하지 못하죠. 덧코드화 추상 기계와 돌연변이의 추상 기계는 이원론을 이루지 않습니다. 왜냐하면 돌연변이의 추상 기계가 덧코드화 추상 기계의 토대를 침식해 들어가는 것과 동시에, 덧코드화 추상 기계가 돌연변이 추상 기계를 선분으로 나누고 구조하며 덧코드화하는 식으로, 이 두 기계가 배치의 한가운데서 서로 얽혀 작업을 하니까요. 마찬가지로 초월적인 조직의 판과 내재적인 일관성의 판도 이원론을 이루지 않죠. 후자의 판이 빠름과 느림의 관계만을 맺는 입자들을 전자의 판에 있는 형식과 주체에서 뽑아온다면, 전자의 판이 형성되는 곳은 바로 내재성의 판으로서, 이 후자의 판에서 작업하여 움직임을 차단하고 변용태를 고정시키며 형식과 주체를 조직하니까요. 속도계가 직접 뒤죽박죽으로 만들어 버리는 형식을 전제하는 것과 마찬가지로, 조직은 직접 정돈하는 뒤죽박죽으로 뒤섞인 재료를 전제합니다. 그러므로 우리는 두 종류의 '것들'이 이루는 이원론에 대해서 말한 것이 아니라, 배치의 한가운데에 있는 차원, 선과 방향의 다양체에 대해서 말한 것이죠. 어떻게 욕망이 억압되기를 욕망할 수 있는가, 어떻게 욕망이 종속되기를 욕망할 수 있는가라는 질문에, 우리는 욕망을 억압하거나 종속시키는 권력이, 욕망의 배치 그 자체의 일부가 되었기 때문이라고 대답합니다. 그래서 욕망은 바로 그 선을 따라가기만 하면 되고, 한 척의 배처럼, 바로 그 바람에 사로잡혀 있는 것을 느끼기만 하면 되지요. 이제 혁명을 **향한**(de) 욕망은 없습니다. 마찬가지로 권력을 **향한** 욕망, 억압하기를 **향한** 욕망이나 억압받기를 **향한** 욕망도 없고요. 여기서 혁명·억압·권력 등은 주어진 한 배치의 현행 성분을 이루는 선들입니다. 이 선들은 절대로 앞서 존재하지 않지요. 이 선들은 서로에게 내재적이고 서로 얽혀 있는 상태로 그려지고 구성되는데, 이와 동시에 욕망의 배치가, 얽혀 있는 그 배치의 기계와 군데군데 잘린 그 배치의 판과 더불어 만들어집니다. 그러므로 결국 무엇이 경사선으로 작동하게 될지, 어떤 형식이 이 선을 차단하게 될지 미리 알 수 없는 거죠. 이상은 정말 음악의 배치에 해당되는 내용입니다. 실제로 음악의 배치에는 코드와 영토성, 속박과 권력 기구, 이분된 박자, 전개되는 멜로디와 화음의 형태, 초월적인 조직의 판이 있는가 하면, 거기에다 소리 분자들 사이에 있는 속도 변환기, '무박자의 시간,' 증식과 분해, 아이-되기, 여성-되기, 동물-되기, 내재적인 일관성의 판도 있으니까요. 오랫동안 음악 배치 안에 있어 온 교회 권력의 역할과, 음악가가 드디어 그 배치의 안이나 중간으로 들어가게 만든 것도 있고요. 이상은 진정 모든 배치에 해당되는 내용입니다.

한 배치 안에서 일어나는 탈영토화의 움직임과 재영토화의 과정은 매번 비교해 볼 필요가 있습니다. 그런데 이 용어들이 의미하는 바는 과연 무엇일까요? 펠릭스가 여러 가지의 계수로 사용하고자 만든 이 용어들의 의미 말입니다. [그 의미를 설명하기 위해서] 인간은 **탈영토화된 동물**이라는 인류 진화의 일반 논거를 다시 사용할지도 모르겠군요. 우리가 들은 바에 의하면, 영장류 아목(亞目)은 두 앞다리를 땅에서 떼어내고, 손을 먼저 이동할 수 있는 수단으로 만든 후, 그 다음에 무엇인가를 움켜잡을 수 있는 수단으로 만든다고 하네요. 이것은 결국 탈영토화의 문턱이나 양자입니다. 그러나 매번 재영토화로 보충되죠. 앞다리가 탈영토화되어 이동 수단으로서의 손이 되고, 이 손은 이 나무에서 저 나무로 옮아다니기 위해 사용되는 나뭇가지 위에서 다시 재영토화되죠. 이번에는 이동 수단으로서의 손이 탈영토화되어 뭔가를 움켜잡을 수 있는 수단이 되고, 이 움켜잡을 수 있는 손은, 위협을 가하려고 흔들어대거나 멀찍이 던져 버릴 도구라 명명되는, 어디에서 뽑아오고 끌어온 요소들 위에서, 다시 재영토화되고요. '막대기'라는 도구는 그 자체로 탈영토화된 나뭇가지입니다. 사람의 위대한 발명은 탈영토화된 숲인 스텝에서의 여정을 포함하지요. 동시에 사람은 이 스텝 대초원 위에서 재영토화됩니다. 몸을 곧게 폄으로써, 탈영토화된 젖샘이 바로 젖가슴이라고 합니다. 그리고 점막이 밖으로 노출되도록 까뒤집음으로써(입술), 탈영토화된 동물의 입이 바로 사람의 입이라고 하고요. 그런데 입술의 상관적 재영토화가 젖가슴 위에서 일어나고 젖가슴의 재영토화가 입술 위에서 일어납니다. 그 결과 몸체와 환경으로 아주 다른 탈영토화의 속도가 관통하고, 여러 미분 속도가 뚫고 지나가게 되죠. 그리고 이 두 속도가 서로 보완하여, 강도의 연속체를 형성할 뿐만 아니라 재영토화의 과정을 일으킬 것입니다. 이상을 끝까지 밀고 가면, 땅 그 자체도, 탈영토화된 것이고("사막이 점점 많아지네⋯⋯."), 대지의 인간, 유목민도, 탈영토화된 사람입니다. 비록 그가 이동하지 않고, 사막이나 스텝 대초원이라는 한복판에 묶여 있을지라도 말이죠.

II

사회장이 형성하는 탈영토화의 비교 움직임, 강도의 연속체와 흐름의 결합은, 이러이러한 시기와 연결되는 구체적인 사회장 안에서 연구해야 합니다. [이를 위해서] 우리는 11세기 주변에서 몇 가지 예를 끌어옵니다. 총통화가 이룬 도주의 움직임, 가장 최근에 벌어졌던 침략들과 영주들의 늘어만가는 요구의 압력을 받아 농민의 무리가 일으키는 대규모의 탈영토화, 십자군, 도시로의 정착, 토지를 착취하는 새로운 유형(소작료나 임금 제도)처럼 다양한 형태를 취하는 귀족 무리의 탈영토화, 영토화에서 점점 더 벗어나고 있는 설비를 갖춘 도시의 새로운 모습, 토지의 점유 침탈, '신의 평화,' 십자군 조직을 수반하는 교회의 탈영토화, 기사도적 사랑을, 그러고 나서 궁정풍 연애를 수반하는 여자의 탈영토화. 십자군(여기에는 어린아이로 조직된 십자군도 포함됩니다)은 이상의 모든 움직임을 결합하는 문턱으로 나타날 수도 있습니다. 어떤 의미에서 보면 사회 안에서 가장 우선하는 것은 선이고, 도주의 움직임이라고 말할 수 있을 것입니다. 왜냐하면 사회 밖으로의 도주와는 거리가 멀고, 유토피아적이거나 심지어 이데올로기적인 것과도 거리가 먼, 방금 언급한 도주의 움직임이 사회장을 구성하고, 그 사회장의 경사와 경계들, 또 모든 생성들을 그리니까요. 사람들은 마르크스주의를 피상적으로 받아들임으로써 한 사회는 그 사회의 모순들, 특히 계급간의 모순들에 의해서 모순을 일으키고 정의되어진다고 말합니다. 그러나 우리는 사회 안에 있는 모든 것이 도주하고 있고, 한 사회는 모든 종류의 무리(한번 더 말하지만, '무리'는 분자의 개념입니다)에 영향을 미치는 그 사회의 도주선에 의해서 정의되어진다고 말하고자 합니다. 사회뿐만 아니라 집단적 배치도, 무엇보다 우선 그 배치의 탈영토화의 첨점에 의해서, 그 배치의 탈영토화의 흐름에 의해서 정의되어지죠. 역사의 위대한 지리적 모험은 도주선입니다. 다시 말해서 도보로 떠나는, 또 말이나 배를 타고 떠나는 원정이지요. 예컨대 사막에서 이루어지는 히브리인의 원정, 지중해를 횡단하는 반달 부족의 원정, 스텝을 가로질러 가는 유목민의 원정, 중국인의 원정, 이렇게요. 사람들이 무엇인가를 창조하는 곳은 언제나 도주선 위인데, 그것은 물론 사람들이 상상하거나 꿈을 꾸기 때문이 아니라, 그 반대로 그 선 위에서 현실을 그리고 일관성의 판을 구성하기 때문입니다. 도주하기, 그러나 도주하면서 무기를 찾아내기.

지금까지 도주선을 기본으로 보아야 한다는 우리의 설명을 연대학상으로 이해하거나, 불변의 일반론으로 받아들여서는 안 됩니다. 오히려 그것을 무박자의 시간, 부는 바람 같은 개성 원리, 어느 자정, 어느 정오처럼 무시간적인 것의 사실과 권리로 봐야 하죠. 왜냐하면 도주선이 만들어지는 것과 동시에 재영토화가 이루어지니까요. 그 예로서, 새로운 유통 위에서 일어나는 통화의 재영토화, 새로운 착취 양태 위에서 일어나는 농촌의 재영토화, 새로운 작용 위에서 일어나는 도시의 재영토화 등을 들 수 있습니다. 이러한 모든 재영토화는 축적됩니다. 그리고 그 축적으로부터 하나의 '계급'이 도출되지요. 이 계급은 다시 그 축적의 혜택을 특별히 누리고, 축적들을 동질화시키며, 그것의 모든 선분들을 덧코드화할 수 있습니다. 극단적인 경우에, 모든 종류의 무리가 이루는 움직임과, 움직임 각각의 속도 계수를 구분하고, 계급의 안정화와, 재영토화 전체에 분배된 그 안정화의 선분들을 구분할 필요가 있을 것입니다. 왜냐하면 무리와 계급처럼 똑같이 행동하는 것도, 함께 얽혀 있는 다른 선위에 있는 것일 수도 있고, 그 윤곽이 딱 맞지 않을 수도 있기 때문입니다. 여기에서 사람들은 우리가 왜 어떤 때는 적어도 서로 다른 3개의 선이 있다고 하고, 어떤 때는 오로지 2개만 있다고 하며, 어떤 때는 심지어 매우 얽히고설킨 단 1개의 선만이 있다고 하는지 좀더 잘 이해할 수 있을 것입니다. 어떤 때는 실제로 선이 3개 있습니다. [그 첫번째 선이] 도주선이나 단절의 선이죠. 이 선은 탈영토화하는 모든 움직임을 결합하고, 그 움직임의 양자들을 촉진시키고, 그 움직임에서 속도가 붙은 입자들을 **빼내**옵니다. 이때 **빼내**온 입자들은 서로서로의 근방으로, 일관성의 판이나 돌연변이 기계 위에 있는 문안으로 쏜살같이 들어가지요. 그리고 두번째 선은 분자선입니다. 이 분자선에서 탈영토화는 상대적인 것일 뿐이라서, 언제나 재영토화에 의해서 보충됩니다. 이 탈영토화에다 상당히 많은 고리, 굴곡, 평형과 안정화를 부과하면서 말이죠. 마지막 [세번째 선은] 명확하게 규정된 선분들로 된 그램 분자의 선입니다. 이 선에서 재영토화는 축적되어 조직의 판을 구성하고 덧코드화 기계로 편입됩니다. 이상의 3개의 선을, 그 중 한 선은 유목하는 선으로, 다른 한 선은 이주하는 선으로, 나머지 한 선은 정주(定住)하는 선으로 설명할 수도 있겠어요(이주민은 절대로 유목민이 아닙니다). 아니면 오로지

2개의 선만 있는 것인지도 모르겠어요. 왜냐하면 분자선은 두 극단 사이에서 [시계추처럼] 왔다갔다하는 모습만을 보이니까요. 그러니까 어떤 때 분자선은 영토화의 흐름들의 결합에 사로잡혀 있고, 어떤 때는 재-영토화의 축적에 연결되어 있지요(오스트로고트족과 비지고트족 같은 이주민은 때로는 유목민과 연합하고, 때로는 제국의 외국인 용병이나 국민 지원병이 되기도 합니다). 아니면 두번째 선에서 상대화되고, 세번째 선에서 저지당하거나 절단되는 최초의 도주선, 가장자리나 경계의 선, 바로 이 선 하나만 있는 것입니다. 여기서 '이' 선을 다른 두 선들의 파열로 생겨난 선으로 소개하는 것이 더 쉬울 수도 있겠죠. 여하간 이 선이나 이 선들보다 복잡한 것은 없습니다. 이 선은 멜빌이 말한 바로 그 선으로서, 조직된 분절성 안에 있는 카누들을, 동물-되기와 분자-되기 안에 있는 에이허브 선장을, 광란의 도주 안에 있는 백경을 하나로 연결시킵니다. 우리가 전에 다루었던 기호의 체제로 돌아가 봅시다. 어떻게 도주선이 전제 체제 안에 갇혀 오도가도 못하게 되고, 어떻게 부정의 기호에 의해서 영향을 받는가, 어떻게 도주선이 히브리인의 체제 안에서 하나의 가치를 발견하는가, 긍정적이지만, 상대적이고, 연속되는 진행 과정으로 잘리는 가치를…… 전에는 이 두 가지 경우만을 아주 대략적으로 다루었으나, 사실 다른 경우들도 많습니다. 여하간 각각의 경우가 모두 정치의 핵심적 요소이지요. 정치는 하나의 능동적인 실험입니다. 왜냐하면 사람들은 하나의 선이 어떻게 방향을 바꿀지 미리 알지 못하니까요. 선을 지나가게 하기. 회계원은 말합니다. 그러니까 **아무 데나** 선을 지나가게 할 수 있어요.

정말 많은 위험들이 있습니다. 3개의 선 각각에도 나름의 위험들이 있고요. 도처에는 강한 분절성이나 절단의 선이라는 위험이 도사리고 있습니다. 절단의 선은 우리가 국가와 맺는 관계뿐만 아니라, 우리 몸체에 영향력을 행사하는 온갖 권력 장치, 우리를 재단하는 모든 이항 기계, 우리를 덧코드화하는 추상 기계와 관련되어 있습니다. 또 인식하고 행동하며 느끼는 우리의 방식과도 관련되고, 우리의 기호 체제와도 관련되어 있지요. 국민 국가가 자유와 독재라는 두 극 사이에서 오도가도 못하고 [시계추처럼] 왔다갔다하는 것은 사실입니다. 여기서 자유 국가는 국가란 추상 기계의 실행에 방향을 정하는 기구에 불과하다고 봅니다. 반면 독재 국가는 추상 기계를 수중에 놓고 그 기계와 한데 뒤섞이려는 경향이 있지요. 우리를 가로지르고 또 우리가 통과하는 선분들은 어쨌거나 우리를 안심시키는 확고 부동한 특성에 의해서 드러납니다. 이 특성은 우리를 세상에서 가장 겁 많고, 그러면서도 가장 무자비하고, 가장 신랄한 피조물로 만들어 버리죠. 위험은 정말 도처에 깔려 있고 너무나 명확해서, 우리가 어떤 이유로 그래도 그러한 분절성을 취해야 하는지 필히 자문하게 만드는 듯합니다. 가령 우리에게 그 분절성을 폭파시켜 날려 버릴 만한 능력이 있다고 하더라도, 분절성이 우리의 유기체와 이성까지 포함하는 삶의 기반을 이루는 이상, 우리 자신을 파괴시키지 않고서야 어떻게 분절성을 없앨 수 있겠습니까? 우리가 이러한 선을 다룰 때 반드시 갖춰야 하는 신중한 태도, 그 선을 부드럽게 만들고, 잠시 그 작용을 중지시키고, 작용 방향을 바꾸고, 서서히 그힘을 약화시키기 위해서 갖춰야 할 여러 대비책, 이러한 것들은 국가와 여러 권력과 관련하여, 또 직접적으로 우리 안에서 이루어진 오랜 작업의 결과를 보여줍니다.

　두번째 선에도 그 나름의 위험이 있습니다. 그런 만큼 어떤 분자
선에 이르거나 그 선을 그리는 것만으로, 어떤 유연한 선 위로 휩
쓸려 가는 것만으로 충분치 않은 것은 분명합니다. 이 선도 역시 우
리의 인식, 능동 작용과 수동 정념, 기호 체제, 이 모든 것과 관련되
어 있죠. 그뿐만이 아닙니다. 비록 단순하게 축소되고, 분산되어 있
는, 아니 그보다는 분자화된 위험들이기는 하지만, 우리는 유연한
선 위에서 견고한 선 위에서 보았던 동일한 위험들을 다시 발견할
수 있습니다. 왜냐하면 소규모 오이디푸스 공동체들이 가족 오이디
푸스의 자리를 차지했고, 힘의 유동적 관계가 권력 장치의 뒤를 이
었고, 균열이 차별을 대신하였으니까요. 더 나쁜 것은, 이 유연한 선
자체가, 이 선 고유의 위험들, 너무 성급하게 건너간 문턱, 감당할
수 없기 때문에 위험한 것이 되어 버린 강도를 만들어 내거나, 그것
들과 과감히 맞선다는 사실이죠. 여러분은 충분히 주의를 기울이지
않았군요. 이것은 '블랙홀' 현상입니다. 유연한 선이 빠져나올 수
없는 블랙홀로 추락하는 것을 일컫죠. 가타리는 특수 국가 기구 내
부의 중앙을 반드시 장악하지는 않는, 사회장 내에 존재하는 미시-
파시즘에 대해서 언급하고 있습니다. 사람들은 강한 분절성의 기슭
에서는 떠났으나, [이번에는] 그 못지않게 협의에 기초한 체제 안으
로 들어갔습니다. 이 체제에서 사람들은 모두 각자의 블랙홀로 빠
지고, 그 블랙홀 안에서 자신의 입장, 역할과 사명에 대한 자신감을
보이면서 위험한 존재가 됩니다. 이 자신감은 첫번째 선의 확실성
보다 훨씬 더 걱정되는 것이죠. 소그룹을 장악하는 스탈린들, 지역

을 장악하는 심판자들, 패거리들을 장악하는 미시-파시즘들 등이 이에 해당됩니다. 사람들은 우리가 정신분열증 환자를 진정한 혁명가로 본다고 말하게끔 우리를 몰고 갔죠. 그러나 실제로 우리는 정신분열증은 분자의 과정이 블랙홀로 낙하하는 것이라고 생각합니다. 주변인들은 늘 우리를 겁나게 만들고 약간의 공포감마저 줍니다. 그들은 완벽하게 숨어 지내지 않으니까요.

【질 들뢰즈의 노트: 어쨌거나 그들은 나를 겁나게 만든다. '생물체 내(in vivo)'에 있는 광기가, 또는 마약 중독자가, 또는 범죄자가 내뱉는 분자의 파롤이, '시험관 내(in vitro)'에 있는 한 정신과 의사의 위대한 강연보다 더 가치 있는 것은 아니다. 한쪽에서 자신감을 보이는 만큼 다른 한쪽에서도 확실성을 보이니까. 이 주변인들이 선을 창조하지는 않지만, 선 위에 정착하여, 선을 자신의 소유로 만든다. 그들이 선의 인간이 보이는 이상한 겸손도 갖추고, 실험자의 신중함도 갖추고 있다면 그거야 좋은 일이다. 하지만 그들이 "우리는 아방가르드다," "우리는 주변인이다……"처럼 그들의 의존 상태와 빙빙 돌아다니는 상태에 대한 미시-파시스트적인 말밖에는 나오지 않는 블랙홀로 미끄러져 들어간다면 정말 큰일이다.】

다음과 같은 일도 일어납니다. 두 선이 서로를 지탱하고, 점점 더 강한 분절성을 보이는 조직이 그램 분자의 큰 집합 층위에서 자잘한 공포와 블랙홀의 관리와 회로를 이루기도 하지요. 이때 그램 분자의 큰 집합 각각은 블랙홀 안에서 분자의 망으로 잠깁니다. 폴 비릴리오는 오늘날의 밑그림과 동일한 세계 국가의 그림을 그립니다.

추상 기계를 가지고 완전한 정체성을 발현했던 완전무결한 치안 국가는 전면전을 벌이는 국가보다도 훨씬 더 무시무시한 곳입니다. 그런 이 국가에서 영향권과 굵직한 선분이 이루는 균형은 '비밀스러운 모세관 현상'과 통하지요. 이제 이 국가 안에 있는 번쩍번쩍 빛이 나게 잘 재단된 도시는, 각자 나름의 블랙홀에 처박혀 있고, 밤에만 돌아다니는 지하 생활자들을 수용하기만 하면 됩니다. 여기서 블랙홀은 '덧조직화된 확실한 사회'[1]를 정확하게 완성하는 '사회의 늪지'로서 작용합니다.

결과적으로 도주선이나 단절의 선만 취하면 된다는 생각은 잘못된 것일 수 있습니다. 왜냐하면 일단은 그 선을 그려야만 하는데 그러기 위해서는 그 선을 어디에다 어떻게 그릴 것인지를 알아야만 하기 때문이죠. 게다가 그 선에는 가장 끔찍한 것일 수 있는 위험도 있으니까요. 도주선이나 최대 경사선은 차단되고 분절되고 블랙홀로 빨려 들어갈 가능성이 있습니다. 게다가 어떤 특별한 위험이 더해지기도 하죠. 그러니까 다른 선들과 스스로를 파괴하고 파멸하는 선으로 변화되는 위험 말이죠. 폐지의 열정. 음악마저도 그러한데, 어째서 음악은 그토록 죽고 싶게 만드는 걸까요? 마리(Marie)가 수면을 따라 [수평적으로] 내지르는 죽음의 외마디와 룰루(Lulu)가 하늘을 향해 수직적으로 내지르는 죽음의 외마디. 이 두 외마디 사이에 음악 전부가 들어 있는 것일까요? 우리가 제시했던 도주선에 관한 모든 예는 우리가 좋아하는 작가의 작품에서만 뽑아온 것인데,

---

1) Paul Virilio, *L'Insécurité du territoire*, éd. Stock.

어쩌다가 그렇게 나쁘게 변질된 것일까요? 도주선은 그것이 상상적인 것이 아니라, 실재적인 것이고 그 자체의 현실에 존재하기 때문에 나쁘게 변질됩니다. 그리고 다른 두 선이 이 선을 따돌리고 무시하기 때문에 그리된 것이고, 또 그 자체에다 비밀스럽게 감추어 둔 하나의 위험 때문에 그리된 것이죠. 클라이스트와 두 사람을 죽음으로 이끈 그의 자살, 횔덜린과 그의 광기, 피츠제럴드와 그의 해체, 버지니아 울프와 그녀의 실종. 사람들은 이 죽음 중 어떤 것은 고통을 가라앉히기에 심지어 다행스럽기까지 하다고 생각할 수도 있고, 또 이제는 한 사람만의 문제가 아니지만 그가 산 시대에 그의 판위에서 벌어진 한 순수한 사건에서 끌어낸 죽음의 개성 원리를 상상해 볼 수도 있습니다. 그런데 내재성의 판이나 일관성의 판은 상대적으로 의연하나 비통함은 없는 죽음만을 우리에게 가져다줄 수밖에 없을까요? 그렇지는 않습니다. 가령 모든 창조가 처음부터 다시 창조되도록 하는 창조의 폐지로 끝날지라도, 가령 모든 음악이 침묵의 추구라 할지라도, 창조와 음악은 그것의 끝이나 전제된 목적에 따라서 평가될 수 없습니다. 왜냐하면 창조와 음악은 모든 면에서 끝과 전제된 목적을 넘어서고 있기 때문이죠. 음악과 창조가 죽음으로 귀착하는 경우는, 그 둘 모두에 있는 고유한 하나의 위험과의 관련 때문이지, 음악과 창조에 있어 죽음이라고 할 수 있는 사용 목적과의 관련 때문은 아닙니다. 우리가 말하려는 바는 이렇습니다. 실재하는 것으로서 도주선 위에 있는 전쟁의 '은유'는 심지어 가장 개인적이고 가장 개체적인 층위에서조차도 왜 그리 자주 반복되어 나타날까요? 횔덜린과 전장, 히페리온.[2] 클라이스트와 그의 작품 곳곳에 나오는, 국가 기구에 대항하는 전쟁 기계에 대한 생각, 또 그의 삶 속에서 보여지는 그를 자살로 몰아간 게 분명한 치러야 할 전쟁에 대한 생각. 피츠제럴드는 말합니다. "노을 가득한 버려진 사격장 위에 서 있는 것 같았어……."《비평과 진단》에는 이런 말이 나오지요. 삶과 작품을 동일한 전쟁 기계의 부품으로 만드는 도주선이 삶과 작품과 결합되는 순간, 삶과 작품은 동일한 것이 된다. 이런 상황에서 삶이 개인적인 것이 되기를 멈추고 작품이 문학적이거나 텍스트적인 것이 되기를 멈춘 지는 오래되었습니다.

전쟁은 분명 하나의 은유가 아닙니다. 우리는 펠릭스와 함께 전쟁 기계는 국가 기구와 완전히 다른 본성과 기원을 가지고 있다고 전제합니다. 전쟁 기계의 기원은 황제의 주둔병이 되기를 거부하고 유목 생활을 하는 양치기한테 있을지도 모르죠. 전쟁 기계는 인간과 짐승이 분포하는 열린 공간에다 산술 구조를 끌어들입니다. 이 구조는 닫힌 공간을 배분하는 국가의 기하학적 구조와는 대조를 이루는 것이죠(전쟁 기계가 기하학과 연결될 때조차도, 전쟁 기계와 연결되는 기하학은, 국가의 기하학과는 아주 다른 기하학으로서, 일종의 아르키메데스의 기하학, '문제'의 기하학이지, 유클리드의 기하학과 같은 '정리'의 기하학은 아닙니다). 국가 권력은 전쟁 기계에 의존하지 않습니다. 대신에 우리를 가로지르는 이항 기계의 행사와 전 '경찰'과 같은 우리를 덧코드화하는 추상 기계의 행사에 의존하죠. 반면에 전쟁 기계는 동물-되기, 여성-되기, 군인의 지각할 수 없는 것-되기에 의해서 관통됩니다(전제 군주나 정치가의 '선전'과는 대

---

2)《히페리온 *Hyperion*》은 미완성 작품으로서 그리스의 자유를 위하여 싸우는 전사의 환멸을 그리고 있다.〔역주〕

조되는, 전쟁 기계의 발명으로서의 비밀을 참조할 것). 이처럼 상식을 벗어나는 군인의 자세를 뒤메질은 국가와 관련해서 자주 강조했습니다. 뤼 드 외쉬는 어떻게 전쟁 기계가 바깥으로부터 오는지, 어떻게 전쟁 기계가 그 기계를 허용하지 않았던 이미 선진화된 한 국가를 향해 돌진하여 가는지 보여주지요.[3] 피에르 클라스트르는 마지막 글에서 어떻게 원시 집단 안에서 전쟁의 작용이 바로 국가 기구의 형성을 피하는 것이었는지 설명합니다.[4] 국가 기구와 전쟁 기계는 같은 선에 속해 있지도 않고, 같은 선 위에서 구조되지도 않는 듯이 보입니다. 왜냐하면 국가 기구가 강한 분절성을 보이는 선에 속하고, 심지어 국가 기구가 그 선의 덧코드화를 실행한다는 점에서 그 선을 좌우하기까지 하는 반면에, 전쟁 기계는 스텝 대초원이나 사막 깊숙한 곳에서 도래하여 제국으로 처박히는 도주선과 최대 경사선을 따르기 때문이죠. 징기스칸과 중국 황제. 군대의 조직은 모세가 자기 민족에게 부여한 것과 같은 도주의 조직입니다. 왜냐하면 군대의 조직이 적마저 도망가게 하면서 무언가를 도주하게 만들기 때문이죠. 게다가 고유한 정치와 전략을 가지고 오로지 어떤 적을 만드는 도주나 탈영토화의 선을 지나가는 곳마다 그리기 때문이기도 합니다. 이런 여건에서 국가에 제시될 가장 중요한 문제 중 하나는, 전쟁 기계를 제도화된 군대 형태로 통합하는 것이고, 전쟁 기계를 국가의 치안을 담당하는 일반 경찰의 한 부서로 삼는 것

---

3) 특히 다음의 책들을 참조하자. Georges Dumézil, *Heur et malheur du guerrier*, PUF, et *Mythe et Epopée*, t. II, éd. Gallimard. Luc de Heusch, *Le Roi ivre ou l'origine de l'Etat*, éd. Gallimard.

4) Pierre Clastres, *La Guerre dans les sociétés primitives*, in 《Libre》 n°, éd. Payot.

입니다(어쩌면 태멀레인[5]이야말로 이런 종류의 전환을 보여주는 가장 인상적인 예라고 할 수 있지요). 군대는 결국 절충안에 지나지 않습니다. [그러므로] 전쟁 기계가 외국인 용병이 되는 일이 일어날 수 있습니다. 아니면 전쟁 기계가 국가를 정복한 경우에 한해서 국가가 전쟁 기계를 전유하도록 내버려두는 일이 일어날 수도 있고요. 그렇더라도 국가 기구와 전쟁 기계 사이에는 언제나 어떤 긴장감이 돌 것입니다. 국가 기구는 보존을 요구하고, 전쟁 기계는 국가와 국가의 주체들을 파괴하고, 심지어 자체 파괴되거나 도주선을 따라 가면서 그 자체를 해체시키고자 하는 기획을 품고 있으니까요. 모든 것이 유목민을 경유하는데도, 유목민의 관점에서 기술된 역사가 없어서, 유목민을 '물자체(noumène)'나 역사의 알 수 없는 것으로 여길 정도가 되었다면, 그것은 유목민이 방금 본 폐지의 기획과 따로 떼어 생각할 수 없는 것이기 때문입니다. 이 폐지의 기획은 유목의 제국이 마치 그 자체에 의한 것인 양 사라지게 만들고, 이와 동시에 전쟁 기계가 자체 파괴되거나 아니면 국가에 고용되도록 만드는 것입니다. 요컨대 도주선은 전쟁 기계에 의해 그려질 때마다 다른 선들과 스스로를 폐지하고 파멸하는 선으로 전환합니다. 바로 이 점이 이런 종류의 선에만 특별히 있는 위험입니다. 이 위험은 이전의 다른 위험들과 뒤섞여 나오기는 하지만 그렇다고 못 알아보지는 않습니다. 이제는 도주선이 죽음의 선으로 바뀔 때마다 '죽음 본능'과

---

5) 중앙아시아 티무르 왕조의 창시자이다. 시스탄 전투에서 오른쪽 다리에 심한 상처를 입고 다리를 절면서부터 태멀레인으로 불렸다. 징기스칸처럼 유목민의 전통을 계승하면서도 정주민이 가질 수 있는 경제력을 인정하여 도시 번영에 힘썼다. 바로 이와 같은 면모로 인해 들뢰즈가 전쟁 기계의 변환의 한 예로 들은 것이다.〔역주〕

같은 유형의 내적 충동을 생각해 내는 것이 아니라, 객관적으로나 비본질적으로 정의할 수 있는 기계를 작동시키는 욕망의 한 배치를 생각하는 정도가 되었습니다. 그러므로 누군가가 다른 이들을 파괴하거나 스스로 자멸할 때마다, 그가 자신의 도주선 위에서, 스트린드베리의 부부 전쟁 기계,[6] 피츠제럴드의 알코올 전쟁 기계 등과 같은 자신만의 전쟁 기계를 고안해 냈던 것은, 은유에 의해서가 아닙니다. 클라이스트의 전 작품은 다음과 같은 확증된 사실에 의존하고 있습니다. 그런 아마존의 여전사 부족 같은 대규모의 전쟁 기계는 더 이상 존재하지 않는다. 전쟁 기계는 이제 자체적으로 사라지는 하나의 꿈에 불과하다. 결국 이 기계는 국가의 군대로 대치된다(함부르크의 왕자). 어떻게 새로운 유형의 전쟁 기계를 다시 고안해 낼까(미하엘 콜하스[7]), 우리를 파괴로 이끌 것이라는 것을 잘 알고 있는데도 어떻게 도주선을 그릴까(두 사람을 죽음으로 이끈 자살) ──자기만의 전쟁을 이끌기…? 그것도 아니면 어떻게 이 마지막 덫을 피할까?

차이는 개체적인 것과 집단적인 것 사이로 끼어들어가지 못합니

---

6) 스웨덴의 극작가이자 소설가인 스트린베리는 여러 번 결혼에 실패한다. 이로 인해 그는 "여인 속에서 천사를 구하다가 결국은 지옥을 발견하였다"라는 말을 남기기도 한다. 인생을 생존 경쟁에서 살아남아야 하는 치열한 전쟁으로 보았던 그는 불행한 결혼 생활이 증명하듯이 부부 관계에서도 수차례의 전쟁을 겪었을 것이다. [역주]

7) 클라이스트는 단편 소설 〈미하엘 콜하스〉에서 상부의 권위에 대항하는 전형화된 인물을 만들어 낸다. 이 소설은 16세기의 역사적 인물에 기초를 두고 있는데, 그 인물은 바로 한스 콜하제이다. 이 인물은 두 필의 말이 걸린 법률 소송에서 지고 임의대로 정의를 실행한다고 비텐베르크 시에 불을 지른다. 결국 그로 인해 콜하제는 참수된다. [역주]

다. 왜냐하면 우리는 이 두 유형의 문제 사이에서 그 어떤 이원성도 보지 못했으니까요. 발화 행위의 주체는 없지만 모든 고유 명사는 집단적입니다. 그리고 모든 배치는 이미 집단적이고요. 차이는 또한 자연적인 것과 인위적인 것 사이로 끼어들어가지 못합니다. 그둘은 기계에 속하고 그 기계에서 서로 교환되니까요. 자연 발생적인 것과 조직된 것 사이로도 끼어들어가지 못하죠. 이 둘 사이에 관련된 유일한 문제가 조직의 양태이니까요. 여러 개의 선분으로 이어진 것과 중앙으로 모아진 것 사이에도 끼어들어가지 못합니다. 중앙으로 모으기 그 자체는 강한 분절성을 보이는 형태에 의존하는 조직이니까요. 실제 차이들이 선 사이로 끼어들어갑니다. 비록 그 선들이 서로서로에게 완전히 내재적이고 서로 얽혀 있어도 말이죠. 그렇기 때문에 분열-분석이나 화용론에 관한 질문, 미시-정치 그 자체에 관한 질문은 절대로 해석되는 법이 없고, 오로지 제기만 될 뿐입니다. 예컨대 개체이건 집단이건 간에, 네가 가진 선들은 어떤 것이고, 그 선들 각각에는 어떠한 위험이 있는가?라는 식으로요.——1° 너한테 있는 견고한 선분들은 어떤 것이고, 네가 가진 이항 기계와 덧코드화 기계는 어떤 것인가? 이 기계라 할지라도 완제품으로 제공되는 것이 아니기 때문에, 계급, 성별이나 나이의 이항 기계는 우리를 재단조차 하지 못합니다. 그래서 우리가 계속해서 다른 데다 옮겨 놓고 그 사실을 잊고서 계속해서 만들어 내는 다른 이항 기계들이 있는 것입니다. 만일 우리가 이러한 선분들을 너무 빨리 폭발시켜 날려 버린다면 어떠한 위험이 있을까요? 유기체라 할지라도 그로 인해 죽지 않을까요? 신경과 뇌에까지 자신의 이항 기계를 설치하고 있는 유기체이니까.——2° 너한테 있는 유연한 선은 어떤 것인고, 어떠한 흐름과 어떠한 문턱이 있는가? 어떠한 상대적인 탈영토화의 집합과 어떠한 상관적인 재영토화의 집합이 있는가? 그리고 블랙홀의 배분에 관한 질문이 있습니다. 한 마리의 짐승이 들어살고 있는 저기에, 어떤 미시-파시즘이 자라고 있는 저기에, 바로 저기에 있는 각각의 블랙홀은 어떤 것인가?——3° 흐름이 결합되는 저기에, 문턱이 인접과 파열의 한 지점에 이르는 저기에, 바로 저기에서 네 도주선은 어떤 것인가? 그 도주선은 아직도 지낼 만한가, 아니면 이미 파괴 기계와, 그램 분자의 파시즘을 다시 조성할지도 모르는 자기-파괴의 기계에 사로잡혔나?——욕망과 발화 행위의 한 배치가 그 배치를 이루는 가장 견고한 선과 권력 장치로 끌어내려지는 일이 일어날 수도 있습니다. 이런 종류의 선만을 소유하는 배치들도 있고요. 이 경우에는 보다 유연하고 보다 잘 들러붙는 다른 위험이 이 배치 각각을 노립니다. 이 위험들 각각은 시기를 놓치지 않는다면 유일한 심판자로 자리하지요. "욕망은 어떻게 억압되기를 욕망할 수 있을까?"라는 질문은 이론적이고 실재적인 어려움을 제시하지 않지만, 상당히 많은 실제적인 어려움을 매번 제시합니다. 기계나 '기관 없는 몸체'가 존재하는 그 순간부터 욕망이 존재합니다. 딱딱해진 빈 겉껍질로 존재하는 기관 없는 몸체도 있지요. 왜냐하면 사람들이 자신을 구성하는 유기체의 성분들을 너무 빨리 너무 심하게 폭파시켜 날려 버린 다음에 '과다 복용'을 할 테니까요. 블랙홀이나 파괴 기계 안에는 암처럼 확산되고 파시스트적인 기관 없는 몸체들이 있습니다. 욕망은 이러한 위험들과 매번 직면하는 자신의 내재성과 일관성의 판을 이끌면서 어떻게 이상의 모든 것을 좌절시킬 수 있는 것일까요?

어떤 일반 비결이 있는 것은 아닙니다. 우리는 모든 전체적인 개념들을 해결했습니다. 개념이라 할지라도 그것은 결국 개성 원리이고 사건이니까요. 욕망, 또는 기계, 또는 배치로서의 개념에서 흥미로운 것은, 개념은 그것의 변항에 의해서만, 그것이 허용하는 최다의 변항에 의해서만 유효하다는 점이죠. 우리는 그 법, 그 지배자, 그 반역자처럼, 충치만큼이나 지독한 개념들 때문에 여기 있는 것이 아닙니다. 또 역사의 고인과 희생자, 소련의 강제노동수용소 굴라크(Goulag)의 박해를 다루고자, "혁명은 불가능하다. 하지만 우리와 같은 사상가들은 불가능한 것을 생각해야만 한다. 왜냐하면 이와 같은 불가능한 것은 우리의 사유에 의해서만 존재하니까!"라는 결론을 이끌어 내고자 있는 것도 아니고요. 만일 희생자들이 그들의 희생을 안타까워하면서 눈물 흘리는 오늘날의 사람들이 하고 다니는 바로 그 연설을 할 줄 알았다면 굴라크 같은 곳은 절대로 발도 못 붙였을 텐데라는 생각이 드는군요. 희생자들은 그들의 이름으로 눈물 흘리고 그들의 이름으로 생각하고 그들의 이름으로 교훈을 전하는 이들에게 그렇게 할 여지를 주기 위해서 아주 다른 식으로 생각하고 아주 다른 식으로 살았어야만 했던 것입니다. 그 희생자들을 몰고 갔던 것은 바로 그들의 삶의 힘이지, 그들의 신랄함은 아닙니다. 그리고 그들의 절제이지 그들의 야망도 아니고요. 게다가 아마도 졸라가 말했을 듯한 그들의 거식증이지 그들의 왕성한 식욕은 아닙니다. 그래서 우리가 한 권의 삶의 책을 쓰고 싶었던 것입니다. 회계, 재판, 민족이나 순수 사유까지 다룬 책은 말고요. 지금까지 국가의 유토피아적 자발성이나 국가의 조직 같은 혁명에 관한 질문은 제기된 적이 단 한번도 없었습니다. [그렇다고 이렇게] 국가 기구의 모델이나 국가 기구의 획득을 본보기로 삼고 있는 당 조직의 모델을 인정하지 않고 거부한다고 해서, 자연 상태와 자연 발생적인 역학에서 도움을 받거나, 아니면 불가능하기에 그만큼 기쁨도 큰 법이라는 불가능한 혁명의 자칭 명철한 사상가가 되거나 하는 기괴한 딜레마에 빠지는 것은 아닙니다. 질문은 언제나 조직에 관한 것이었지 이데올로기에 관한 것은 전혀 없었죠. 이렇게 말입니다. 도래할 국가의 모습을 미리 그려 보는 경우에도, 조직이 국가 기구를 모델로 하지 않을 수 있을까? 그렇다면 그 모델로서 도주선을 가지고 있는 전쟁 기계는 어떠한가? 전쟁 기계와 국가 기구를 대조해 보도록 하죠. 그런데 이를 위해서, 음악이나 문학의 배치까지 포함시킨 모든 배치 안에서, 이러이러한 극과의 근접 정도를 측정해 봐야만 할지도 모릅니다. 어떻게 어떤 영역에서건 전쟁 기계가 현대화될 수 있겠습니까, 국가의 독재적인 위험과 직면하고 있는 전쟁 기계가 어떻게 그 자체에 있는 파시스트적인 위험을 피하고, 국가의 보존과 직면하면서 그 자체에 있는 파괴의 위험을 피할 수 있겠습니까? 어떤 관점에서 이 문제는 정말 단순합니다. 이런 일은 날마다 알아서 저절로 이루어지는 것이니까요. 어떤 오류가 있다면 다음과 같이 말하는 것이겠죠. 판을 소유하고 덫을 놓는 소유주로서, 종합을 이루는 한 국가가 있다. 그리고 어떤 저항 세력이 있다. 이 저항 세력은 우리를 배반하더라도 국가 형태를 받아들이거나, 아니면 매번 진압을 당하고 실패하더라도 부분적이거나 자발적인 지역 분쟁에 뛰어들 것이다. 가장 중앙 집권화된 국가라도 판의 소유주는 절대로 아닙니다. 이 국가 역시 실험자라서, 이런저런 주사를 놓고서, 무슨 일이 벌어질지 미리 예측하지는 않지요. 실제로 국가의 경제학자들은 총통화의 증가를 예견하는 게 불가능하다고 주장합니다. [이런 맥락에서], 미국의 정치는 경험에 의거한 자료를 가지고 일을 처리하고자 합니다. 이 정치에서 논리적으로 결론이 반드시 도출되는 프로그램은 아무 소용이 없는 것이죠. 지극히 교활한 **소유주**에 대해서 말하는 이들은, 자신을 엄격하고 청렴하며 '염세적인' 사상가의 이미지로 제시하기 위해서, 과연 어떠한 서글프고도 정직하지 못한 놀이를 할까요? 바로 복잡한 배치들의 각기 다른 선 위에서, 권력이 실험을 주도합니다. 물론 다른 종류의 실험자들도 이 선 위에서 실험을 벌이지요. 여하간 이 선 위에서의 실험은, 예견들을 좌절시키고, 능동적인 도주선들을 그리고, 이 도주선들의 결합을 추구하고, 그 선들의 속도를 높이거나 낮추고, 발을 내딛을 때마다 마주치는 위험을 신중하게 다룰 전쟁 기계와 더불어, 조금조금씩 일관성의 판을 창조합니다.

우리의 상황을 특징지어 주는 것은 국가의 **저편에** 있으면서 동시에 이편에 있습니다. 국민 국가의 저편에, 국제시장의 발전, 다국적 기업의 역량, '세계 규모의' 조직을 그린 밑그림, 사회의 몸체에 완전히 퍼진 자본주의의 확장, 이러한 것들이 있습니다. 이러한 것들은 통화, 산업, 기술의 흐름을 덧코드화하는 거대한 하나의 추상 기계를 형성하지요. 이와 동시에 착취, 통제와 감시의 방식은 더욱 더 섬세해지고 확산되어, 거의 분자처럼 됩니다(부유한 나라의 노동자는 필연적으로 제3세계의 약탈에 가담하고, 남자는 여자의 과잉−착취에 가담하는 등의 식으로 말이죠). 기능 장애를 가지고 있는 만큼 추상 기계도, 자국의 영토 위에 자리잡고 있고 한 영토에서 다른 한 영토로 이동하고 있는 이 기계를 결국은 조정하지 못하는 국가처럼, 한 치의 오차도 허용하지 않는 완벽한 것은 아닙니다. 국가는 더 이상 정치적 수단, 제도적 수단이나, 심지어 재정적 수단마저도 사용하지 않습니다. 이 수단으로 인해 국가가 기계의 사회적 반동에 대비할 수 있었는데 말입니다. 국가가 경찰, 군대, 노동조합에까지 침투한 관료주의, 공공 설비, 학교, 가족과 같은 낡은 형식들에 영원히 기댈 수 있을 것이라고는 생각되지 않습니다. 땅이 무너져 내리는 대규모의 사태가, 이 사태에 실제 영향을 미치는 경사선이나 도주선을 따라서 국가 **이편에서** 벌어진다. 1° 영토들의 바둑판 배열. 2° 경제 종속의 메커니즘(파업, 인플레이션 등의 새로운 특성들). 3° 기본 규정을 따르는 틀(학교, 노동조합, 군대, 여자 등의 위기). 4° 양적인 것만큼 질적인 것으로 되어 가는 요구의 본성('삶의 수준' 보다는 오히려 '삶의 질'). 이상의 모든 것은 **욕망의 권리**라고 부를 수 있는 것을 구성합니다. 마이너리티 · 언어 · 인종 · 지역 · 성차별주의 · 성적(性的) 미성숙과 같은 모든 종류의 문제가, 고풍스런 표현으로 뿐만 아니라, 현행하는 혁명적 형태로도, 다시 떠오른다고 해서 그리 놀랄 일은 아닙니다. 이 혁명적 형태는 완전히 내재적인 방식으로 기계의 전체 경제와 국민 국가의 배치들을 재검토하죠. 도대체 어째서 혁명의 변하지 않는 불가능성과 전쟁 기계 일반의 파시스트적인 회귀에 기대를 거는 대신에, **새로운 유형의 혁명이 가능해지고 있다**고, 돌연변이를 일으키고 살아 있는 모든 종류의 기계가 전쟁을 지휘하고 서로 결합하며 **세계**와 그 세계의 **국가들**의 조직의 판을 서서히 약화시키는 일관성의 판을 그린다고 생각하지 못합니까)?[8] 왜 이렇게 생각해야 하냐고요, 한번 더 말하는데, 세계와 그 세계의 국가들은 그들 판의 소유주가 아니고, 그만큼 혁명가들도 그 판에 변형을 가해야만 하는 운명을 지고 있지 않는 것이 사실이니까요. 모든 것은 "마주 보고, 등과 등을 마주 기대고, 등과 얼굴을 맞대고……" 하는 불확실한 놀이처럼 진행됩니다. 혁명의 미래에 관한 질문은 안 좋은 질문입니다. 왜냐하면 이를 묻는 사람들만큼이나 혁명가가 **되지** 못하는 사람들도 있으니까요. 그리고 엄밀하게 따져서 이 질문은 어느 층위나 장소에서건 사람들의 혁명가-되기에 관한 질문을 막기 위해서 제기된 것이기 때문이죠.

---

8) 이 모든 점들에 관해서, Félix Guattari, *La Grande illusion*, in 《*Le Monde*》를 참조할 것.

역자 후기

"풀은 위대한 미경작지에서만 존재한다.
풀은 공터를 채운다.
풀은 다른 것들의 사이에서 자란다.
꽃은 아름답고 배추는 유용하고
양귀비는 당신을 미치게 하지만
풀은 넘쳐흐른다."

—— 헨리 밀러 《햄릿》 중

1

명실공히 들뢰즈 사유의 최고 입문서라 할 수 있는 이 책은 전공자나 비전공자 모두를 위한 책이다. 질 들뢰즈가 클레르 파르네와 주고받는 대담의 형식을 띤 이 책은 펠릭스 가타리와의 공동 작업으로 출간한 주저인 《안티오이디푸스》와 최고의 야심찬 작업이었다고 자평하는 《천개의 고원》 사이에 세상에 나왔는데, 그런 만큼 그 두 책의 사이에서 중요한 핵심 개념들을 망라하고 아우른다.

가령 이 책은 생성/되기, 지속, 스타일, 다양체, 일관성의 판, 전쟁 기계, 특이성, 리토르넬로, 리좀적 사유, 배치, 기관 없는 신체 등과 같은 들뢰즈 특유의 용어들을 두루 훑고, 이런 개념들이 어떤 맥락에서 문제시되고 중요한지에 대해 가려운 곳을 긁어 주듯 시원하게 이야기한다.

또한 이 책은 들뢰즈가 가타리와 함께 행한 공동 작업까지를 포함하여 이 책을 내기까지 걸어온 사유의 자취들, 행해 온 작업들을 조목조목 알기 쉽게 전달한다. 들뢰즈가 알키에와 이폴리트 교수 밑에서 수학하던 청년 시절의 이야기에서부터 시작해 당시 프랑스의 정치·사회적 상황과 풍토는 어떠했는지, 그 속에서 왜 자신이 철학사의 문제에 골몰하게 되었는지, 자신의 사유가 가타리를 만나기 이전까지는 어떠했으며, 그 이후에는 어떻게 차이를 겪고 반복을 이루는지 등을 이야기할 때 우리는 오랜만에 만난 친구에게 지나온 삶의 이야기를 듣는 듯한 편안함을 느낄 수 있다. 그런가 하면 들뢰즈와 파르네가 "왜 경험론에 대해서 특히 흄에 대해서 쓰고 썼는가" "왜 스피노자에 대해 이야기하는가" "왜 스토아학파에 대해 쓰는가" "정신분석을 비판하며 가타리와 내가 지적했던 두 지점은 무엇인가"라고 문단의 서두에서 질문을 던지며 이야기를 꺼낼 때에는 일일이 손가락을 짚어 가며 설명해 주는 친절한 선생의 옆자리에 앉아 강의를 듣는 것처럼 뿌듯하다.

게다가 여기에는 들뢰즈 사유에 가해질 수 있는 몇몇 비판 지점들, 가령 "이원론을 비판하면서 정작 들뢰즈 자신도 '나무의 사유 대 풀의 사유, 국가 기구 대 전쟁 기계, 역사학 대 지리학, 점 대 선, 협잡 대 배반, 정착민 대 유목민'과 같이 계속되는 이항 개념들을 끌어들이고 있지 않은가"라거나 "도주선을 따른다는 게 현실 도피적인 비겁한 행위는 아닌가"와 같은 것들에 대한 응수와 반박이 잘 드러나 있다.

바로 이런 점에서 이 책의 남다른 미덕이 나온다. 이 한 권의 책 아래로 들뢰즈 사유의 배경과 관계, 발전 및 전개, 그리고 그의 저작을 관통하는 주요한 중심 주제들이 우산살 펼쳐지듯 활짝 펼쳐진다는 점. 뿐만 아니라 대담집의 형식을 띠고 독자에게 친근하게 말을 걸고 있기에 학술서이면서도 딱딱하지 않고 밤새워 뚝딱 읽어 버리고 싶을 만큼

재미있다는 점.

이 책은 총 4장 8부로 구성되어 있다. 제1장 〈대담이란 무엇인가, 무슨 쓸모가 있는가?〉의 1부는 들뢰즈가 생각하는 대담의 의미와 기능이, 2부는 파르네가 생각하는 의미와 기능이 다루어진다. 이 부분은 책 전체의 제목과 화답하며 울림을 갖는 한편, 대담이 둘 '사이'에서 생겨나고 둘이 '함께' 작업하며 생겨나는 무엇이라는 점에서 들뢰즈 사유의 세 열쇠말들인 '사이(entre)-그리고(et)-함께(avec)'의 함의를 보여주는 부분이기도 하다. 이 장을 통해 우리는 '사이-그리고-함께'라는 접속사와 전치사가 어떻게 문학·철학·과학 등 다방면으로 펼쳐지는 들뢰즈식 주제들을 조율하고 통어하는지를 확인할 수 있을 것이다.

제2장 〈영미문학의 탁월함에 대하여〉는 '들뢰즈와 문학'을 화두로 들뢰즈 사유의 흔적을 좇는 이들에게 무척 흥미진진하게 읽히는 부분이다. 글쓰기 특히 마이너리티 글쓰기란 무엇이며 그것은 어떻게 작동하는지, 마이너리티 작가들의 예는 어떠하며 이들은 어떻게 나무의 사유에 대비되는 풀의 사유를 실천하는지가 구체적으로 이 장에서 이야기된다. 또한 이 장은 경험론-스피노자-스토아학파에 이르는 들뢰즈의 철학적 궤적을 간략하고 알차게 개괄하면서, 그러한 철학적 입장을 글쓰기의 문제와 결부시켜 설명하고 있다.

제3장 〈송장이 된 정신분석학을 분석하시오〉는 특히 《안티오이디푸스》를 통해 세세하게 비판한 바 있던 정신분석학의 두 가지 문제——정신분석학이 욕망의 생산과 발화체의 형성을 박살낸다는 점——에서 논의를 시작한다. 그리고 정신분석학이 거쳐 온 변화 과정을 그리며 어떻게 그것이 권력(기구)의 문제로 환원되는지를 보여준다. 이후 들뢰즈와 가타리가 제시하는 욕망의 개념이 정신분석학에서 말하는 욕망과는

어떻게 다른지를 일관성의 판, 내재성의 장, 기관 없는 몸체 등의 개념을 동원하여 설명하고, 이를 통해 자신들이 지향하는 주체 없는 개체화란 무엇인가를 이야기하고 있다.

　제4장 〈정치들〉은 이제까지 다양한 이름을 붙여 가며 설명했던 것들——가령 정신분열-분석, 미시-정치, 리좀학, 지도 제작법과 같은 것들이 기실은 '선'에 관한 연구임을 밝히면서 선에 관련한 다양한 개념어들(즉 선분, 분절성, 그램 분자선, 양자들로 이루어진 분자의 흐름 등)을 동원하여 구체적인 사회적 장에서 이를 다시 설명하는 부분이다. 이를 통해 마이너리티 · 언어 · 인종 · 지역 · 성차별주의에 대한 문제가 이슈가 되는 현실에서 내재적인 방식으로 이루어지는 새로운 국가 배치, 새로운 삶의 가능성에 대해 이야기한다.

　이렇게 크게 4개의 테마를 둘러싸고 이야기가 전개되며, 그 내부는 각각 2개의 부분들로 나뉘는데 이 부분들에는 제목이 없다. 들뢰즈와 파르네는 그 이유를 이 책이 여러모로 '사이'에 위치한 책이기 때문이라고 말한다. 《안티오이디푸스》와 《천개의 고원》 사이, 따라서 이 두 저작을 함께 썼던 들뢰즈와 가타리의 사이, 또한 이 책 자체를 함께 씀으로써 새로운 사이-선을 만들 수 있게 해준 파르네와의 사이에서 이 책은 생겨났기 때문이라고. 그래서 이 책은 질문과 대답의 순서로 진행되는 기존의 대담 형식을 따르지 않는다고. 대담이 생겨나는 곳은 이들의 사이, 이들이 얘기하는 모든 것들, 이 이름 없는 부분들 사이이기 때문이라고 말이다. 이것이 바로 이 대담집이 색다른 이유인데, 이러한 구성은 우리 독자에게 자신들처럼 사이에서 생겨나고 넘쳐흐르는 풀의 사유, 리좀의 사유에 동참하라고 권유하는 것으로 읽힌다.

2

이 책을 읽는 일은 즐거웠다. 이국의 땅에서 한밤중 홀로 깨어 "작업을 할 때에는 어쩔 수 없이 절대적인 고독 속에 있게 됩니다. (…) 오직 어둡고 은밀한 작업만이 있습니다. 다만 이것은 지극히 번잡한 고독입니다. 꿈, 환상, 기획들로 북적대는 것이 아니라 우연한 마주침들로 번잡스러운 고독. (…) 우리가 그것이 어떤 것이든지간에 마주침을 만들 수 있는 것은 바로 이러한 고독의 깊이에서 나오지요"라는 들뢰즈의 구절을 만났을 때 나는 깊은 위로를 받았다. 그밖에도 너무나 많은 구절들이 나의 등을 따뜻하게 토닥여 주었고, 나는 자주 공책을 펴고 밑줄 그은 구절들을 옮겨 적곤 했다.

하지만 이 책을 번역하는 일은 상당한 두통을 동반했다. 무엇보다 학술서인 만큼 개념어를 우리말로 옮기는 일이 쉽지 않았다. 이 학자는 이렇게 번역했고 저 학자는 다르게 번역했던 개념어들, 내가 새롭게 취하고 싶은 용어들 사이에서 나는 머뭇거렸고, 한국에서 들뢰즈 공부를 열심히 하고 있던 전승화 씨에게 에스오에스를 쳤다. 우리 두 사람 사이에서도 용어를 조율하는 데 상당한 시간이 걸렸다. 장시간의 국제 전화와 메일을 주고받으며 여러 차례 용어를 고치고 다시 고치고, 그러다가 상당 부분 다시 원상복귀하기도 하고 간혹 새로운 용어를 택하기도 하고 하는 일들을 반복했다. 들뢰즈학회가 만들어져 용어 통일 작업이 이루어져야 한다고 성토를 하기도 하면서 우리는 우리의 최선이라고 생각하는 선에서 용어를 정리했고, 이후 전승화 씨가 철학과의 김상환 선생님께 용어를 점검해 주십사고 청을 드리는 수순을 밟았다.

역주를 어느 정도까지 넣을 것인가에 대해서도 고민이 따랐다. 나는 이 책의 독자를 대학 신입생 이상으로 생각하고 가능한 친절하게 각주를 넣자는 입장이었고, 전승화 씨는 인문학 관련 전공자를 독자로 상정하고 가능한 깔끔하게 역주 없이 가자는 입장이었다. 이 책이 들뢰즈 철학에 대한 최고의 입문서이긴 하지만 그럼에도 역시 들뢰즈는 특유의 화법으로 다방면의 소재를 배경 설명 없이 툭툭 던지며 설명하는 부분이 적지않았기에 결국 우리는 친절함과 깔끔함의 사잇길을 지그재그로 걸었다. 역주 작업에서 기본적인 정보는 브리태니커 백과사전, 네이버 백과사전 등을 비롯한 각종 인터넷 백과사전을 참조하였으나 상당한 양의 것들은 별도의 조사와 노력을 요구하는 것이었다. 생소한 인명이나 그에 대한 배경 지식을 찾기 위해 때로는 프랑스어 · 영어 · 한국어로 찾을 수 있는 인터넷 서치 엔진에 기대었고, 때로는 도서관에서 관련 서적들을 뒤적였으며 혹은 관련 전공자들에게 귀중한 도움말과 정보를 얻기도 했다.

들뢰즈는 자신의 저작에 대해 "한 권의 삶에 대한 책을 쓰고 싶었다"고 말한다. 그리고 이 책에서 단락이 길면 길수록 더 빨리 속도를 내어 읽으며 리듬을 타라고 조언한다. 그의 조언에 걸맞게 책이 잘 읽히도록 하기 위해서는 가능한 번역투를 삼가고 매끄러운 우리말로 다듬으려 노력했다. 번역 1장과 2장은 내가, 3장과 4장은 전승화 씨가 초고를 만든 뒤 위에서 말한 것과 같은 과정을 거쳐 용어를 통일했고, 책 전체의 전반적인 교정과 교열 · 윤문은 내가 담당하는 식으로 일을 진행했다. 프랑스어 원본을 휴 톰린슨과 바바라 하버잼이 번역한 영역판 《디알로그》와 대조함으로써 신중을 기하려 했음은 물론이다. 그럼에도 역자의 부족함으로 인한 오해와 오류가 나타날 수 있을 것이다. 책을 발간한 후에 그런 오류가 나타난다면 애정어린 독자와의 마주침과 대화를 통해 바로잡고 싶다.

끝으로 많은 분들께 감사의 인사를 전하고 싶다. 번역 파트너로서 즐거움은 물론 고민과 고충을 함께 나누어 준, 그리고 내게 항상 고마운 선배인 전승화 씨, 이 책과의 인연을 엮어 준 권순모 씨, 바쁘신 중에도 용어 점검에 도움을 주신 철학과의 김상환 선생님, 모차르트 음악의 새-되기를 이해시켜 주고자 〈마술피리〉에 나오는 파파게노 노래들과 메시앙의 음악들을 녹음하여 멀리 뉴욕에서 캘리포니아까지 보내 주셨던 음악 이론 전공가 정소라 씨, 이처럼 의미 있는 책의 번역을 맡겨 주신 동문선 신성대 사장님께 각별한 감사의 말씀을 머리 숙여 전한다.

2005년 캘리포니아에서 허희정

욕심껏 번역하고 싶었으나 그 욕심을 충족시키지 못해 아쉽다. 번역 도중 몸이 아파 최선을 다할 수 없었다. 그래서 그로 인해 많은 지인들의 도움을 받지 않을 수 없었다. 후배 승훈이와 혜원이, 그리고 정기 선배께 이 지면을 빌려 감사의 말을 전한다. 많은 조언을 주신 최애영 선생님께도 감사의 말을 전한다.

2005년 8월 전승화

용어 색인

인명, 책명 색인

허희정

서울대학교 불문과 졸업
들뢰즈 미학의 핵심에 있는 바로크 전망을 17세기 프랑스 문학에
비추어 해석함으로써 동대학원에서 석사학위 취득
현재 동대학원 박사과정을 휴학하고 미국에서 학업중
캘리포니아주 한인여성문학상 비평상으로 등단 활동중
역서 《중첩》

전승화

이화여자대학교 불문과 졸업
서울대학교 불문과 석사학위 취득 및 박사 수료
논문 〈움직임을 통해 읽는 베케트의 《몰로이》〉
역서 《첫사랑》

문예신서 307

디알로그

초판발행 2021년 4월 10일

東文選

제10-64호, 78. 12. 16 등록
서울특별시 종로구 인사동길 40
전화 737-2795

ISBN 978-89-8038-941-4 94000
ISBN 978-89-8038-000-8 (세트)

【東文選 現代新書】

16 조선민족무용기본	최승희	15,000원
17 몽고문화사	D. 마이달 / 金龜山	8,000원
18 신화 미술 제사	張光直 / 李 徹	절판
19 아시아 무용의 인류학	宮尾慈良 / 沈雨晟	20,000원
20 아시아 민족음악순례	藤井知昭 / 沈雨晟	5,000원
21 華夏美學	李澤厚 / 權 瑚	20,000원
22 道	張立文 / 權 瑚	18,000원
23 朝鮮의 占卜과 豫言	村山智順 / 金禧慶	28,000원
24 원시미술	L. 아담 / 金仁煥	16,000원
25 朝鮮民俗誌	秋葉隆 / 沈雨晟	12,000원
26 神話의 이미지	J. 캠벨 / 扈承喜	근간
27 原始佛敎	中村元 / 鄭泰爀	8,000원
28 朝鮮女俗考	李能和 / 金尙憶	24,000원
29 朝鮮解語花史(조선기생사)	李能和 / 李在崑	25,000원
30 조선창극사	鄭魯湜	17,000원
31 동양회화미학	崔炳植	18,000원
32 性과 결혼의 민족학	和田正平 / 沈雨晟	9,000원
33 農漁俗談辭典	宋在璇	12,000원
34 朝鮮의 鬼神	村山智順 / 金禧慶	12,000원
35 道敎와 中國文化	葛兆光 / 沈揆昊	15,000원
36 禪宗과 中國文化	葛兆光 / 鄭相泓·任炳權	8,000원
37 오페라의 역사	L. 오레이 / 류연희	절판
38 인도종교미술	A. 무케르지 / 崔炳植	14,000원
39 힌두교의 그림언어	안넬리제 外 / 全在星	9,000원
40 중국고대사회	許進雄 / 洪 熹	30,000원
41 중국문화개론	李宗桂 / 李宰碩	23,000원
42 龍鳳文化源流	王大有 / 林東錫	25,000원
43 甲骨學通論	王宇信 / 李宰碩	40,000원
44 朝鮮巫俗考	李能和 / 李在崑	20,000원
45 미술과 페미니즘	N. 부루드 外 / 扈承喜	9,000원
46 아프리카미술	P. 윌레뜨 / 崔炳植	절판
47 美의 歷程	李澤厚 / 尹壽榮	28,000원
48 曼茶羅의 神들	立川武藏 / 金龜山	19,000원
49 朝鮮歲時記	洪錫謨 外/李錫浩	30,000원
50 하 상	蘇曉康 外 / 洪 熹	절판
51 武藝圖譜通志 實技解題	正 祖 / 沈雨晟·金光錫	15,000원
52 古文字學첫걸음	李學勤 / 河永三	14,000원
53 體育美學	胡小明 / 閔永淑	18,000원
54 아시아 美術의 再發見	崔炳植	9,000원
55 曆과 占의 科學	永田久 / 沈雨晟	8,000원
56 中國小學史	胡奇光 / 李宰碩	20,000원
57 中國甲骨學史	吳浩坤 外 / 梁東淑	35,000원

1003 베토벤: 에로이카 교향곡	T. 시프 / 김지순		18,000원
1004 모차르트: 주피터 교향곡	E. 시스먼 / 김지순		18,000원
1005 바흐: 브란덴부르크 협주곡	M. 보이드 / 김지순		18,000원
1006 바흐: B단조 미사	J. 버트 / 김지순		18,000원
1007 하이든: 현악4중주곡 Op.50	W. 딘 주트클리페 / 김지순		18,000원
2001 우리 아이들에게 어떤 지표를 주어야 할까?	J. L. 오베르 / 이창실		16,000원
2002 상처받은 아이들	N. 파브르 / 김주경		16,000원
2003 엄마 아빠, 꿈꿀 시간을 주세요!	E. 부젱 / 박주원		16,000원
2004 부모가 알아야 할 유치원의 모든 것들	N. 뒤 소수아 / 전재민		18,000원
2005 부모들이여, '안 돼'라고 말하라!	P. 들라로슈 / 김주경		19,000원
2006 엄마 아빠, 전 못하겠어요!	E. 리공 / 이창실		18,000원
3001 《새》	C. 파글리아 / 이형식		13,000원
3002 《시민 케인》	L. 멀비 / 이형식		13,000원
3101 《제7의 봉인》 비평 연구	E. 그랑조르주 / 이은민		17,000원
3102 《쥘과 짐》 비평 연구	C. 르 베르 / 이은민		18,000원
3103 《시민 케인》 비평 연구	J. 루아 / 이용주		15,000원

【기 타】

▨ 모드의 체계	R. 바르트 / 이화여대기호학연구소	18,000원
▨ 라신에 관하여	R. 바르트 / 남수인	10,000원
▨ 說 苑 (上·下)	林東錫 譯註	각권 30,000원
▨ 晏子春秋	林東錫 譯註	30,000원
▨ 西京雜記	林東錫 譯註	20,000원
▨ 搜神記 (上·下)	林東錫 譯註	각권 30,000원
■ 경제적 공포〔메디치賞 수상작〕	V. 포레스테 / 김주경	7,000원
■ 古陶文字徵	高 明·葛英會	20,000원
■ 그리하여 어느날 사랑이여	이외수 편	4,000원
■ 너무한 당신, 노무현	현택수 칼럼집	9,000원
■ 노력을 대신하는 것은 없다	R. 쉬이 / 유혜련	5,000원
■ 노블레스 오블리주	현택수 사회비평집	7,500원
■ 딸에게 들려 주는 작은 지혜	N. 레흐레이트너 / 양영란	6,500원
■ 미래를 원한다	J. D. 로스네 / 문 선·김덕희	8,500원
■ 바람의 자식들—정치시사칼럼집	현택수	8,000원
■ 사랑의 존재	한용운	3,000원
■ 산이 높으면 마땅히 우러러볼 일이다	유 향 / 임동석	5,000원
■ 서기 1000년과 서기 2000년 그 두려움의 흔적들	J. 뒤비 / 양영란	8,000원
■ 서비스는 유행을 타지 않는다	B. 바게트 / 정소영	5,000원
■ 선종이야기	홍 희 편저	8,000원
■ 섬으로 흐르는 역사	김영회	10,000원
■ 세계사상	창간호~3호: 각권 10,000원 / 4호: 14,000원	
■ 십이속상도안집	편집부	8,000원
■ 얀 이야기 ① 얀과 카와카마스	마치다 준 / 김은진·한인숙	8,000원

■ 어린이 수묵화의 첫걸음(전6권)	趙 陽 / 편집부	각권 5,000원
■ 오늘 다 못다한 말은	이외수 편	7,000원
■ 오블라디 오블라다, 인생은 브래지어 위를 흐른다	무라카미 하루키 / 김난주	7,000원
■ 이젠 다시 유혹하지 않으련다	P. 쌍소 / 서민원	9,000원
■ 인생은 앞유리를 통해서 보라	B. 바게트 / 박해순	5,000원
■ 자기를 다스리는 지혜	한인숙 편저	10,000원
■ 천연기념물이 된 바보	최병식	7,800원
■ 原本 武藝圖譜通志	正祖 命撰	60,000원
■ 테오의 여행 (전5권)	C. 클레망 / 양영란	각권 6,000원
■ 한글 설원 (상·중·하)	임동석 옮김	각권 7,000원
■ 한글 안자춘추	임동석 옮김	8,000원
■ 한글 수신기 (상·하)	임동석 옮김	각권 8,000원

【만 화】

■ 동물학	C. 세르	14,000원
■ 블랙 유머와 흰 가운의 의료인들	C. 세르	14,000원
■ 비스 콩프리	C. 세르	14,000원
■ 세르(평전)	Y. 프레미옹 / 서민원	16,000원
■ 자가 수리공	C. 세르	14,000원
▨ 못말리는 제임스	M. 톤라 / 이영주	12,000원
▨ 레드와 로버	B. 바세트 / 이영주	12,000원

【동문선 주네스】

■ 고독하지 않은 홀로되기	P. 들레름·M. 들레름 / 박정오	8,000원
■ 이젠 나도 느껴요!	이사벨 주니오 그림	14,000원
■ 이젠 나도 알아요!	도로테 드 몽프리드 그림	16,000원

【조병화 작품집】

■ 공존의 이유	제11시집	5,000원
■ 그리운 사람이 있다는 것은	제45시집	5,000원
■ 길	애송시모음집	10,000원
■ 개구리의 명상	제40시집	3,000원
■ 그리움	애송시화집	7,000원
■ 꿈	고희기념자선시집	10,000원
■ 넘을 수 없는 세월	제53시집	10,000원
■ 따뜻한 슬픔	제49시집	5,000원
■ 버리고 싶은 유산	제1시집	3,000원
■ 사랑의 노숙	애송시집	4,000원
■ 사랑의 여백	애송시화집	5,000원
■ 사랑이 가기 전에	제5시집	4,000원
■ 남은 세월의 이삭	제52시집	6,000원
■ 시와 그림	애장본시화집	30,000원